応用自在な調理の基礎
フローチャートによる系統的実習書

日本料理篇（改訂版）

河内一行・川端晶子
鈴野弘子・永島伸浩
編　著

岩森　大・大迫早苗・澤山　茂
杉山法子・玉木有子・村山篤子
共　著

建帛社
KENPAKUSHA

本書は，家政教育社から2015年に刊行された書籍です。2018年より㈱建帛社が引き継いで発行することとなりました。

改訂　はしがき

　『応用自在な調理の基礎―フローチャートによる系統的調理実習書―日本料理篇』は，1984年に調理をより科学的に思考し，応用自在な調理へ繋がることを願い，大学での系統的な調理実習の助長のために，日本，西洋，中国料理の三部作が企画され，その第1作目として出版された。

　応用自在な調理の基礎とは，調理のコツを系統的に把握し，料理のレパートリーが限りなく広がるように，体系化された調理を学習することを目的としているが，出版当時，この目的達成をするための手段として，調理の手順や要点を明確に直感的に把握できるようにフローチャートが採用された。編者らの大学では，長年，このフローチャート形式での調理手順の説明を行なっているが，調理の流れが複雑になるほど，その理解効果が大きいことを実感している。すなわち30年あまり経て，この調理法や要点の表現方法は，有効であることが実証できた。さらに，これからも高度化するであろう情報化社会にも充分に耐えうると確信できた。

　そこで，調理を学ぶ学生に，本書をより活用しやすいものとなるよう内容や記述を整理し，また若干ではあるが大学の調理実習では取り扱いが難しくなった料理を外し，新たに現代に即した料理を加えた。さらに食生活の変化から調味料の濃度を改めた。しかし，本書は料理本としてではなく，初版の基本方針である「調理を科学的に思考することが，限られた時間の中での調理技術習得に繋がる」という考えを，本改訂においても踏襲し，基礎的な調理の理論はそのままとした。基礎的な調理の科学が30数年を経た今も変わらない事実が多いことから，この部分については単位の変更や使わなくなったデータの削除程度に留めた。

　本書が改訂を続けながら，これからの大学における調理実習書になり続けることを願って，今回，これに賛同して下さった先生方を執筆者に加え，力を合わせて改訂作業に当たった。

　今後とも，利用者の方々のご批判をいただき，不備な点については改めていきたいと思っている。

　最後に，本書の改訂に対し，ご尽力いただいた家政教育社社長，ならびに編集部の方々に御礼申し上げる。

2015年3月

編者　鈴野弘子
　　　永島伸浩

目　次

I　序　論

1　調理実習のはじめに……………………7
　1・1　調理とは……………………………7
　1・2　調理の目的…………………………7
　1・3　応用自在な調理の基礎とは………7
　1・4　調理のブロックダイアグラム……8
　1・5　調理の四面体………………………8
　　　1)　調理の法則性を解析する媒体として……9
　　　2)　新しい料理創作の媒体として……9
2　フローチャートによる系統的調理実習……9
　2・1　フローチャートとは………………9
　2・2　フローチャートの特徴……………10
　2・3　フローチャートの基本形…………10
　2・4　調理操作のフローチャート化とは……10
　　　1)　目　的………………………………10
　　　2)　調理操作のフローチャート化の利点……10
　　　3)　調理操作の文章表現と
　　　　　　フローチャートの対比例……11
　2・5　本書に用いられている
　　　　　　フローチャートの記号とその約束事……12
3　本書の利用法……………………………13
　3・1　本書の構成…………………………13
　3・2　本書の利用にあたって……………14
4　調理実習の実際…………………………14
　4・1　実習に先立って……………………14
　4・2　実習中………………………………14
　4・3　試食と実習後の整理整頓…………14
　4・4　記　録………………………………14
5　調理実習の評価法………………………15
　5・1　献立構成の評価のポイント………15
　5・2　調理技術の評価のポイント………15
　　　1)　材料の取り扱い方…………………15
　　　2)　調理法………………………………15
　　　3)　盛り付け，配膳……………………17
　　　4)　実習態度……………………………17

II　副次的調理操作

1　計　る……………………………………18
　1・1　計測用機器…………………………18
　　　1)　計量用機器…………………………18
　　　2)　温度測定用機器……………………18
　　　3)　時間測定用機器……………………18
　1・2　計測の実際…………………………19
　　　1)　計量の精度…………………………19
　　　2)　濃度と割合…………………………19
　　　3)　食品材料・調味料および
　　　　　　香辛料の容積と重量……………19
　　　4)　調理と温度および時間……………20
2　洗　う……………………………………21
3　浸　す……………………………………24
　3・1　もどす………………………………24
　3・2　旨味成分の浸出……………………28
　3・3　アク抜き……………………………28
　3・4　酵素作用の阻止……………………29
　3・5　塩抜き………………………………31
　3・6　水分の補給…………………………31
　3・7　調味液の浸透………………………31
4　切　る……………………………………32
　4・1　包丁の種類と用途…………………32
　4・2　包丁の扱い方………………………32
　4・3　その他の器具………………………34
　4・4　切り方の種類………………………35
　4・5　魚の扱い方…………………………39
5　混ぜる・かき回す・あえる・
　　　　こねる・泡立てる……………41
　5・1　混ぜる・かき回す…………………41
　5・2　あえる………………………………41
　5・3　こねる・ねる………………………42
　5・4　泡立てる……………………………42
6　おろす・する・つぶす…………………45
　6・1　おろす………………………………45
　6・2　する…………………………………46

6・3 つぶす……………………47	1・4 だし材料の特徴と
7 しぼる・こす・ふるう……………48	だしのとり方の実際…………79
8 押す・にぎる・詰める・のす………49	1・5 汁物料理の種類……………82
9 冷やす・冷ます……………………51	1・6 だし汁のとり方の
10 凍結する……………………………56	基本的フローチャート………83
11 解凍する……………………………58	2 だしをとる……………………………84
	A かつおぶし……………………84
Ⅲ 加熱調理の基礎	B こんぶ…………………………85
	C かつおぶしとこんぶの混合だし汁…86
1 熱の移動………………………………60	D 煮干し…………………………86
1・1 熱の移動における	E 結びきすの吸い物……………88
熱媒体の種類と分類…………60	F はまぐりのうしお汁…………88
1・2 熱の移動法……………………60	G 吉野鶏のすまし汁……………90
1・3 調理操作における熱の移動法…61	H なめこと豆腐のみそ汁………90
2 加熱調理の熱源………………………62	I かきたま汁……………………92
3 加熱調理法の種類と分類……………62	J さつま汁（豚汁）……………92
4 加熱調理実施の手順…………………63	K 湯豆腐…………………………94
5 熱伝達に関与する調理材料の分類…63	L 寄せ鍋…………………………94
	M おでん…………………………96
Ⅳ ゆでる	N すき焼き………………………96
1 ゆで方の基本…………………………65	**Ⅵ 煮　る**
1・1 ゆでるとは……………………65	
1・2 ゆで方の実際…………………65	1 煮方の基本……………………………98
1) 加熱容器…………………65	1・1 煮るとは………………………98
2) 媒　体……………………66	1・2 煮方の実際……………………98
3) 加熱時間…………………69	1) 加熱容器…………………98
4) 加熱後の処理……………70	2) 媒　体……………………98
1・3 ゆで方の基本的フローチャート…71	3) 煮方の種類と煮物………101
2 ゆで物…………………………………72	1・3 煮方の基本的フローチャート…103
A ほうれんそう（青菜類）……72	2 煮　物………………………………104
B たけのこ………………………72	A 高野豆腐の含め煮……………104
C 冷麦（麺類）…………………74	B 亀甲椎茸………………………104
D 卵………………………………76	C 梅花にんじん…………………104
E え　び…………………………76	D さやいんげんの青煮…………106
	E れんこんの白煮………………106
Ⅴ だしをとる	F 茶せんなす……………………108
	G 若竹煮…………………………108
1 だしのとり方の基本…………………79	H かぼちゃの肉そぼろかけ……110
1・1 だしとは………………………79	I 筑前煮…………………………112
1・2 だしのとり方…………………79	J さばのみそ煮…………………114
1・3 だし利用の目的と用途………79	K かれいの煮つけ………………114
	L 卯の花…………………………116

M 黒豆甘露煮……………………117

Ⅶ 蒸 す

1 蒸し方の基本……………………119
 1・1 蒸すとは……………………119
 1・2 蒸し方の実際……………120
 1・3 蒸し方の基本的フローチャート……121
2 蒸し物………………………………122
 A 赤飯（こわ飯）………………122
 B 茶碗蒸し………………………124

Ⅷ 炊 く

1 炊き方の基本……………………126
 1・1 炊くとは……………………126
 1・2 炊き方の実際……………126
  1) 米の品質と飯の食味について……126
  2) 炊き方のポイント……………127
  3) 炊き込み，味付け飯のポイント……130
 1・3 炊き方の基本的フローチャート……131
2 米の調理…………………………132
 A 白米飯…………………………132
 B おかゆ…………………………132
 C えんどう飯……………………134
 D 鶏 飯…………………………134
 E たけのこご飯…………………136
 F さつまいもご飯………………136
 G 親子丼…………………………138
 H すしご飯………………………139
 I ちらしずし……………………139
 J 巻きずし………………………139

Ⅸ 焼 く

1 焼き方の基本……………………141
 1・1 焼くとは……………………141
 1・2 焼き方の実際……………142
  1) 火力の強弱から見た焼き方……142
  2) 材料の種類から見た焼き方……142
 1・3 焼き方の基本的フローチャート……143
2 焼き物………………………………144
 A あじの姿焼き…………………144
 B ぶりの照り焼き………………144
 C 牛肉の八幡巻き………………146
 D いかの黄金焼き………………148
 E 魚 田……………………………149
 F だし巻き卵……………………149
 G 若鶏のさんしょう焼き………151

Ⅹ 揚げる

1 揚げ方の基本……………………152
 1・1 揚げるとは…………………152
 1・2 揚げ方の実際……………153
  1) 揚げ油の種類…………………153
  2) 揚げ油の温度と時間…………154
 1・3 揚げ方の基本的フローチャート……155
2 揚げ物………………………………156
 A 天ぷら…………………………156
 B かれいのから揚げ……………158
 C 鶏肉の竜田揚げ………………158
 D 飛龍頭…………………………160
 E 揚げ出し豆腐…………………161

Ⅺ 練る・寄せる

1 練り方・寄せ方の基本………163
 1・1 練るとは……………………163
 1・2 寄せるとは…………………163
 1・3 練り方・寄せ方の実際…164
  1) 澱粉溶液の加熱と練り方……164
  2) 砂糖を多量に用いる練り方…165
  3) 寒天を用いる寄せ方…………166
  4) ゼラチンを用いる寄せ方……166
  5) 寒天，ゼラチンを混合して
     用いる寄せ方………166
 1・4 練り方の基本的フローチャート……167
 1・5 寄せ方の基本的フローチャート……168
2 練り物・寄せ物…………………170
 A 栗きんとん……………………170
 B いわしのつみ入れ汁…………170
 C ごま豆腐………………………172
 D 鶏ささみの寄せ物……………172
 E 水ようかん……………………174
 F わらびもち……………………175

XII あえる

1 あえ方の基本 ································176
　1・1 あえるとは ································176
　1・2 あえ方の実際 ······························177
　1・3 あえ方の基本的フローチャート ········179
2 あえ物 ··180
　A 白あえ ··180
　B 木の芽あえ ··································180
　C いかのぬた ··································182
　D きゅうりとくらげの白酢あえ ············182

XIII 生物調理

1 生物調理の基本 ·································185
　1・1 生物調理とは ······························185
　1・2 生物調理の実際 ···························185
　　1) 刺し身の切り方名称 ·····················185
　　2) あしらい ···································185
　　3) つけじょうゆ ·····························185
　　4) 盛り付け ···································185
2 生物調理 ···186
　A 刺し身盛り合わせ ··························186
　B かつおのたたき ·····························186

XIV 日本料理の献立構成

1 献立とは ···190
2 日本料理の献立構成 ····························190
　2・1 本膳料理 ····································190
　2・2 懐石料理 ····································191
　2・3 会席料理 ····································192
　2・4 折衷料理 ····································193
3 食器と盛り付け ·································194
　3・1 食器とは ····································194
　3・2 食器の機能性 ······························194
　　1) 食器の触感 ································194
　　2) 食器の形・色彩 ··························194
　3・3 食器の種類 ·································195
　　1) 飯茶碗 ······································195
　　2) 蓋物碗・蒸し茶碗・丼 ··················195
　　3) 汁 椀 ······································195
　　4) 煮物椀・雑煮椀 ··························195
　　5) 皿 ···196
　　6) 小 鉢 ······································196
　　7) 盛り皿・盛り鉢 ··························196
　3・4 盛り付け ····································196

XV おせち料理

1 おせち ··199
2 と そ ··199
3 おせち料理の縁起 ······························199
4 重詰め料理の組み合わせ方 ···················200
　1) 重詰め料理の組み重 ························200
　2) 重詰めの方法 ·································201
　3) おせち料理の例 ······························201
　4) 組み重の例 ····································202
　　一の重 ··204
　　　A 照りごまめ ·······························204
　　　B だて巻き ··································205
　　二の重 ··207
　　　C さわらのみそ漬け焼き ·················207
　　　D 鶏のあさつき巻き ······················207
　　三の重 ··209
　　　E 亀甲いもの木の芽添え ·················209
　　　F 松笠くわい（または木の葉くわい）
　　　　 ···209
　　　G 花百合根 ··································211
　　与の重 ··211
　　　H 紅白なます ·······························211
　　雑　煮 ··213
　　　I 雑　煮 ······································213

索 引

料理名 ··215
調理用語 ···217

I 序　論

1. 調理実習のはじめに

1・1 調理とは

　調理という言葉は「ととのえおさめること」を意味している。また，料理という言葉も用いられているが，「料」には分量をはかるという意味があり，したがって料理とは「食べ物の分量をはかり，おさめること」という意味があり，食べ物をこしらえること，またその出来上がったものをいう。しかし，一般に，調理と料理の関係は下図のように考えられている。すなわち，食品材料に対して，ある処理（調理）を施すと食べ物である料理が出来上がるということである。

図I-1　調理と料理との関係

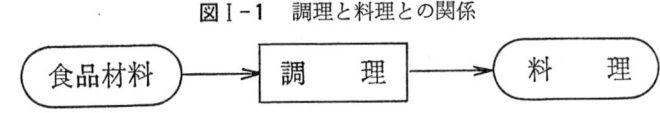

1・2 調理の目的

① 衛生的に安全な食べ物とする
② 栄養効率を高める
③ 嗜好性を向上させる（見た目に美しく，おいしく）
④ 食文化を理解し，継承する。

1・3 応用自在な調理の基礎とは

　調理は古くから伝承技術として受け継がれてきたが，技術のコツを会得するためには長い年月を要した。近年，調理科学の研究成果によって，調理過程の諸現象が解明され，測定機器による数値化も可能となり，調理操作の習得も比較的容易になった。しかし，調理の過程において，操作や時間，温度の微妙な差が，料理の出来栄えや，おいしさを左右することも見逃すことはできない。
　応用自在な調理の基礎とは，調理のコツを系統的に把握し，料理のレパートリーが限りなく広がるように，体系化された調理を学習することを目的としているが，この目的達成を助長するため，後述するような調理の手順や要点を明確に直感的に把握できるようフローチャートで示すことにした。

1・4 調理のブロックダイアグラム

調理の過程を系統的に把握するために，処理手順に従って図示したものが，調理のブロックダイアグラムである。

図Ⅰ-2 調理のブロックダイアグラム

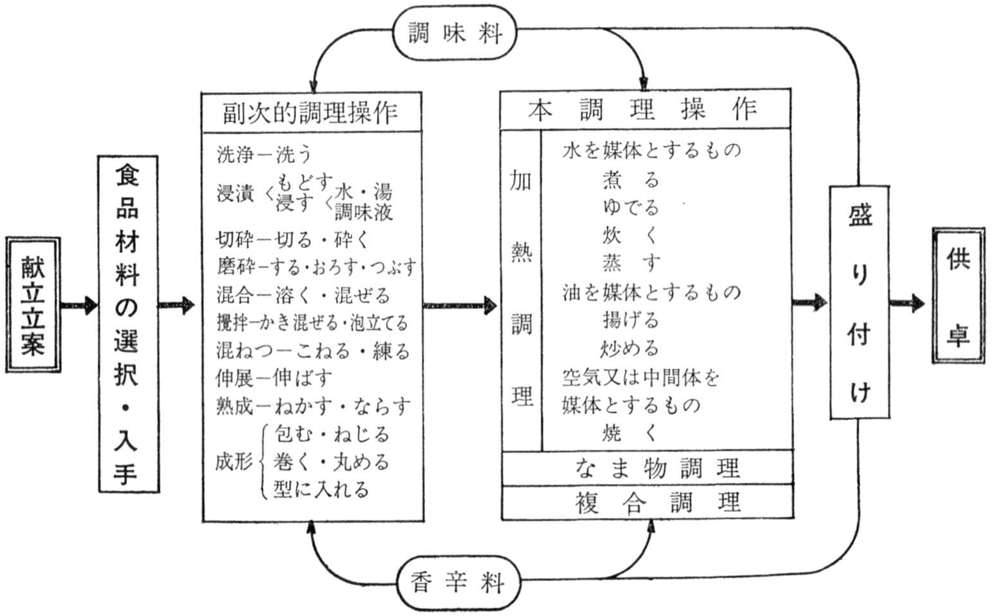

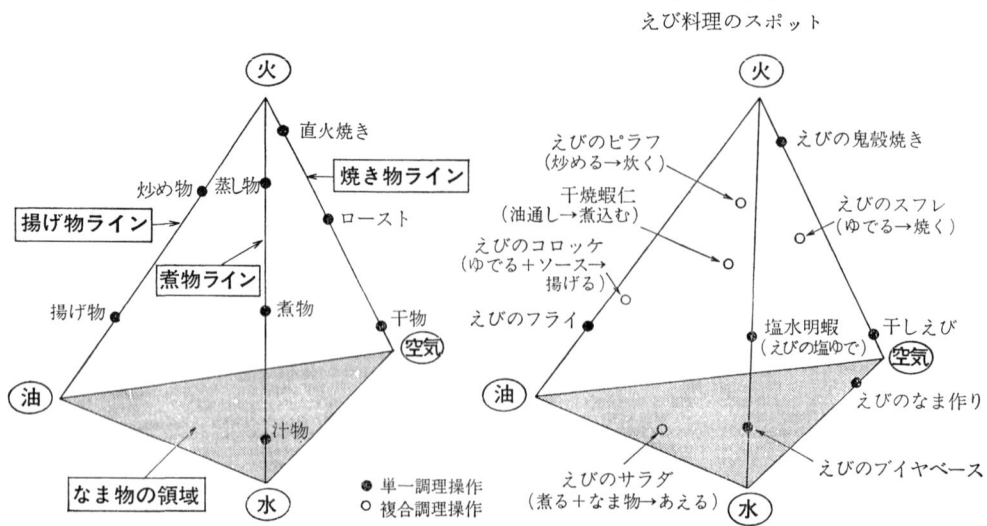

1・5 調理の四面体

調理の四面体とは，玉村[1]によって提案された調理のモデルであるが，次の二つの効用を持っている。

図Ⅰ-3 調理の四面体　　　　図Ⅰ-4 調理の四面体における
　　　　　　　　　　　　　　　　　えび料理のスポット

1) 調理の法則性を解析する媒体として

図Ⅰ-3に示すように，底面の三角形の三つの頂点には，熱の媒体である水・油・空気を置き，残りの頂点には火（熱源）を置く。火とそれぞれの頂点を結ぶ稜線を，水を媒体とする煮物ライン，油を媒体とする揚げ物ライン，空気を媒体とする焼き物ラインと名づける。

それぞれのラインにおいて，火の頂点に近づけば近づくほど火の介在する割合は高く，焼き物ラインに例をとれば，火に近い方から，直火焼き，ロースト，干物の順となる。

煮物ラインでは，火に近い方から，蒸し物，煮物となり，水分の最も多い汁物は水の頂点に近づく。

また，揚げ物ラインでは，炒め物は火に近く，多量の油を用いる揚げ物は油の頂点に近づく。

底面をなま物の領域と名づけているが，刺し身やサラダなどがスポットされよう。

単一調理操作の料理は稜線上に乗り，二つの複合調理操作の料理は二つの稜線ではさまれた面上に，また，三つ以上の複合調理操作の料理は四面で囲まれた空間にスポットされることになる。

世界中どんな料理でも

① 焼くという，水や油を媒体とせず，熱の放射による空気の存在下での熱移動を利用する調理
② 水を媒体とする熱の対流を利用する調理
③ 油を媒体とする熱の対流を利用する調理
④ なま物調理

のいずれかに関与し，調理の四面体のどこか一点にスポットすることができるとともに，複合調理操作の足跡を描くこともできる。

2) 新しい料理創作の媒体として

何か一つの食品材料を，この調理の四面体のどこかの一点に置くと，一つの料理が出来上がり，その点を移動させていくと次々に新しい料理が出来ていく。

ブリア・サバラン（Brillat-Savarin）[2]の料理格言のなかに，「新しい料理の発見は，新しい天体の発見以上に人類の幸福に貢献する」という言葉があるが，調理の四面体は，新しい料理を創作する媒体として役立つ。

注1)：玉村典男：料理の四面体，p.183, 鎌倉書房, 1980.
2)：Brillat-Savarin : Physiologie du goût, p. 24, Julliaid, Paris, 1965..

2. フローチャートによる系統的調理実習

2・1 フローチャートとは

フローチャート（flowchart）は流れ図とも呼ばれているが，「一定の目的を果たすために行う一連の操作を複数の単位操作に分け，操作の手順に従って配列し，図形と文字を用いて示した図面」である。もともとフローチャートは，情報処理システムの製作のために考案されたものであるが，ある問題についてその処理手順を記述したり，更にそれを検討・改良したり，あるいは人から人への伝達手段として多方面に利用されている。このように，広範囲の関係者に伝達し理解させるためには一定の約束を定めてフローチャートを描く必要があるが，日本工業規格として情報処理用流れ図（JIS-C-6270）がある。

2・2 フローチャートの特徴

(1) 操作の流れを図解することにより，概要を直感的に把握することができる。直感的に把握できるということは，表現しようとする流れが複雑なほど，その効果が大きい。
(2) 一次元的または二次元的表示ができる。一次元的表示とは，文章のように直線的に描いていくものであるが，これに対して二次元的表示とは，縦横の両方向に流れを進めることができ，分岐操作の流れを見やすくする。
(3) 豊富な記号を用いて各部分の相互関係を系統的に表示することができる。

2・3 フローチャートの基本形

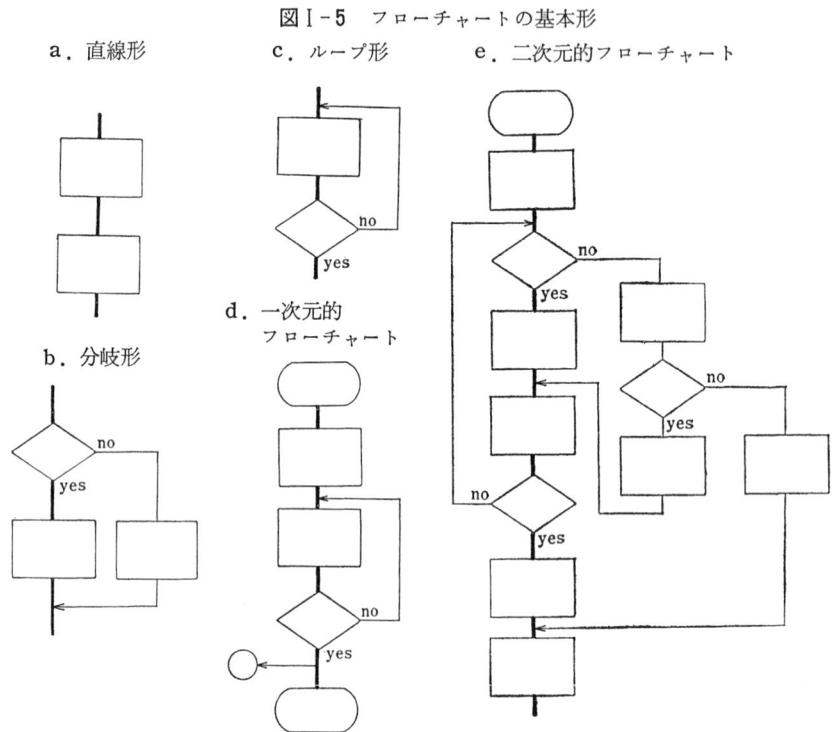

図Ⅰ-5 フローチャートの基本形

2・4 調理操作のフローチャート化とは

1) 目 的

一般に調理操作の手順や要点は文章で記述されているが，本書では，これらの手順や要点を明確に，系統的に把握することを目的とし，情報処理用流れ図記号（JIS-C-6270）を参考とし，調理操作・調理材料・調理器具およびそれらの手順と要点を示すために，最も適した記号と約束事を決め，調理操作のフローチャート化を行った。

2) 調理操作のフローチャート化の利点

(1) 調理操作の概要を直感的に把握することができる。
(2) フローチャートの一次元的および二次元的表示によって，分岐調理操作の流れと，その合流箇所

を明確に把握することができる。
(3) 食品材料や調理器具が,いつ,どこで必要なのかが一目して分かる。
(4) 調理上の要点や確認事項を明確に把握することができる。
(5) 調理の単位操作とその手順を正確に行うことにより,調理科学的裏づけが容易となる。
(6) いつ,どこで,だれが行っても同じように出来上がるという調理の再現性が確保できる。
(7) 調理操作の確実な伝承が可能となる。

3) 調理操作の文章表現とフローチャートの対比

例

文章による表現　　　　　　　　　　　　　　フローチャートによる表現

炊　飯

(1) ぬかやごみを除去するために,米を水で洗う。
(2) 鍋に洗米と定量の水を加えて,浸漬する。米の吸水量は水温・米の質によって異なるが,最低30分は必要である。
(3) 温度上昇期……火にかけ,沸騰するまでは強火とする。
(4) 沸騰期……沸騰が続く程度の火加減にし,5〜6分沸騰を続ける。
(5) 蒸し煮期……水がなくなるので弱火とし,10〜13分蒸し煮する。米は蒸気で蒸されている状態なので,フタは開けないように注意する。
(6) 消火前に2〜3秒強火とし,鍋の底の水っぽさを除く。
(7) 蒸らし期……10〜15分蒸らし,ふっくらとした飯に仕上げる。

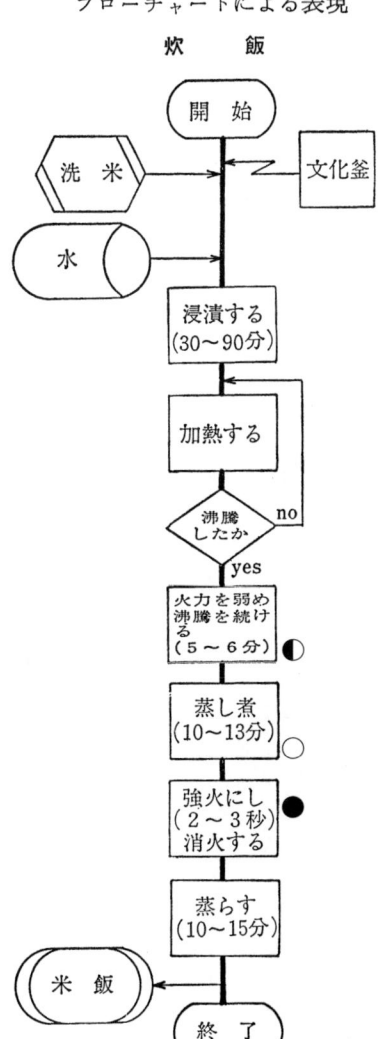

2・5 本書に用いられているフローチャートの記号とその約束事

	記号	約束・意味	例
1.	⬭	開始・終了	開始 / 終了
2.	▢	調理操作	煮る / 炒める
3.	◇	確認 {加熱の状態／調味の具合 など}	沸騰したか / 味はよいか
4.	⬡	調理材料	米 / 干し椎茸
5.	⬡（二重）	下準備済み調理材料	三枚におろしたさば / 絞り豆腐
6.	▱	調味料・香辛料	食塩 / こしょうナツメグ
7.	⌾	媒体として用いる水・油など	3％酢水 / 油
8.	▭（重ね）	調理済み材料（サブルーチンなど基本操作として別項に解説されているだし汁やあえ衣など）	かつおぶしのだし汁 / 酢みそ
9.	□	補助調理器具	まな板 包丁 / 鍋
10.	△	分離又は取り出すもの	ゆで汁 / 炒め油
11.	▲	分離又は取り出して再び用いるもの	煮汁 / 煮汁
12.	⬯	半完成品（1つのフローチャートでつくられた半完成品で，同一調理工程で再び用いるもの）	下ごしらえした鯛 / 下ごしらえした鯛
13.	⬯（二重）	出来上がった料理	木の芽あえ / 鯛のうしお汁
14.	│	主な流れ	原則として上から下へ

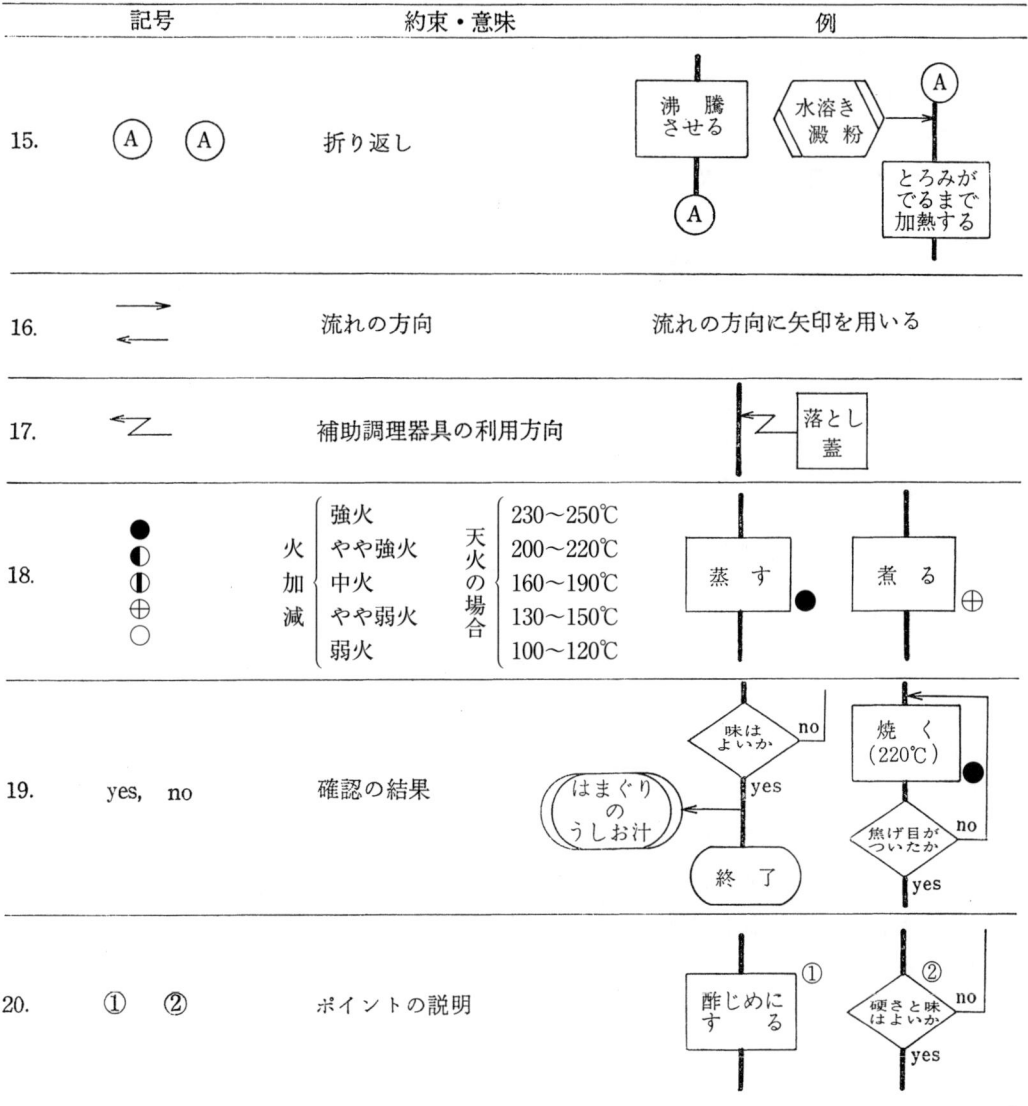

3. 本書の利用法

3・1 本書の構成

　本書は，応用自在な調理の基礎を，フローチャートによって系統的指導あるいは実習できるように日本料理篇としてまとめたものである。調理操作別に基礎理論を述べ，関連事項を分かりやすく図や表で説明し，続いて代表的な料理について，その調理法の手順と要点を解説し，どのように応用展開を進めていくかについても記述した。

　本書の各調理法の項では，主として左右の頁を対とし，原則として左頁には料理名・材料・分量（通常4人分を1単位），下欄には調理上のポイント・参考事項等を記載することとした。

原則として，右頁に調理法のフローチャートを記載し，主要な流れ線の左側には調理材料・調味料・香辛料・半完成品・出来上がった料理名を，右側には補助調理器具類を記載した。フローチャート中の記号の右肩上の番号（①，②……）は，調理上のポイントの説明を示すもので，説明文の番号と一致させてある。

3・2 本書の利用にあたって

(1) まず各調理項目の基礎理論を充分に理解する。
(2) 各料理については，材料と分量の確認を行い，調理法の概要を把握する。
(3) 簡易な下ごしらえは，材料の項の分量の右側を参照し，フローチャート中の サブルーチン については解説されている項を調べる。
(4) 調理操作は，忠実にフローチャートに従う。
(5) フローチャートに記載してある調理上のポイントを正確に把握し，調理科学的裏づけを考察する。
(6) 参考項目を熟読し様々な応用を試みる。

4. 調理実習の実際

4・1 実習に先立って

(1) 予　習　　実習の目的，ポイントおよび手順を把握する。
(2) 身支度　　清潔な着衣，手指の洗浄および手拭きを準備する。
(3) 調理台　　実習材料および用具を確認する。

4・2 実習中

(1) 調理材料の準備　　調理材料を注意深く選定する。不可食部を除く・洗う・切る・計る・浸す・混ぜるなどの，主要な工程に入る前の準備操作を行う。
(2) 調理の主工程　　各調理材料の加熱温度と加熱時間，調味料や香辛料の割合，調味のタイミングなどを理解する。
(3) 盛り付け，配膳　　試食時の調理品の温度，料理の様式を考慮しながら，美しさ，おいしさをひきたてるように盛り付けし，配膳する。
(4) 実習態度　　時間や労力の配分，作業の分担や協力，研究的な観察および作業の安全を心掛ける。

4・3 試食と実習後の整理整頓

(1) 評　価　　実習の目的，ポイントおよび手順が把握できたか。出来上がった料理の外観・味・香りなどの出来栄えを評価する。
(2) 食事作法　　教養ある人間としての食事作法を理解し，身につける。
(3) 後片付け　　食器および調理器具の洗浄，乾燥と収納，ふきんの熱湯消毒と乾燥，調理台の整理整頓，廃棄物の処理，清掃などを行う。

4・4 記　録

(1) 実習のポイント　　技術的なポイントと，科学的なポイントを記録し，考察する。
(2) 結果，反省，応用　　実習の目的が達成されたか。実習で学んだ方法や考え方を応用できるか等。
(3) 参考文献　　実習内容に関連した事柄を調べる。文献の著者・書名・頁・発行所・発行年を記録する。

5. 調理実習の評価法

5・1 献立構成の評価のポイント

(1) 献立のテーマが充分に表現されているか。例えば，青年期男子の献立，老人の献立のように。
(2) 栄養のバランスがととのっているか。
(3) 食品の分量や組み合わせが適当か。
(4) 料理の組み合わせが適当か。
　① 料理がバラエティに富んでいるか。
　② 材料の特性が充分に生かされているか。
　③ 味・色・形に不調和なものはないか。
(5) 献立は限られた予算の範囲で，目的が達せられているか。
(6) 調理に要する時間，調理の手順，使用する器具，熱源などが考慮され，準備から供卓までの一連の調理工程がスムーズに流れるように充分配慮されているか。

5・2 調理技術の評価のポイント

1) 材料の取り扱い方
　① 材料が衛生的に扱われているか。
　② 材料が栄養的に扱われているか。
　③ 材料が経済的に扱われているか。
　④ 材料が目的に応じた切り方，大きさに美しくととのえられているか。
　⑤ 材料に適した扱い方であったか。扱い方の手順は正しかったか。

2) 調理法

種類	調理の例	評価のポイント		評価事項
汁物	かきたま汁	加熱の状態		①長く沸騰させてだしを取っていないか ②卵を入れてから加熱しすぎていないか
		出来栄え	色	①色が濃すぎないか ②濁っていないか
			汁の状態	①澱粉の濃度は適当か ②卵が汁に均一に混ざっているか ③汁の分量は適当か
		味		①だしの旨味は適当か ②塩味は適当か

種類	調理の例	評価のポイント		評価事項
煮物	かぼちゃの含め煮	加熱の状態		中まで火が通っているか
		出来栄え	色	かぼちゃの色が生かされているか
			形	形が美しく，煮くずれがないか
		味		①味は適当か ②味が充分に煮含められているか
蒸し物	茶碗蒸し	加熱の状態		①加熱の条件は適当であったか（90℃約15分） ②中まで火が通っているか
		出来栄え	色	①美しい卵の色が生かされているか ②卵の色にむらがないか ③みつばの色が生かされているか
			凝固の状態	①卵液が中までなめらかに凝固しているか，すが立っていないか ②硬すぎたり，軟らかすぎることはないか ③分離液は出ていないか
		味		①味つけは適当か ②口あたりはなめらかか
焼き物	あじの塩焼き	加熱の状態		①加熱の条件は適当であったか（強火の遠火で，表側から4分，裏側から6分焼く） ②中まで火が通っているか
		出来栄え	色	①表面に適度の焦げ目がついているか ②化粧塩が美しく振られているか ③酢どりしょうがの色どりはよいか
			形	①うねり串の効果により，あじの形がととのっているか ②酢どりしょうがの形はよいか
			香り	食欲をそそる焼き物特有のよい香りがあるか
揚げ物	天ぷら	加熱の状態		①加熱の条件は適当であったか（170〜180℃） ②材料に適した火の通り方であったか
		出来栄え	色	適度の焦げ色がついているか
			油の切れ具合	からりと揚がっているか
			衣の状態	①厚すぎず，また薄すぎないか ②まだらについていないか ③衣を混ぜすぎて，粘りが出すぎていないか
		味		①天つゆの味はよいか，また分量は適当か ②適当な薬味がついているか ③天ぷらの食感は好ましいか

種類	調理の例	評価のポイント		評価事項
あえ物	酢みそあえ	加熱の状態		材料の加熱具合はよいか
		出来栄え	色	食品特有の色が生かされているか
			あえ衣	①なめらかか ②衣の分量は適当か（衣の材料は30％） ③放水して水っぽくないか
		味		酸味・塩味・甘味のバランスが適当か
	白あえ	加熱の状態		材料の加熱具合はよいか
		出来栄え	色	①あえ衣の色は白く仕上げられているか ②具の材料の色が生かされているか
			あえ衣	①なめらかか ②衣の硬さが適当か ③放水して水っぽくないか
		味		①材料の下味は適当か ②塩味・甘味のバランスが適当か
寄せ物	泡雪かん	加熱の状態		寒天の加熱溶解と煮つめ方が適当か
		出来栄え	卵白の起泡状態	①泡立ちが充分か ②泡立ちのきめが細かいか ③泡立ちすぎて分離しはじめていることはないか
			凝固の状態	①固まっているか ②寒天液と卵白が均一に混ざっているか ③適当な硬さか
			色	白く出来上がっているか
			つや	なめらかでつやがあるか
		味		①甘味は適当か ②香料は適当か

3) **盛り付け，配膳**

① 料理に適した食器が用いられているか。
② 清潔に，正しく，美しく盛られているか。
③ 正しく，美しく配膳されているか。

4) **実習態度**

① 服装がととのい，衛生観念が充分身についていたか。
② 水・材料・熱源の使い方に無駄がなく，調理機器の取り扱い方が正しく行われたか。
③ 仕事の手順は適当であったか。
④ 作業中および終了後の整理整頓がよく行われていたか。

Ⅱ 副次的調理操作

1. 計 る

食品の重量・容量・体積および調理過程における温度や時間を計る。

1・1 計測用機器

1）計量用機器

調理では，液体・粉体・粒体の計量に，体積を量る簡便法が多く用いられている。不定形の個体は重量で量る。

体積を量る機器　計量スプーン　① 小さじ1杯（5ml）＝小 s.1
　　　　　　　　　　　　　　　② 大さじ1杯（15ml）＝大 s.1
　　　　　　　　計量カップ　　カップ1杯（200ml）＝1cup
　　　　　　　　　　　　　　　他にカップ1杯500ml，1,000ml のサイズや180ml(1合)がある。
　　　　　　　　計量の際は，粉体は山盛りにしてから表面をすり切る。液体は表面張力で盛り上がるくらいに入れる。1/2や1/3を量る場合は，この状態から余分を取り除く。

重量を量る機器　① デジタル重量計　食品を容器に入れて計量する場合でも風袋引きの機能がついているため簡単に使用できる。測定可能な最大値（秤量と呼ぶ。例えば1kg）と最小値（感量と呼ぶ。例えば1g）がある。測定範囲を確認し，目的に合わせた秤を用いる。
　　　　　　　　② 台　秤　0点を合わせてから容器に入れた食品の重量を量り，その値から容器の重量を差し引いて食品の重量を算出する。なお，1目盛りの間は四捨五入する。

2）温度測定用機器

① 棒温度計　　　アルコール温度計は100℃以下，100℃以上には水銀温度計を使う。測定範囲が−20〜−50℃の冷蔵庫専用のものもある。
② バイメタル温度計　バイメタル利用の平盤型で，揚げ物用や天火用，冷蔵庫用もある。
③ 熱電対温度計　熱電対を利用した温度計で，実験用に用いられる。

3）時間測定用機器

① タイマー　　　ゼンマイ式で指定時刻にベルが鳴る60分計単独型や，機器に組み込まれたものもある。
② タイムスイッチ　電気時計の原理で指定時刻に機器を on―off の2動作か，off に作動させる。単独か機器組み込みで24時間用が多い。

1・2 計測の実際

1) 計量の精度

調理実習における計量は，化学実験ほどに精度は要求されないが，計量する食品材料の精度要求に応じて秤を使い分ける必要がある。計量器具は常に正しく使用できるよう整備しておく。使用する鍋やボール類の重さをあらかじめ知っておくと便利である。

2) 濃度と割合

濃度を示すには百分率（％）を用いる。一般に溶液 100g または 100ml 中に溶存する溶質の g 数で示すが，ml 数を用いる場合，厳密には液体の比重より換算した ml 数である。調理で「1％の食塩を加える」場合は，煮だし汁 100ml または食品材料 100g に対してその 1/100 の容量又は重量の食塩を加えることを示す。割合とは，Aの食品材料の重さ 1 または 10 に対して，Bの材料をその整数分または，その整数倍を用いる時に使う。

3) 食品材料・調味料および香辛料の容積と重量

計量カップやスプーンを使って食品材料を計量する場合，材料の性状によって見掛けの容積と重量は同じ数値を示さない。水 5ml はほぼ 5g であるが，油 5ml は比重が小さいので約 4.5g である。

粉類はふるった場合と，ふるわない場合では，容積は同じでも重量は異なる。

常に使用するカップやスプーン類と食品材料との重量の関係を知っておくと便利である。

表 II-1　標準計量カップ・スプーンによる重量表（g）[*1]

食品名	計量器名	小 s.1 (5ml)	大 s.1 (15ml)	1cup (200ml)		食品名	計量器名	小 s.1 (5ml)	大 s.1 (15ml)	1cup (200ml)
粒状のもの	◇胚芽精米・精白米	−	−	170	調味料	上　白　糖	3	9	130
	◇も　ち　米	−	−	175		グラニュー糖	4	12	180
	◇無　洗　米 [*2]	−	−	180		ざ　ら　め	5	15	200
	押　し　麦	−	−	100		あら塩（並塩）	5	15	180
	大　　豆 [*2]			130～150		食　　塩	6	18	240
	小　　豆 [*2]					精　製　塩			240
	ご　　ま	3	9	120		油			180
	道　明　寺　粉	4	12	160		バ　タ　ー	4	12	180
	上　新　粉 [*2]	−	−	125		ラ　ー　ド			170
	白　玉　粉 [*2]	−	−	120		ショートニング			160
	小麦粉（薄力粉）	3	9	110		マヨネーズ			190
	小麦粉（強力粉）					トマトピューレー	5	15	210
	オートミール	2	6	80		トマトケチャップ			230
	生　パ　ン　粉	1	3	40		ウスターソース	6	18	240
	（乾燥）パン粉					み　　そ			
粉状のもの	じゅうそう	4	12	190		し　ょ　う　ゆ	6	18	230
	ベーキングパウダー			150		み　り　ん			
	か　た　く　り　粉	3	9	130		水			
	コーンスターチ			100		酢	5	15	200
	カ　レ　ー　粉			80		酒			
	こ　し　ょ　う			100		抹　　茶			110
	か　ら　し　粉	2	6	90		煎茶（茶葉）			90
	わ　さ　び　粉			70		番茶（茶葉）	2	6	60
	脱　脂　粉　乳			90		紅茶（茶葉）			60
	粉　チ　ー　ズ					レギュラーコーヒー			60
	粉　ゼ　ラ　チ　ン	3	9	130	飲料ほか	コ　コ　ア			90
	うま味調味料	4	12	160		水　あ　め			280
						は　ち　み　つ	7	21	280
						ジ　ャ　ム			250
						マーマレード			270
						牛　　乳			210
						生クリーム	5	15	200
						ねりごま			210

備考：
◇胚芽精米・精白米　1合（180ml）＝150g
◇も　ち　米　1合（180ml）＝155g
◇無　洗　米　1合（180ml）＝160g
㊟計量カップ・スプーンの形状によって値は異なる

*1) 女子栄養大学出版部刊「食品成分表」(2010年4月改訂版) より一部改変，値は実測値
*2) 同文書院刊「New 調理と理論」より，値は概数（g）
−) 実用性のないものとして省略

4) 調理と温度および時間

調理における温度と時間は，料理の出来栄えを左右する重要なファクターである。そこで，おおよその調理温度や調理時間を把握しておく必要がある。

図Ⅱ-1 調理と温度

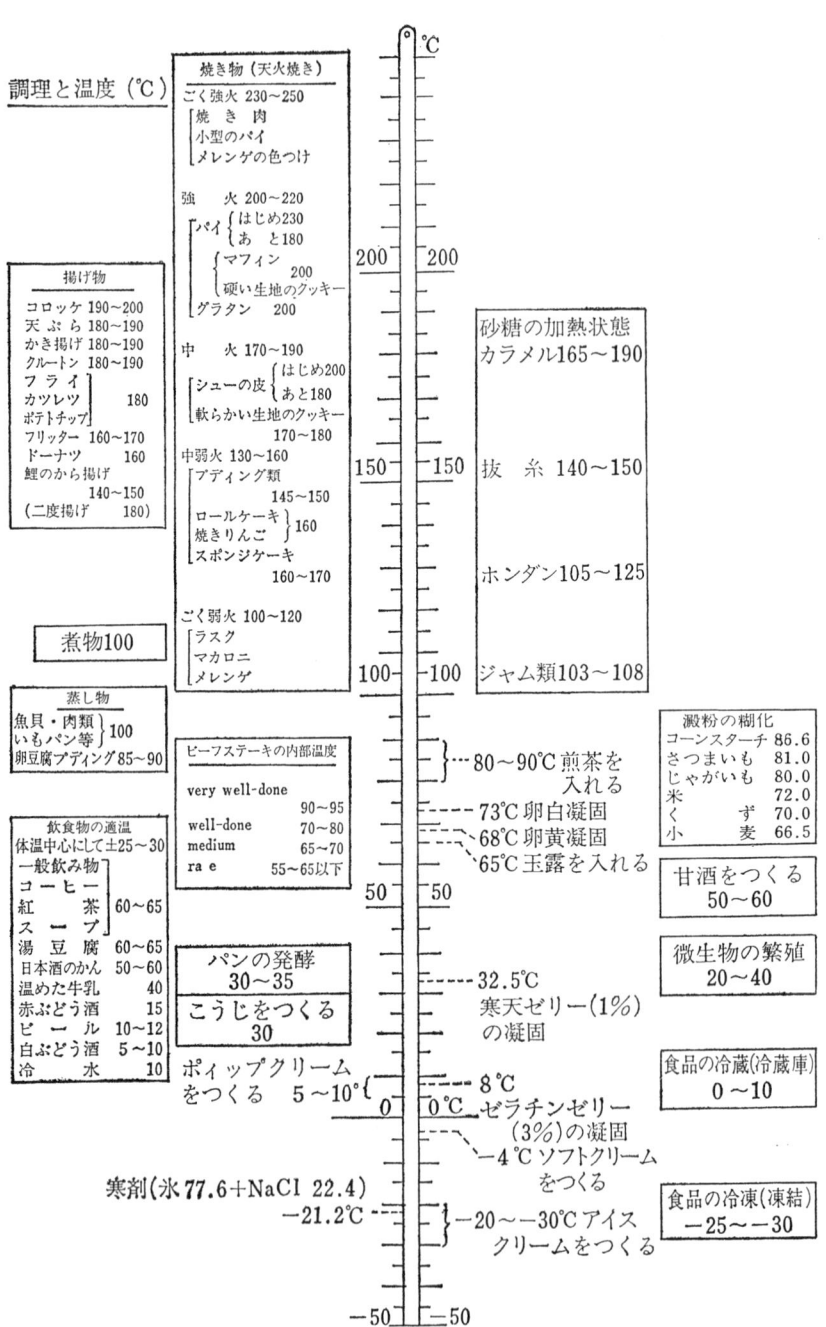

川端晶子：最新調理学実験, p.20, 学建書院, 1977.

2. 洗 う

〔目的〕 食品に付着している有害物・汚れ・不味成分を除去し，食品を衛生上安全で嗜好上望ましい状態にすることを目的とし，調理の準備段階で行われる操作である。

〔方法〕 基本的な方法は水洗である。食品によっては，塩水・酢水を用いる場合もある。洗浄効果をあげるために中性洗剤を用いることもある。洗浄器具として，洗い桶・水切りかご・ざる・たわし・ブラシ類・ふきんなどを用いる。

表Ⅱ-2　食品の洗浄方法

食品名		洗浄方法
魚類一般		魚に付着する好塩菌・魚臭・血液，その他の汚れを除く。丸のままで流水でよく洗い，うろこ・えら・内臓を除き，血液を丁寧に洗い去る。水温は低い方がよい。手早く行う。切り身にした後は洗わない。「あらい」は身をひきしめるため氷水を用いる。
	小魚類	2〜3％の食塩水で丸のまま洗い，鮮度の落ちるのを防ぐ。
貝類	あさり はまぐり	海水とほぼ濃度の等しい食塩水（約3％）につけ，しばらく放置し，砂をはかせてのち洗う。
	しじみ	ボールまたは目の粗いざるに入れ，流水で貝と貝をこすり合わせるようにしてとぎ洗いし，砂や汚れを除く。
	むき身	ざるに入れ，食塩をたっぷりまぶし込むようにしながら，こすり洗いする。摩擦することにより粘液物を除く。またはざるごと水につけて振り洗いし，汚れや臭みを抜き，ざるを上下に振って水気を切る。
	かき	むき身に同じ。または食塩のほかに大根おろしを用いて混ぜ洗いする場合もある。かきの身を傷めずに汚れやぬめりをおろしに吸着させる。かきに直接水をあてぬように注意しながら流水洗い，回し洗いしながら残存する殻を取り水気を切る。
獣鳥肉類		ほとんど洗わない。臭みが強いとき，汚れているときには流水で洗い流す。または，水につけてから臭み抜き・血抜きを行う。
	内臓	臭み抜き・血抜きのためほとんどの場合水に浸すか，流水中につけながら洗う。酢水は臭みを抜くのに効果的である。
	肝臓	細菌が付着しやすいので，冷水で手早く洗う。
穀類	米	水中で攪拌し，米のふれ合いで糠などを落としてから，4〜5倍量の水で5〜6回すすぎ洗いする。
	麺類	ゆでた後，冷水に取り流水で洗う。
豆類	小豆 その他の乾燥豆類	水を入れ，かき混ぜて少しおくと，虫食いやしいななどが浮いてくる。石や砂は沈む。うわ水を捨て，底の方をゆすりながら別の容器に移す。これを2〜3回繰り返す。比重差を利用している。

油揚げ・生揚げ・うの花	熱湯で洗って表面の油を抜く（油抜き）。 粘りや臭みを抜くため水にさらす。
種実類　ごま	ボールに取り水を入れる。手早く洗い，ゆすりながら，ふきんを敷いたざるの上にあけ，洗い水を切る。比重の違いを利用した洗い方である。
いも類	皮付きのまま丸ごと洗い泥を落とす。たわしなどでこするのもよい。アク抜き，澱粉質を流すなどの目的以外は水中に長くつけない。
野菜類 　根菜・茎菜・ 　果菜類・葉菜類	全般的に，まず土砂を落としたのち洗う。 手やブラシなどで組織を破壊しない程度に摩擦を加えて洗う。 葉折れしたり，組織細胞をこわさぬよう注意しながら，できるだけ葉をほぐし，摩擦を避け水中で振り洗いする。水を数回換えてすすぎを丁寧に繰り返す。
乾物類 　干し椎茸 　かんぴょう 　切り干し大根	水で洗うことは，不純物を取り除くだけでなく，水に浸しながら軟らかくもどす目的もある。（Ⅱの3浸す p.24参照） かさの裏側のごみをたたいて落とし，さっと水洗いする。 塩もみしたのち，水洗いする。 充分な水に入れて振り洗いし，浮いたごみを流す。大根をすくいあげ，沈んだ砂を除く。次に水を2～3回換えてもみ洗いし，最後に固くしぼる。洗いすぎると特有の甘味や香りが抜けるので注意する。
海藻類　こんぶ 　　わかめ 　　ひじき	表面の白い粉はマンニットで旨味成分である。ふきんで砂を落として用いる。普通，水洗いはしない。 手早く冷水で洗い，塩や汚れ・アクを除く。 たっぷりの水を入れてかき回し，浮いたごみを流し，ひじきをすくい上げて別の容器に移し，沈んだ砂やその他の夾雑物を除く。これを2～3回繰り返し行う。次いで水に浸し，アク抜き，吸水させる。

参　考

(1) 洗浄と同時に，栄養成分の損失（特に水溶性ビタミン・ミネラルなど），呈味成分の溶出，吸水，膨潤，組織の破壊も起こるので適切な方法を選択する必要がある。

(2) 米の洗い方の違いによるビタミン B_1 の溶出率を示すが，よく洗った場合の溶出率は著しい。

表Ⅱ-3　淘洗によるビタミン B_1 量の変化

米の種類	軽く洗った時の溶失率（%）	よく洗った時の溶失率（%）
玄　　米	5.1	7.9
白　　米	23.0	54.0

別所秀子：調理学，p.129，朝倉書店，1976．

洗　う

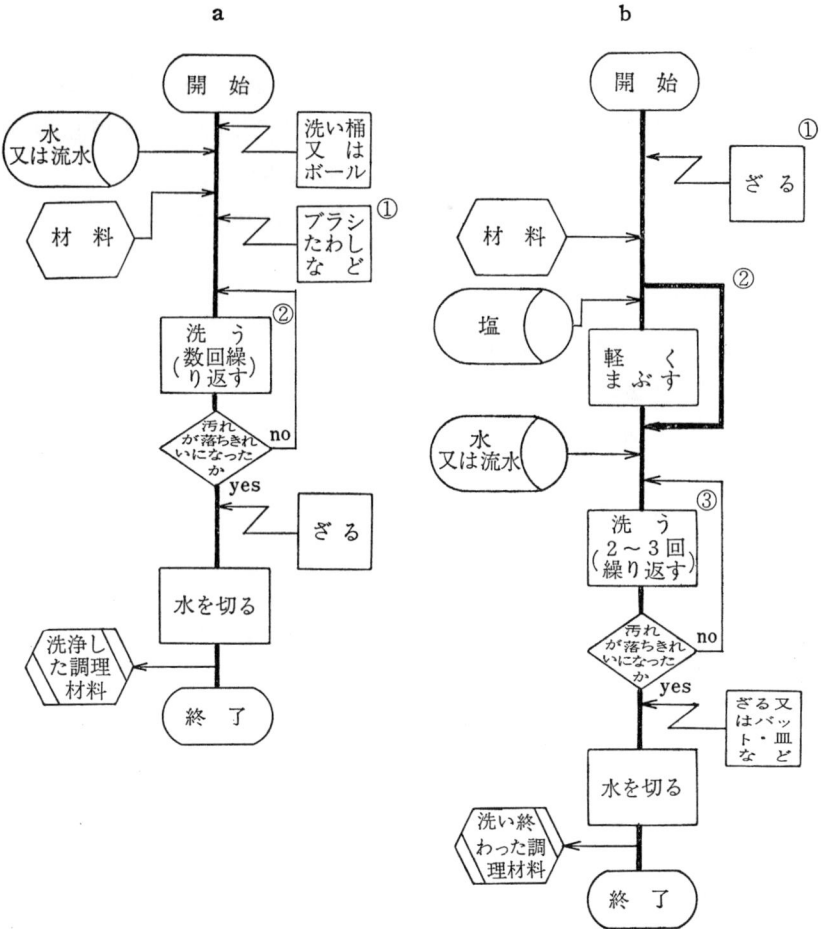

① いも類・根菜類・果菜類はブラシやたわしなどを用いて洗う場合が多い。
　または手でこすりながら洗う（こすり洗い）こともある。
② 米・豆類はかき回して流す（攪拌洗い）。

① 貝類はざるに入れる。
② 魚類の洗浄工程を示す。
③ 貝類は振り洗い。
　魚類は下ごしらえをした後，もう一度軽く流水で洗う。

3. 浸 す

〔目的〕 浸すとは，食品を液体につけることをいい，以下の目的で行う。

(1) もどす　　乾物への水分の付与，乾燥ゲルの吸水。保存のため水分20%以下に調整された食品は，水に浸漬し，水分を吸収させ生の状態にもどす。熱伝導がよくなり，澱粉の糊化が速められる。乾燥ゲルは，加熱前に浸漬，膨潤することにより均一に速く溶解する。

(2) 旨味成分の浸出　　水だしは，煮だしに比べ浸出時間は長いが，不味成分・不快臭を伴う成分の浸出がおさえられる。

(3) アク抜き　　不味成分を除去する。

(4) 酵素作用の阻止　　酸化酵素による変色を防ぐ。

(5) 塩抜き　　塩蔵食品の調理前の塩抜きをする（むかえ塩）。

(6) 失った水分の補給　　切断，蒸発などで失った水分が再び細胞内に入り，歯ざわりの触感が改善される。

(7) 調味液の浸透　　調味液につけて食品に味を浸み込ませる。

〔方法〕

3・1 もどす　　洗う操作に続いて行われる。同時にアク抜きが行われる場合もある。吸水速度は浸漬する水温が高いほど速やかである。

表Ⅱ-4　食品のもどし方

食品名	浸漬時間(約)	重量の変化 (浸漬前を1とする)	方　法
米	30分以上	(図Ⅷ-5, 6参照)	吸水が充分に行われると糊化が速く，かつ均一である。
大豆	5～8時間	2	0.3%重曹水または1%食塩水につける。
高野豆腐	15分	2～3	50～80℃の湯に落とし蓋をして浸す。
ゆば	2～3分	3	湯をかける（浸さない）。揚げ物にする場合は，ぬれふきんに包み湿らせる。
麩	5～6分	7	水につける。板麩はぬれふきんに包み湿らせる。
春雨	20分	3	微温湯に浸す。
かんぴょう		4	塩もみ洗いし，透明になるまでゆでる。
干し椎茸	30分以内	5	10倍の水または微温湯に浸す。約30分で膨潤限度に達する。
きくらげ	1晩	9～10	水または微温湯に浸す。水中でもみ洗いし，石づきを取る。
干しぜんまい		6～7	たっぷりの水を入れ火にかけ，両手でもむ。熱くなったら水を換え，また火にかけてもむ。3回繰り返す。
干しずいき	10～20分		熱湯に10分，微温湯には20分浸す。
切干し大根	3時間(生のもの) 10分(ゆでたもの)	5	水または二番だしに浸す。
乾燥野菜	30分		水または微温湯に浸す。

II 副次的調理操作

食品名	浸漬時間(約)	重量の変化 (浸漬前を1とする)	方法
乾燥果実			洋酒,レモン汁,砂糖水などにつける。または軟らかくなるまでゆでる
ひじき	40分	8	水または50℃くらいの湯に浸す。
わかめ	10～30分	7～10	水に浸す。
寒天	30～60分	9～10	水に浸す。
ゼラチン	20～30分	(図II-3参照)	10倍量の水に浸漬する。
するめ	1日		米のとぎ汁または木灰汁につける。
干しえび	1晩		40℃くらいの微温湯につける。
干しあわび	2日		ざっと浸るくらいの微温湯につける。時々湯を足す。
干し貝柱	15分(煮る)	2	弱火で煮て火を止め充分蒸らす。
身欠きにしん	1昼夜	3	米のとぎ汁に一昼夜つける。次に新しいとぎ汁と取り換えてそのままゆでる。
干し数の子	1週間	2.5	米のとぎ汁に一昼夜つける。その後,毎日水を取り換えながら1週間つける。
きんこ	1晩 もどすのに5～7日		微温湯に一晩つけ,新しい水に換えて30分煮てそのまま冷ます。とげのないところから包丁を入れ,砂やすじを取り,洗って火にかける。3回繰り返し水でさらしてアク抜きする。
干しだら	2昼夜		米のとぎ汁か木灰汁につける。
くらげ			85℃くらいの湯につける。縮みかけたら急いで水に取る。
ふかのひれ	30分(煮る)		湯の中に入れて煮る。そのまま蓋をして冷めるまでおく。ざるにとって充分に水にさらす。

参考

1) 豆類の吸水

豆によって吸水状態が異なる(図II-2)。

大豆は表皮から内部の子葉へ順次吸水が進むが,小豆は種皮が硬く,珠孔から吸水が行われ,子葉が膨潤するのに水浸してから2～3時間を要するので,普通水浸しないで加熱する場合が多い。

- 食塩水につける効果　大豆の蛋白質の大部分を占めるグリシニンが,食塩のような中性塩溶液に溶ける性質による。
- アルカリを用いる効果　子葉は蛋白性のもので,アルカリは膨潤を促進し,軟化を速める。

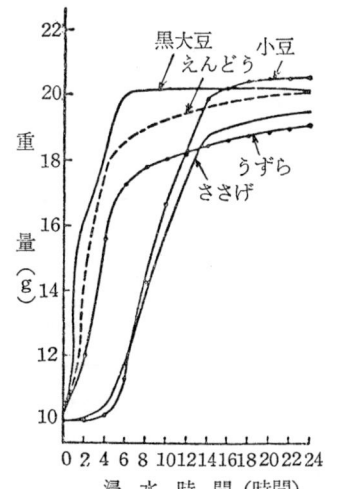

図II-2　豆類の吸水による重量変化

水温14℃(始め),23℃(終わり)

山崎清子ほか:調理と理論, p.162, 同文書院, 1967.

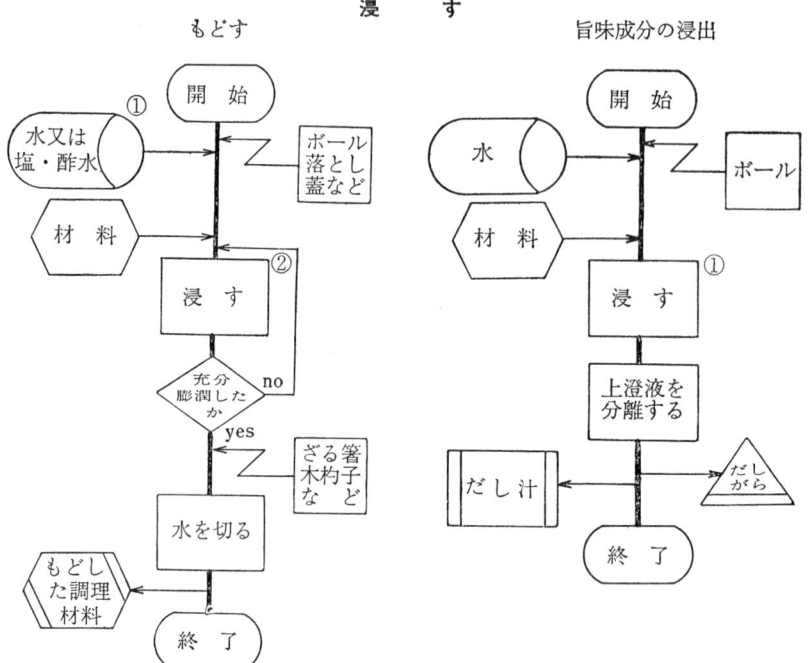

もどすの工程を示す（特殊材料は除く）。
① 食品によっては重曹水，微温湯を用いる。
② 浸漬時間は，表Ⅱ-4に目安を示した。

旨味成分の浸出の工程を示す。
① 浸漬時間は材料によって異なる。

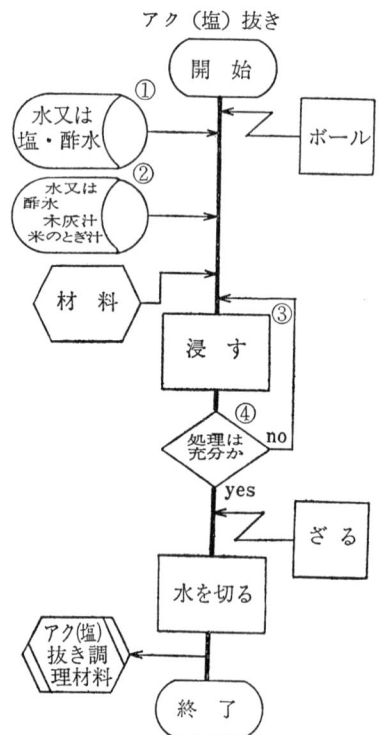

〔目的〕(p. 24) の(3)〜(6)の工程を示す。
① 酵素作用の阻止または塩抜きに適用。
② アク抜きに適用。
③ 浸漬時間は食品材料，目的によって異なる。
④ "アク抜き，褐変防止，または塩抜きが充分か"の確認をする。

参 考

2) 寒天・ゼラチンの吸水膨潤

寒天の種類，浸漬時間によって吸水膨潤度は異なる。

表Ⅱ-5　寒天の吸水膨潤度（水温20°C）

浸漬時間	角寒天	細(糸)寒天	粒状寒天
5 分	9.0	7.0	8.2
10 〃	10.8	8.0	8.4
30 〃	13.0	10.6	8.4
1 時間	16.6	14.6	9.0
2 〃	18.6	19.2	10.0
5 〃	19.5	19.8	10.5
10 〃	20.5	20.5	10.9

乾物を1とした場合の重量比
山崎清子：調理科学講座，4，p.145, 1962.

粒状や粉状ゼラチンは，板状ゼラチンに比べ表面積が大きく吸水速度が速い。長時間の浸漬により吸水量は無限に増大する。

図Ⅱ-3　ゼラチンの浸漬時間と吸水量

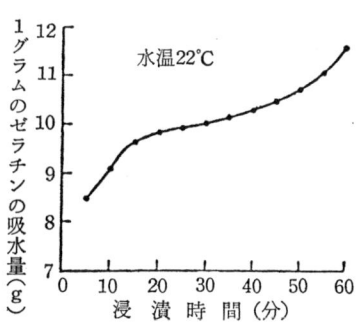

新野サツエほか：大妻女子大紀要

3) 干し魚のもどし

生魚を干物にしたものは長時間の乾燥により脂肪酸が酸化している。木灰の水溶液（アルカリ膨潤）や米のとぎ汁（吸着作用）により，脂肪の酸化によって生じた渋味を除く。

3・2 旨味成分の浸出

かつおぶし・煮干しなどの旨味成分であるイノシン酸などの核酸系物質および各種アミノ酸は，沸騰水中で短時間で抽出される。1分以上加熱を続けると渋味などの成分が抽出され，特有の芳香を失う。こんぶの旨味成分であるグルタミン酸などのアミノ酸は，比較的低温で抽出され，高温の加熱では強いこんぶ臭と粘質物が溶出される。

3・3 アク抜き

アクは，視覚的・味覚的に，あるいは嗅覚を含めて不味感を抱かせる成分で，変色を起こすアク，加熱によって浮き上がってくるアクなどがある。またアクは食品の持ち味と密接に関係し，アクを抜くことによって食品固有の味を失うこともある。

アク抜きには，次のような方法がある。
(1) 水につけて溶出する。食塩水や酢水を用いる場合もある。切り口が空気に触れると褐変しやすい食品に適する。("酵素作用の阻止"次頁参照)
(2) 米のとぎ汁・ぬか水・アク・重曹水・澱粉溶液などにつけて溶出または吸着により取り除く。
(3) ゆでて組織を軟化して溶出する。

表Ⅱ-6 アク抜きの方法

食品	目的	方法
うど	酸化抑制	3％の酢水につける。
たけのこ	溶出・吸着	米のとぎ汁でゆでる。ホモゲンチジン酸・シュウ酸が澱粉コロイドに吸着される。
れんこん	酸化抑制	3％の酢水でゆでる。
栗	酸化抑制	1％明ばん水につける。
さつまいも	酸化抑制	1％明ばん水につける。ヤラピンを含む樹脂配糖体は酸化により黒変する。
ごぼう	酸化抑制・溶出・吸着	米のとぎ汁でゆでる。酢水につける。
わらび・ぜんまい	溶出・吸着	灰汁または0.1～0.2％重曹水でゆで，水洗し冷水につける。
ほうれんそう	溶出	ゆでて水につける。シュウ酸・シュウ酸化合物をゆで水へ移行させる。
干し魚	溶出・吸着	米のとぎ汁でゆでる。木灰10％水溶液につける。

参 考

1) ゆでたほうれんそうの処理の違いによるシュウ酸の残存量

30分水浸し，振り洗いしたものがシュウ酸の除去に最も有効であることを示している。

表Ⅱ-7　ゆでたほうれんそうの処理によるシュウ酸の残存量

ゆでたほうれんそうの処理法	残存シュウ酸量
ゆでたほうれんそう（対照）	40.0（mg%）
すぐ水浸してしぼる。	37.8
すぐ水浸し，30分間おいて後，振り洗い20回，しぼる。	23.9
そのまま30分間おいて後，振り洗い20回，しぼる。	28.9
そのまま30分間おいて後，水浸してしぼる。	33.4

注：2分間ゆでたほうれんそう，遊離シュウ酸の測定は Mayer 法．
別所秀子：調理学，p. 129, 朝倉書店, 1976.

2) アクの種類

表Ⅱ-8　アクの種類

味	苦味[1]（野菜・ふきのとう）：各種アルカロイド，K, Ca および Mg など無機塩
	えぐ味（たけのこ・さといも）：ホモゲンチジン酸およびその配糖体，ジヒドロキシベンズアルデヒド，シュウ酸およびその塩類
	渋味[2]（柿・にしん）：タンニン酸，干し魚の脂肪酸化物
色	褐変（ごぼう・山いも・カリフラワー・りんご）：酵素
	褐変（こうや豆腐・かんぴょう・魚肉缶詰・干し魚）：糖とアミノ酸，脂肪とアミノ酸
香り	なまぐさみ（獣鳥肉類の肝臓・血液など）
	（魚臭）：トリメチルアミンなど
その他	スープストックのアク：血液，熱凝固蛋白質，脂肪など

注1）：茶，コーヒー，チョコレートなどの苦味は賞味される。
　2）：赤ワインなどの渋味は熟成中不溶性となる。

3・4　酵素作用の阻止

組織中の酸化酵素が空気中の酸素によって酸化され，褐変などの変色現象を起こす。これらの食品は切ったら直ちに水・食塩水・酢水などにつけ，酵素の働きを不活性にし，空気も遮断する。

表Ⅱ-9　酵素作用とその阻止法

食品	酵素名	作用	変色防止法
じゃがいも　やまいも	チロシナーゼ	チロシン ⟶ メラニン生成（褐色）	水に浸漬
りんご・びわ　バナナ・さつまいも・ごぼう・れんこん　など	ポリフェノールオキシダーゼ	ポリフェノール⟶キノン類⟶酸化　褐色物質（クロロゲン酸）（タンニン）	1％食塩水に浸漬　1％酢水

参　考

酵素作用の阻止

1) 食塩は，アスコルビン酸酸化酵素やポリフェノールオキシダーゼに対して阻害性を示し，残存率は最も高くなっている。湯通ししたものは，アスコルビン酸酸化酵素が賦活され，以後放置する間にビタミンCの損失を招くと考えられる。

図Ⅱ-4　きざみキャベツのビタミンC残存率

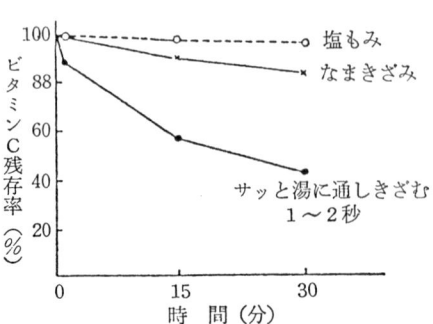

道喜美代：栄養学，p.188，三共出版，1977．

2) 振盪して酸素を充分に供給すると褐変は著しく，静置状態では褐変の速度は遅い。褐変には酸素の影響が大きいことを示している。

図Ⅱ-5　ごぼうポリフェノールオキシダーゼによる褐変と酸素の影響

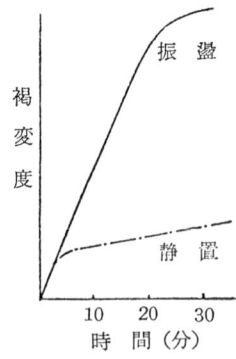

中林敏郎：調理と化学，新調理科学講座，p.152，朝倉書店，1971．

3・5 塩抜き 水につける方が食塩の溶出が速い。また水温が高いほど流出速度は速い。通常1％食塩水につけ徐々に塩を溶出させ，周辺の塩の抜け過ぎを防ぐ。食塩の溶出とともに水溶性蛋白質の溶出もあるので，硫酸紙のような半透膜で包むとよい。塩蔵魚・漬物・バターなどの塩抜き。

3・6 水分の補給 そのまま，または切ったあと水に浸し，組織をパリッとさせ生き生きした状態に保つ。生野菜（緑キャベツ・レタスなど）。3・5，3・6はいずれも浸透圧作用による。

参 考

浸透圧と細胞の変化

細胞は多量の水を含み，細胞膜は半透性を持つため水はよく通すが，蛋白質・砂糖・食塩などは通しにくい。細胞の外側に細胞質内の水よりも濃厚な食塩水や砂糖水があると，細胞内の水は外へ呼び出される（下図のa）。逆に細胞内部の濃度が高い場合は，外部から液が浸入して細胞がふくれる，ある限度を越えると膜が破れてもれ出す（下図のb）。

図Ⅱ-6 細胞を濃厚または希薄な溶液に浸漬した場合の変化

a．濃厚な溶液に浸漬した場合

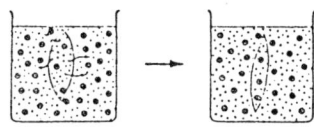

b．希薄な溶液に浸漬した場合

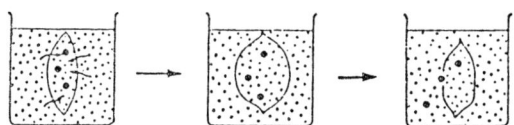

野口駿：調理と水，p.53，学建書院，1978．

3・7 調味液の浸透 加熱前に行う場合と加熱後の場合がある。

表Ⅱ-10 調味液の浸透に関する調理例

調理例	食 品	方 法
浸し物	葉菜類など	加熱後に浸す場合で，供卓直前に調味する。
焼き物	ぶり・うなぎ・豚肉など	加熱前に浸漬する。脂ののった魚・獣鳥肉類は味がつきにくいので，調味液（タレ）につけて焼く。
	魚・肉類一般	新鮮さ・旨味に欠けるものは調味液につけてから焼く。

4. 切る

〔目的〕
(1) 食品の不可食部を取り除く。
(2) 形や大小を整え食べやすく，また外観のよいものにする。
(3) 食品の表面積を広げ，加熱の際熱伝導をよくし，また調味料などの浸透をよくする。すなわち，表面が広いほど，中心までの距離が短いほど，熱伝導がよく調味料の浸透が速やかである。

「切る」には，むく・けずる操作も含まれる。いずれも下ごしらえの段階において行われる。

〔器具〕 包丁・まな板

4・1 包丁の種類と用途

表Ⅱ-11 包丁の種類と用途

種類	形	刃型	サイズ(刃渡り)	用途
菜切り包丁		両刃	12～16.5cm	菜を刻むのに適する。
薄刃包丁		片刃	15～17	太く硬いものを切るのに適する。
出刃包丁		片刃	10.5～15	骨付きの大きな魚の身おろし，骨付き切り身を作る。
刺し身(柳刃)		片刃	21～27	作り身・二枚おろし・三枚おろし。
刺し身(たこ引き)		片刃・両刃		作り身・すじ切り・皮ひき・桂むき。
洋包丁(牛刃)		両刃・片刃	18～21	肉の塊を切る，その他用途が広い。
ペティナイフ		両刃・片刃	10.5～12	果物の皮むきなど。

4・2 包丁の扱い方

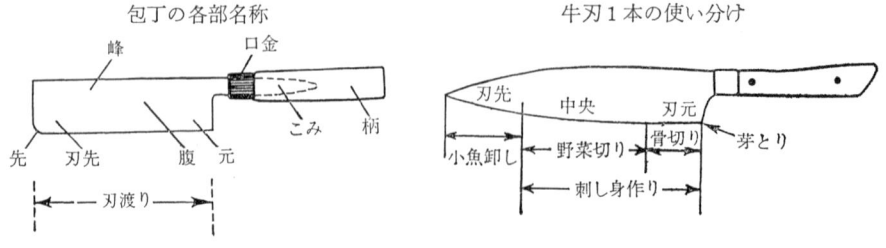

表Ⅱ-12 運動方向による基本的な切り方の原理

垂直圧し切り	押し出し切り	引き切り
垂直に圧する運動で切る。 OQ…圧す運動 OP…押す運動 OR…合成した運動	包丁の押しあるいは引く運動と，切れ刃に垂直な運動を合成した運動で切る。合成した力は単独の力より大きくなるので，垂直圧し切りより楽に切ることができる。薄刃で刃先角度が小さいほど材料へのひずみが少なく切りやすい。	

表Ⅱ-13 包丁の持ち方の基本

包丁の持ち方（包丁の支点と力点）	作　　　　　用
作用点A　支点B　力点C	人差し指を刃先の方につき出して切ると，刃先の方で軽く切れる。
A　B　C	刃元に近い方で切れる。
A　B　C	硬いものを力を入れて押し切ったり，たたき切ったりできる。

切　る

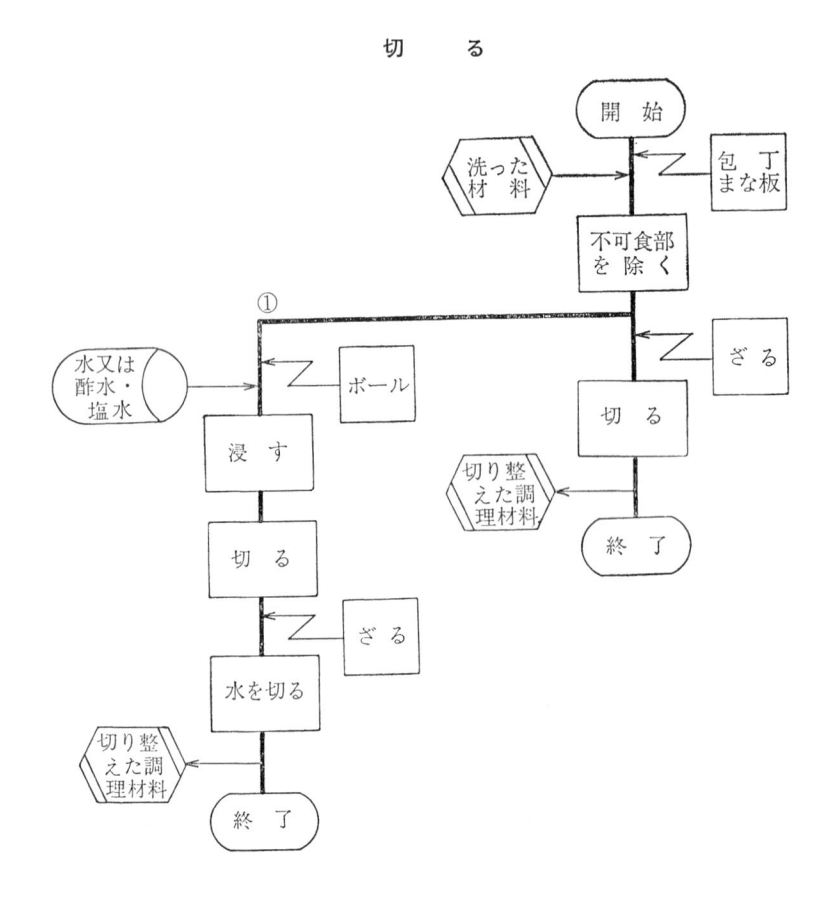

```
                                    ┌─開始─┐
                         ┌洗った┐    │      │←┌包丁   ┐
                         │材料  │→  │      │  │まな板 │
                         └──────┘    ├──────┤  └───────┘
                                    │不可食部│
                                    │を除く │
                   ①                ├──────┤
        ┌─────────────────────────→ │      │←┌ざる┐
        │                            │      │  └────┘
┌水又は┐    ┌──────┐              ├──────┤
│酢水・│→ │ボール│→            │切る  │
│塩水  │    └──────┘              ├──────┤   ┌切り整┐
└──────┘    ┌──────┐              │      │→ │えた調│
            │浸す  │                ├──────┤   │理材料│
            ├──────┤                │終了  │   └──────┘
            │切る  │                └──────┘
            ├──────┤←┌ざる┐
            │      │  └────┘
            ├──────┤
            │水を切る│
┌切り整┐  ├──────┤
│えた調│← │      │
│理材料│    └──────┘
└──────┘    ┌終了─┐
            └──────┘
```

①　褐変しやすい材料の工程を示す。
　　材料全部を切り終えるまで水（塩または　酢水）に浸しておく。

4・3　その他の器具

カッター類　ゆで卵切り・チーズ切りの糸状や波形のもの，冷凍食品を切る刃がのこぎり状のフリージーナイフは，刃と食品の接触面を小さくしているため切りやすい。その他，皮むき（野菜の皮をむく）・芯抜き（りんごなどの芯を抜く）・かつおぶしけずり・氷かきなど。

まな板　食品を包丁で切る場合に使用する器具。硬さ（包丁がまな板に当たった時の感触）が適度であること，衛生的であることが必要である。

　　木製のものとして木目が均一で細かいものがよく，木材としては朴・柳・けやき・いちょうなどが適する。しかし，吸水性に富むので衛生面では合板・合成ゴム・プラスチックに劣る。

4・4 切り方の種類

表Ⅱ-14 野菜の切り方

種　　類	方　　法	適する食品
〔基本〕輪切り	丸いものを端から適当な幅（0.5〜2cmくらい）に切る。	大根・さつまいも・にんじんなど
小口切り	端から繊維に直角に薄く切る。	ねぎ・ごぼう・きゅうりなど
半月切り	縦2つ割りにして小口から適当な厚みに切る。	大根・にんじんなど
いちょう切り	縦4つ割りにして適宜の幅に切る。	大根・にんじんなど
地紙切り	いちょう形の一端を丸く扇の地形に切る。	大根・にんじんなど
拍子木切り	長さ5〜6cm，7〜8mm角の棒状に切る。	じゃがいも・にんじん・大根など
さいの目切り（あられ切り）	拍子木切りを立方に切る。1.0〜1.5cmをさいの目，0.5〜0.7cmをあられ切り。	豆腐・じゃがいも・にんじんなど
斜め切り	斜めに切る。	ねぎ・にんじん・ごぼうなど
せん切り	5〜6cm長さの円筒切りを縦に薄く切り，重ねて細切りにする。	大根・にんじん・じゃがいも・きゅうりなど
	薄い輪切りまたは斜め切りを重ねて縦に細く切る。	
	桂むきにしたものを巻き，端から細く切る。	
千六本	せん切りより少し太く，マッチの軸くらいに切る。	大根・にんじんなど
針切り	できるだけ薄くそぎ切りにして，針のように細く切る。	しょうが

切り方		説明	材料例
短冊切り		直方体の矩形面（長さ4～5cm，幅1mc）を薄く切る。	うど・たけのこ・大根など
色紙切り		切り口を正方形（2.5cm角）に薄く切る。	大根・にんじん・かぶなど
ささがき		包丁の刃先を使って鉛筆をけずるようにまわしながら切る。	ごぼう・うどなど
乱切り		まわしながら斜めに切る。ほぼ同じ大きさの不定形となる。	にんじん・ごぼうなど
そぎ切り		包丁のみねを外側に倒し，材料に軽く手を置き手前にそぐ。	白菜・椎茸など
桂むき		5～6cmの筒切りにしたものを，皮をむくように外側から薄くむく。	大根・きゅうり・うどなど
みじん切り		せん切りを小口から細かく刻む。その後包丁の先をまな板に固定させ，手元を上下させて更に細かく刻む。	にんじん・しょうがなど
みじん切り（たまねぎ）		縦2つに切り，切り口を下にし縦に細く包丁を入れ，次に横に包丁を入れ先尖部より刻む。	たまねぎ
くし形切り		球形のものを縦2つに切り，中心部より放射状に切り分ける。	トマト・りんご・レモン・たまねぎなど

Ⅱ　副次的調理操作

〔応用〕			
面とり		煮くずれを防ぎ，形よく煮るために切り口の角を落としてむく。	大根・にんじん・かぼちゃ・かぶなど
末広切り		拍子木切りしたものを，一方の端を残して縦に切り目を入れ広げる。	にんじん・たけのこの先など
菊花切り		底を切り放さないように（両側に箸を置く）縦横に細かく切り目を入れる。	かぶ・大根・豆腐など
花形切り		長さ4〜5cmの円筒に5つの切り込みを入れるか，または5角柱を作り切り込んだ後，適宜の厚さに切る。	にんじん・大根など
蛇腹切り		切り放さないように斜めに薄く切り目を入れ，裏返して同様に入れ，中央で表裏の切り目が交差するようにする。	きゅうりなど
松葉切り		長方形に薄く切ったものを両端から互い違いに切り込んで，この端を組み合わせる。	ゆず・柑橘類の皮・かまぼこなど
花れんこん		れんこんの穴の間に切り目を入れ丸みをつける。	れんこん
ねじ梅		7〜8mmの厚さの梅形の片面に切り目を入れ立体感を出す。	大根・にんじんなど

名称	切り方	材料
たずな切り	長方形（6〜7×2.5cm）に切り，縦中央に切れ目を入れ一方の端をくぐらせる。	こんにゃく・かまぼこ・こんぶなど
切り違い	筒切り・拍子木切りなどの中央に切り目を入れ（包丁を通し），両面からこの切り目まで斜めに切る。	きゅうり・バナナ・かまぼこなど
茶せん切り	包丁の手元のとがった所を突き刺して包丁を倒し，等間隔に縦に切り目を入れる。調理後ねじるようにしておさえる。	なす・きんかんなど
よりうど	桂むきにして広げ，0.5〜0.7cm幅に斜め切りして水に放つ。	うど・にんじんなど
いかり防風	茎の先に2cmくらいの十文字の切り込みを入れて水に放つ。	防風
矢羽根れんこん	皮をむき手前を薄く，向こう側を高くするよう斜め切りにし，次に反対に切る。薄い方を手前に置き，穴を中心にして縦に切り，左右に広げて切り口を見せる。	れんこん
きね・筆しょうが	はじかみの根元を2種の形に切り落とす。甘酢につけ焼き魚の付け合わせにする。	しょうが
松笠いか	表に包丁をねかせるようにして，斜めのひし形に切り目を入れる。	いか
からくさいか	①いかに0.7cm幅で縦に切り目を入れ，まっすぐ，またはそぐようにして切り放す。②1cm幅に斜めに切り目を入れて，右端から垂直に切り放す。	いか

4・5 魚の扱い方

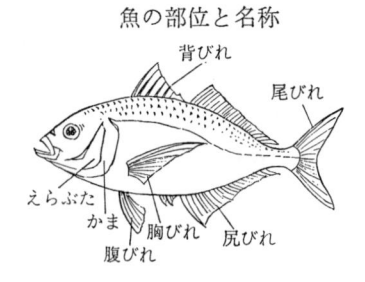

魚の部位と名称

下ごしらえ
(1) よく洗って水気を切り，頭を左，腹を手前にしておく。
(2) うろこを取る。えらぶたを左手で持ち，包丁か，うろこかきで尾から頭の方へうろこをかく。
(3) 頭を取る（尾頭付きを除く）。
(4) 内臓を除き，手早く洗い水気を切る。

素頭おとし　　　たすきおとし　　　かま下おとし

内臓の除き方
(1) 筒切りの場合　　頭を取った切り口から取り出す。
(2) 開き身の場合　　腹側から尻びれまで切り開いて取り出す。
(3) 尾頭付きの場合　　頭を右，腹を手前にし（表を下にする），えらぶたの下に刃先をつき刺し，えらを取り出す。次に胸びれの下に切り込みを入れて取り出す。
(4) 小さい魚や姿焼きにする場合　　つぼぬきにする。口から腹に向かって2本の箸をえらと内臓をはさむように刺し込み，箸をにぎりしめて回しながら引いて，内臓を取り出す。

おろし方

表Ⅱ-15 魚のおろし方の種類

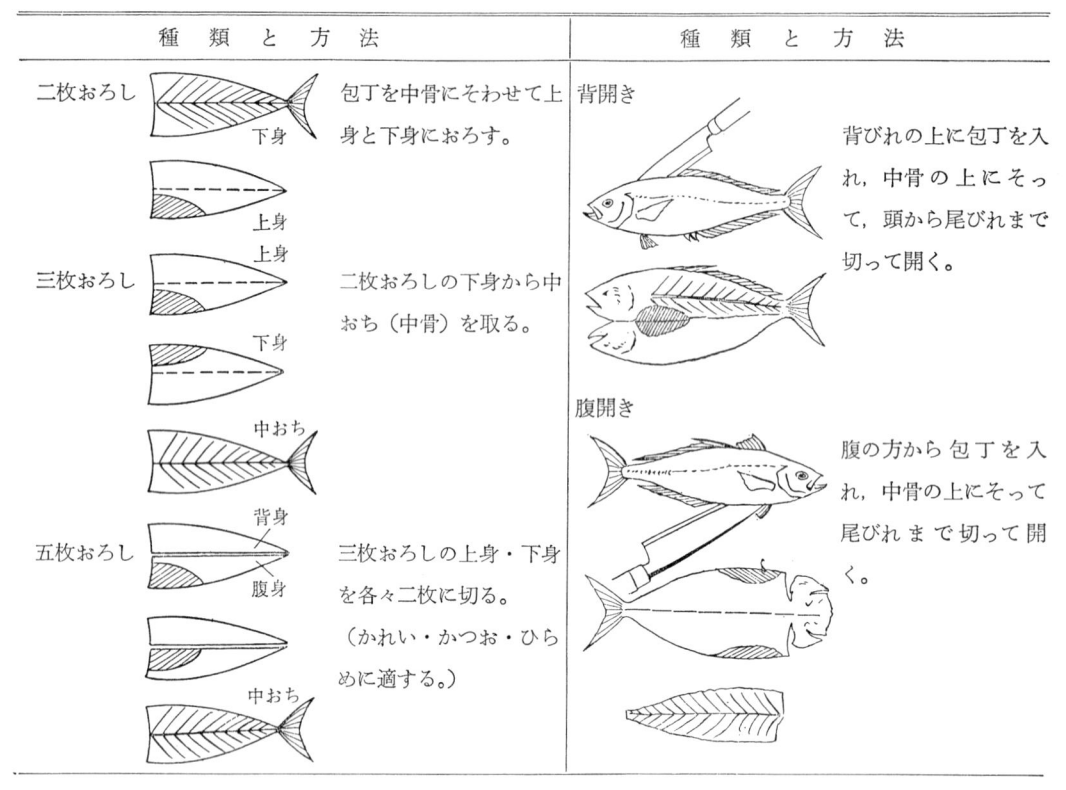

種類と方法	種類と方法
二枚おろし（下身／上身） 包丁を中骨にそわせて上身と下身におろす。	背開き 背びれの上に包丁を入れ，中骨の上にそって，頭から尾びれまで切って開く。
三枚おろし（上身／下身／中おち） 二枚おろしの下身から中おち（中骨）を取る。	腹開き 腹の方から包丁を入れ，中骨の上にそって尾びれまで切って開く。
五枚おろし（背身／腹身／中おち） 三枚おろしの上身・下身を各々二枚に切る。（かれい・かつお・ひらめに適する。）	

切り方

表Ⅱ-16 魚の切り方の種類

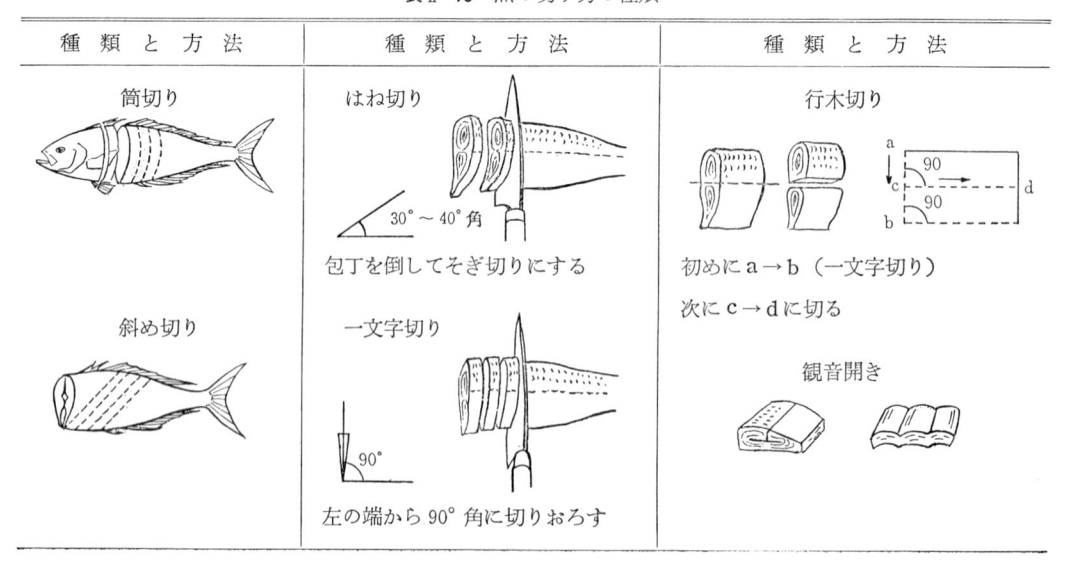

種類と方法	種類と方法	種類と方法
筒切り	はね切り 30°〜40°角 包丁を倒してそぎ切りにする	行木切り 初めにa→b（一文字切り）次にc→dに切る
斜め切り	一文字切り 90° 左の端から90°角に切りおろす	観音開き

5. 混ぜる・かき回す・あえる・こねる・泡立てる

〔目的〕 ①材料を均質にする。②加熱の際，食品に平均して熱が伝わる。③調味料が材料にむらなく浸透する。④放熱・放湿が均一に行われる。⑤乳化・泡立て・粘弾性の増強など，物理的性質を望ましい状態にする。

〔方法〕

5・1 混ぜる　2種類以上の材料を均一に相互分散させる操作をいう。
　　　　かき回す　単一の材料を均一にする。

両者は並行して行われるので，区別がつかない場合が多い。かき回す速度や温度が出来上がりを左右する。

表Ⅱ-17　混ぜ方

混合系	混合後の状態	調理例	備考
固体——液体	懸濁液	泡雪かん 水羊かん	泡立て卵白と寒天液 あんと寒天液……比重の異なる材料を混ぜ合わせる場合，両者の温度が大きく影響する。
液体——液体	半固形	天ぷらの衣 ケーキ バッター いり卵	小麦粉と卵水 小麦粉・卵・砂糖・牛乳など……攪拌を軽く行う。グルテンの粘りを出さないようにする。 卵・卵黄と牛乳……かき混ぜ方と加熱の程度によって，いろいろの状態のいり卵が出来る。
	乳濁液	マヨネーズ （ドレッシング）	サラダ油・酢・卵黄……卵黄中のレシチンを乳化剤として酢と油を乳化させたもので，水中油滴型（o/w）のエマルジョンである。卵黄にサラダ油を加え急速に攪拌する。（図Ⅱ-7）
単一成分系		汁・湯・すし飯等	かき回し，混ぜながら冷ます。

5・2　あえる　混ぜる操作に含まれる。調味材料をあえ衣という。

表Ⅱ-18　あえ方

混合系	混合後の状態	調理例	方法
固体——液体	固形	あえ物 酢の物など サラダ類	あえ衣または調味酢と下ごしらえした材料を混ぜ合わせる。早くから混ぜておくと，調味料の浸透圧による放水が著しく味が悪くなる。

5・3 こねる・ねる　混ぜる操作の後に行われる。粘度の高いものを対象とした場合をいう。力のかけ方，こねる度合いが味や口ざわりの良否に影響する。

表Ⅱ-19　こね方

混合系	混合後の状態	調理例	備考
固体——液体	固形	ドゥ（パン）	小麦粉・水 小麦粉に水を加えると蛋白質（グリアジン，グルテニン）が水和によりグルテンを形成する。充分にこねるとグルテン形成は促進される。
		上新粉だんご	上新粉・水 一度加熱し糊化した後，更にこね，味や口ざわりをよくする。（図Ⅱ-8）
固体——固体		ハンバーグ・ステーキ	ひき肉・みじん切りたまねぎ・調味料など ひき肉に調味料やみじん切りたまねぎなどの材料を混ぜた後，更に手でこね，肉の結着性をよくする。

5・4 泡立てる　材料中に空気を抱き込ませる。強くかき混ぜる操作で，打つ操作を伴う。

表Ⅱ-20　泡立て方

混合系	混合後の状態	調理例	備考
液体——気体	気泡	メレンゲ	卵白（砂糖） 卵白の蛋白質が表面変性により硬化し，その中に空気が保持される。気泡が細かく均一で，容積が大きい方がよい。砂糖の添加は泡を安定させる。スポンジケーキは，泡に包み込まれた空気と水蒸気の熱膨張を利用したものである。
		ホイップクリーム	生クリーム（砂糖）

〔器具〕　すりこ木・すり鉢・めん棒・のし板・木杓子・スパチュラ・ミキサーなど。

混ぜる・かき回す・あえる・こねる・泡立てる

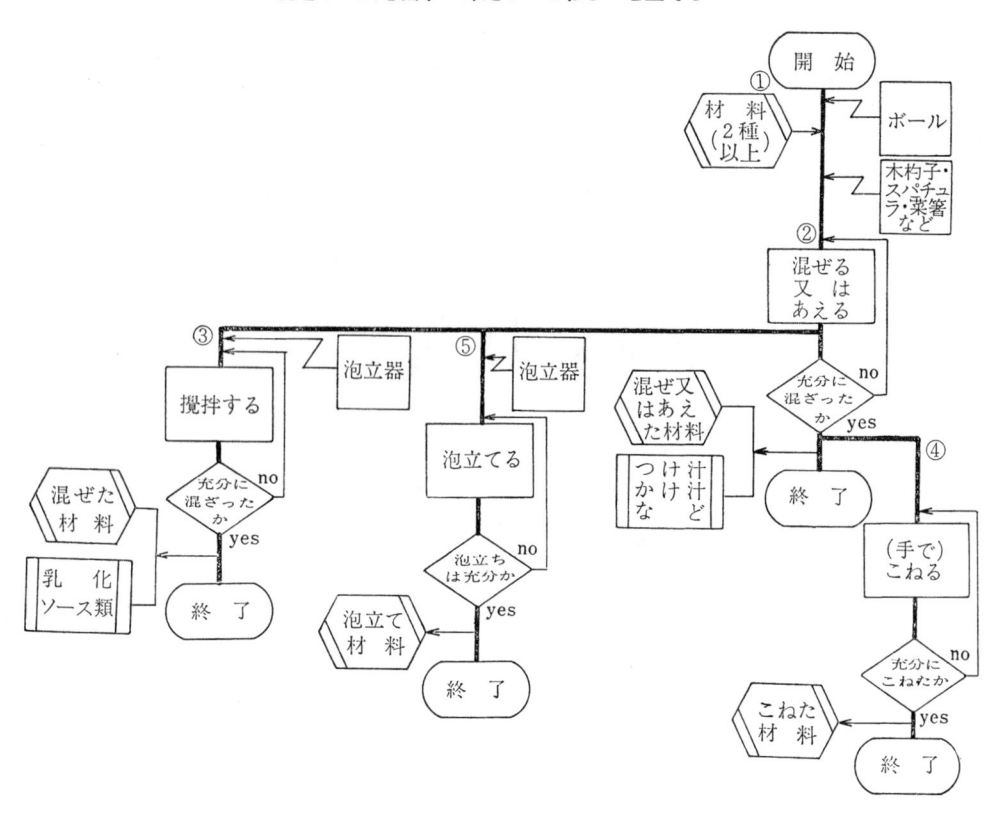

[フローチャート図]

① 材料は1種の場合もある。
② 5・1, 5・2の工程を示す。
③ マヨネーズのような乳化の工程を示す。
④ 5・3の工程を示す。
⑤ 5・4の工程を示す。

参　考

1) 乳濁液（エマルジョン）　互いに溶け合わない2種の液体，例えば水と油を強く振ったり，かき混ぜると，どちらか一方が粒子となって他方に分散する。この状態をエマルジョンといい，この現象を乳化という。エマルジョンには2つの型がある。

表Ⅱ-21　乳化の型

型	分散相	分散媒	食　品
o/w 水中油滴型	油	水	牛乳・生クリーム・卵黄・マヨネーズ
w/o 油中水滴型	水	油	バター・マーガリン

分子内に親水基と疎水基を持ち，2種の液体の界面層に吸着層を生成する物質が乳化剤である。マヨネーズでは，卵黄中のレシチンが水と油を結び付けるため安定したエマルジョンが出来る。また，同時に加えられるからしも，同様な作用を持つといわれる。そのほか牛乳ではカゼイン，バターではモノグリセライドが乳化剤の働きをしている。

図Ⅱ-7　乳化剤の働き

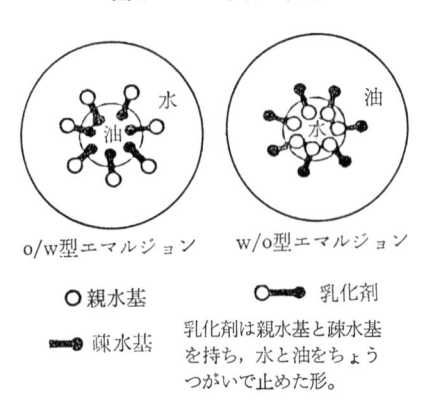

o/w型エマルジョン　　w/o型エマルジョン

○ 親水基　　◯━ 乳化剤
━━ 疎水基　　乳化剤は親水基と疎水基を持ち，水と油をちょうつがいで止めた形。

2) 新粉だんごの弾性は，こね回数に大きく影響される。

図Ⅱ-8　こね回数による弾性の変化

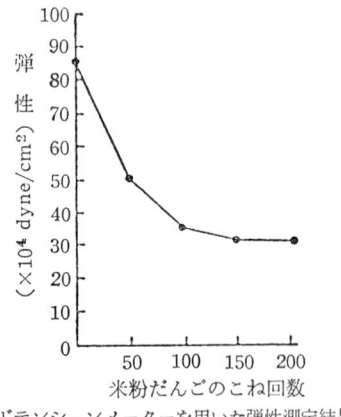

弾性（×10⁴ dyne/cm²）
米粉だんごのこね回数

（カードテンションメーターを用いた弾性測定結果）
松元文子：調理実験，p.27，柴田書店，1966.

3)　a．卵白の泡立て　　卵白は凝固しない程度に温度が高い方が泡立ちがよい。しかし，高い温度で攪拌した泡はつやがない。30℃くらいが適温といえる。また水様卵白の方が濃厚卵白より泡立ちはよい。いずれの場合も表面張力が低く，粘度も低いためである。

　　b．メレンゲ　　砂糖は卵白蛋白質の表面変性を抑制し，粘度を高くするので起泡性を悪くする。卵白を半ば泡立ててから砂糖を加えるとよい。砂糖量が多いほど安定な泡をつくる。

6. おろす・する・つぶす

〔目的〕 おろす・する・つぶすなどは，食品に外力を加えて組織を砕き，粉末状・パルプ状・ペースト状にする操作で，それによって食品を下記のような希望する性状にすることを目的とする。調理の中間段階で行われる操作である。調理段階から食品加工分野に移って行く傾向にある。

(1) 食品材料の組織の状態の均一化，材料分布の均一化により味や成分を混ぜやすくする。
(2) 食品の口あたり，消化をよくするなどして，硬いものなどを食用可能にする。
(3) 外観や組織の改善を行い，嗜好性を向上させる。
(4) 材料自体の酵素作用を活性化する。

〔方法〕

6・1 おろす

表Ⅱ-22 おろし方

調理例	器具	方法
果汁	おろし金 ミキサー ジューサー	果実類……ポリフェノール化合物を含む果実は褐変する。また V.C の酸化も促進される。りんごでは 0.5～1％ の食塩添加が酸化をかなり抑制する。みかんの V.C はかなり安定のため食塩の添加は必要ない。ジューサーは空気の混入が少ないので，ミキサーより V.C の損失は少ない。
大根おろし	おろし金	大根……おろしはおろし金の衝撃剪断力を利用したものである。細胞までつぶすと汁液が分離し，味も口ざわりも悪くなるので，大根おろしには粗い目のおろし金が適する。時間がたつと水分が分離し，食味低下，酸化による V.C の損失がある。使用直前におろすのがよい。
もみじおろし	おろし金	大根おろしに，赤とうがらしかにんじんのおろしたものを混ぜたもの。とうがらしを用いるときは，大根に箸で穴をあけ，そこに種子を除いた赤とうがらしを詰めておろす。
おろしわさび	おろし金	わさび……辛味は揮発性アリル化合物である。わさびは繊維が多く組織が緻密のため，細かい目のおろし金ですりおろすことにより，細胞がこわれ酵素（ミロシナーゼ）が活性化され，初めて辛味が出てくる。時間をかけてすりおろす方が，酵素作用が進み辛味生成のためによい。また磨砕後包丁でたたくと辛味が強まり香りが出る。香りの発散を防ぐような形にまとめて，しばらく置く方がよい。

6・2 する

表Ⅱ-23 すり方

調理例	器具	方法
あえ衣の材料	包丁 すり鉢，すりこ木 ミキサー	ごま・ピーナツ・くるみなど……表皮や組織が特に硬いものは，あらかじめ包丁で細かくくだいておき，可能な限り細かくすりつぶし，油がにじみ出るまでよくすると，口ざわりもなめらかになっておいしい。
かまぼこ すり流し汁	包丁 すり鉢 すりこ木	魚肉……すりつぶして食品の形を変え独特の味を作り出す。魚肉に2～3％の食塩と30％程度の水を加えすりつぶすと，筋原繊維蛋白質が抽出され，水和した状態で絡み合い，粘稠なペースト状になる。

おろす・する・つぶす

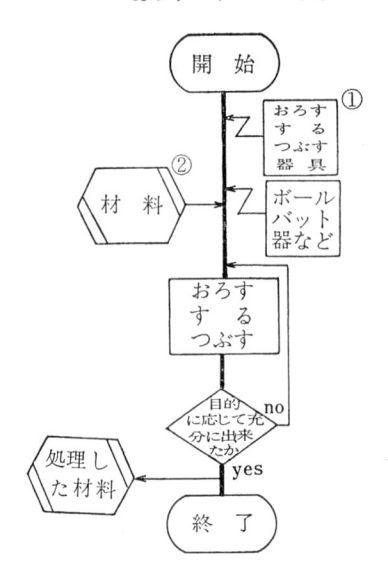

① すりこ木・すり鉢・包丁・まな板・ミキサー・おろし金など，調理の操作に適した器具を用いる。

② いる，くだく，ほぐすなどした材料

6・3 つぶす

表Ⅱ-24 つぶし方

調理例	器具	備考
ひき肉	肉ひき機	獣鳥肉
マッシュポテト	すり鉢 すりこ木 裏ごし器	じゃがいも……じゃがいもの組織だけを破壊し，細胞は保護された状態。すなわち組織を細胞単位に分離する。熱いうちに手早く裏ごしし，細胞膜の破れるのを防ぐ。新じゃがは細胞膜が破れやすく，そのため澱粉が露出し，粘りを生ずるので適さない。

参考

1) にんじん・きゅうり・かぼちゃなどには，アスコルビン酸酸化酵素が多い。

大根おろしに混ぜるにんじんの割合が増すと還元型ビタミンC（R・VC）の残存率は減少する。

図Ⅱ-9 もみじおろしのビタミンCの時間的変化

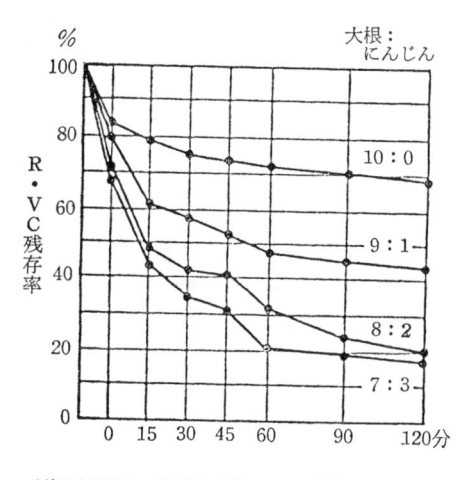

稲垣長典ほか：栄養と食糧，6：p.222, 1954.

2) 魚肉に適当量の食塩を添加すると，魚肉蛋白質の水和が増し，長時間作用すると変性してくる。3％の食塩を加えてすりつぶした魚肉のペーストは，放置すると弾力の強いゼリーとなり，もとの粘稠なペーストにもどらなくなる。これを"座り"といい，この原理を利用したのが"かまぼこ"である。

図Ⅱ-10 魚肉蛋白質の抽出量と食塩濃度

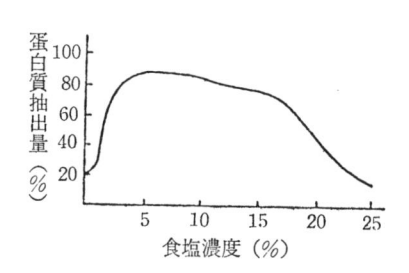

岡田稔：魚の調理，p.22, 朝倉書店，1973.

7. しぼる・こす・ふるう

〔目的〕
(1) 固形物と汁液——調理操作中に必要な部分と不必要な部分——を分離する。
(2) 食品を細かく均一にし，口ざわり，味の浸透をよくする。

〔方法〕

表Ⅱ-25 しぼり方・こし方・ふるい方

操 作	調 理 例	器 具	備 考
しぼる	果汁	ジューサー こし器	果実……組織を磨砕し，汁液を分離する。
	浸し物		葉菜類……ゆでた葉菜類はしぼって水気を切る。
	酢の物		大根・にんじん・きゅうり・食塩など……食塩をして，しんなりさせた材料を強くしぼり，水分を除いて調味液を吸収しやすくする。(図Ⅱ-11)
	高野豆腐	木杓子	微温湯でもどした高野豆腐の水をしぼる。スポンジ状の食品は，吸水と脱水を繰り返すことによって，食品中の不味成分の除去を促進する。
	豆腐田楽	ふきん まな板 重し	豆腐……豆腐は形がくずれぬようふきんでくるみ，まな板にのせ，重しを置き，水分をある程度除く。
こす（液体）	だし汁	こし器・すいのう	こんぶ・かつおぶしを分離し，だしをとる。
	こしあん		小豆を煮てつぶし，小豆の皮などを取り去り，煮汁をこしあんにする。
	卵豆腐 プディング	こし器 こし器	混合材料を，裏ごしなどの多孔体の用具を通過させ，卵液と卵黄膜，カラザを分離する。材料の混合状態を均一にし，製品の口ざわりをよくする。
ふるう（粉体） （固体）	スポンジケーキなど 小麦粉	ふるい	ケーキやパンを作るとき，小麦粉をふるうことにより粉の粒子間に空気を抱き込む。

8. 押す・にぎる・詰める・のす

〔目的〕 食品材料に形を与えたり，形を整えたりして成形するために行う。調理の最終段階で行う場合が多い。ただし押す操作は調理の準備段階において行われることもある。

〔方法〕

表Ⅱ-26 押し方・その他の方法

操 作	成形手段と使用器具		備 考
詰める 押す	成形器具を用いる—型に入れる。	押し枠 幕の内型・ライス型 菓子型 ゼリー型	押しずし 焼き菓子 寒天・ゼラチンゼリー
巻く		巻きす	巻きずし
包む	手だけで成形する		餃子・焼売・茶きんずしなど
結ぶ			結びきす・結びこんぶなど
にぎる			にぎりずし・おにぎり
丸める			だんご・あん
のす	力を加えてのばす。　層を薄くして包みやすくする。 　　のし板　　　組織を均質にする。 　　麺棒		餃子・焼売の皮 麺類・パイ皮
押す	重しをして脱水，食塩の浸透を速める。漬物容器・重し・手で押して力を加える（しぼる操作と併用される）。		漬　物

参　考

漬　物

浸透現象を利用した食品である。食塩が野菜の水に溶解して出来る濃厚な食塩水の高い浸透圧によって，細胞内の水は外へ呼び出され脱水が起こる。脱水によって細胞膜が収縮し，細胞が自己消化を起こしてくる。細胞膜が半透明の機能を失い，食塩の内部への浸透が起こり，調味される。食塩量によって脱水の程度は異なってくる。（図Ⅱ-11）

食塩の使用量は，即席漬……野菜重量の2～3％
　　　　　　　　　白菜漬……白菜重量の4～5％
　　　　　　　　　腐敗防止を目的とした場合……15～25％

図Ⅱ-11 塩の使用量ときゅうりの放水量

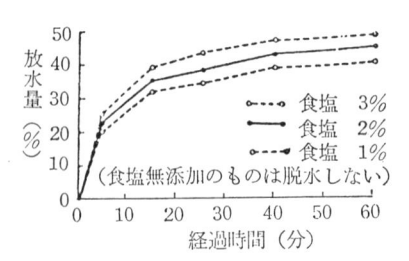

松元文子：調理と水，p.23，家政教育社，1966.

しぼる・こす・ふるう

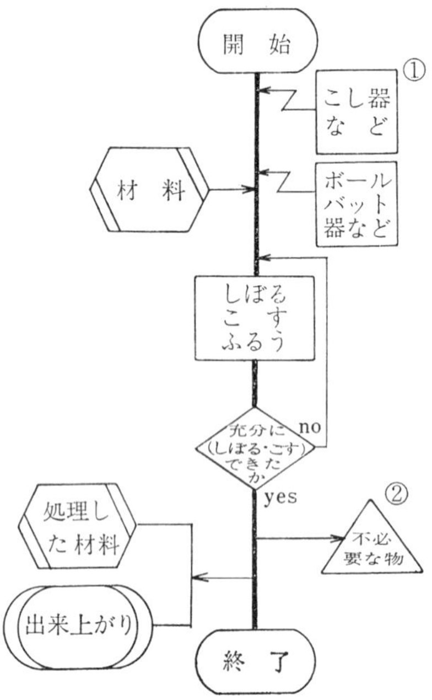

① ふきん・こし器・うらごし・すいのう・ふるいなど材料によって最も適したものを用いる。
② 調理に不必要な物で，汁液・残渣など取り除いて捨てる。

押す・にぎる・詰める・のす

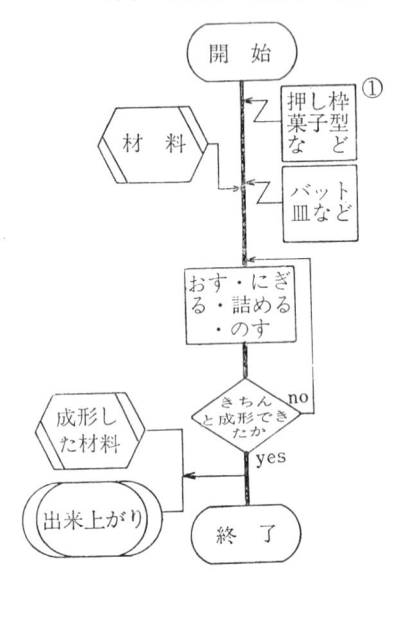

① 押し枠・幕の内型・ライス型・菓子型・ゼリー型・巻きす・のし板・麺棒・漬物容器または重しなど調理の目的に最も適したものを選ぶ。

9. 冷やす・冷ます

〔目的〕 下記の目的で食品の温度を低下させる。
 (1) 食品の保存性を向上させる。
 (2) 寄せ物を固める（ゾル→ゲル）。
 (3) 性状や成分変化を抑制する。
 (4) 食物の味，香り，色などを更によくする。

〔方法〕

表Ⅱ-27 冷やし方・冷まし方

調 理 の 例	冷 媒	方　　　　　法
食品材料，調理食品の保存	空気	冷蔵庫，冷所に放置。食品中の酵素の働きや微生物の繁殖をおさえる。
寒天ゼリー　　冷却凝固	水	寒天ゾルの凝固温度は 30～35°C，水中または常温に放置する。長時間放置すると離漿を起こす。(表Ⅱ-28, 図Ⅱ-13～15)
ゼラチンゼリー　冷却凝固	氷，空気	ゼラチンゾルの凝固温度は 3～15°C。冷蔵庫または氷水中で冷却する。冷却時間が長くなるほどゼリー強度は増す。(表Ⅱ-29, 30)
魚のあらい（鯛・すずき・鯉など）	氷	筋収縮を急速に行い，歯切れのよさを味わう。同時に生臭さを取り除く。(表Ⅱ-31)
豆の煮物（小豆）　びっくり水	水	種皮と子葉の膨潤度の異なる豆は，煮熟中に水を加え温度を下げ，種皮の割れや煮くずれを防ぐ。
嗜好性の向上　　ワイン	空気	白ワインは冷やして味わう。
果実	空気，水	口あたりがよくなるほか，果実に含有される果糖が，B型の比率が増し，甘味は顕著に増大する。
サラダ	空気氷	新鮮な野菜の食感を味わう。ゆでた野菜を用いる時は常温に冷ましてマヨネーズとあえる。温度が高いとマヨネーズは分離する。
麺類	氷，水	清涼感を味わう。
すし飯	空気	風を送って冷ます。混ぜる操作を併用する。

冷やす・冷ます

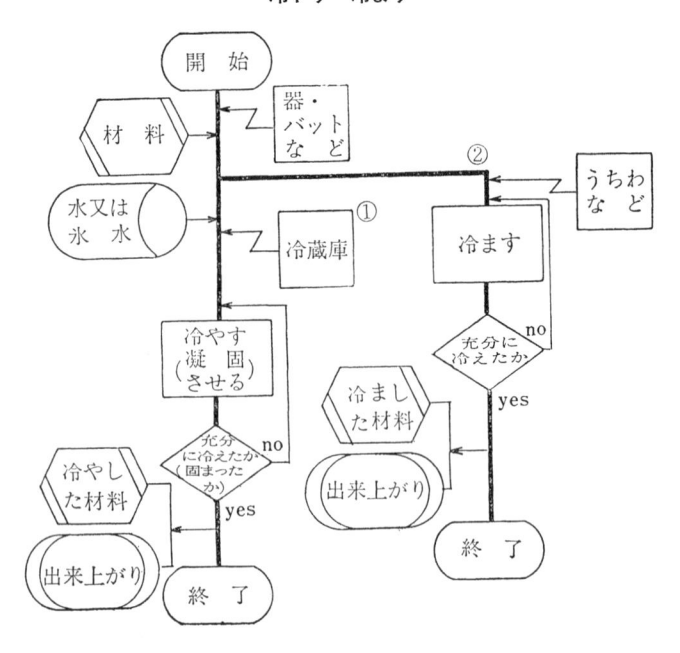

① 寒天ゼリー・あらいなどは通常冷蔵庫に入れない。
② すし飯などの工程で，風を送って冷ます場合を示す。

参 考

1) 電気冷蔵庫

冷蔵は主として空気の対流によって行われる。夏期，ドアを開けたとき庫内の温度が回復する状況，および常温に長く置いた食品を冷蔵庫内に入れた場合の冷却の状態を示したものが下の図である。10°C に達するまでにかなり長い時間を要することが分かる。

図Ⅱ-12 電気冷蔵庫中の食品の冷え方

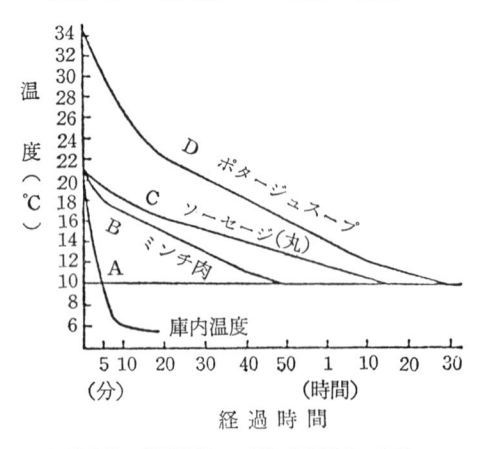

河野友美：調理科学, p.139, 化学同人, 1980.

参　考
2) 寒天およびゼラチンの凝固温度，融解温度，ゼリー強度

　寒天は濃度が高くなるほど凝固温度も融解温度も高くなり，ゼリー強度も大になる。普通0.5～1.5％の濃度が用いられる。砂糖を添加するとゼリー強度は高くなり，透明度を増す。

表Ⅱ-28　寒天濃度と凝固温度，融解温度，ゼリー強度

寒天濃度 (g/100ml)	凝固開始温度 (℃)	凝固温度 (℃)	融解温度 (℃)	ゼリー強度[*1] (N/m^2)
0.5	35～31	28	68	1.8×10^4
1.0	40～37	33	80	2.2×10^4
1.5	42～39	34	82	4.4×10^4
2.0	43～40	35	84	6.7×10^4

[*1] ゼリー強度測定温度：25℃
中浜信子：家政誌，17，p.197，203（1966）に一部改変

　ゼラチンの濃度は通常2～4％で，温度は低いほど食感がよい。砂糖を加えるとゼリー強度は高く弾力性も増す。

表Ⅱ-29　粒状ゼラチンの融解温度と凝固温度

ゼラチン濃度 (％)	融解温度 (℃)	凝固温度 (℃)
1	—	0
2	20.0	3.0
3	23.5	8.0
4	25.0	10.5
5	26.5	13.5
6	27.0	14.5
10	28.5	18.5

竹林やゑ子ほか：家政誌，12，p.107，1961．

表Ⅱ-30　ゼラチンの冷却温度，冷却時間とゼリー強度（ゼラチン濃度5％）

冷却時間 (時間)	冷却温度 0～1℃ (N/m^2)	10℃ (N/m^2)
1	1.1×10^4	0.68×10^4
2	1.2×10^4	0.78×10^4
3	1.3×10^4	0.96×10^4
4	1.5×10^4	—

竹林やゑ子ほか：家政誌，12，p.107（1961）
に一部改変

3) 寒天ゲルの網目構造と離漿

　ゲルは時間がたつとゲルの骨組をつくっている網目構造が徐々に収縮し，網目構造の間を満たしている液体が押し出されて放水する。この現象を離漿という。寒天濃度が高く，加熱時間が長いほど離漿量は減少する。

図Ⅱ-13　寒天ゲルの離漿に及ぼす寒天濃度と加熱時間の影響（寒天重量94g，室温19℃）

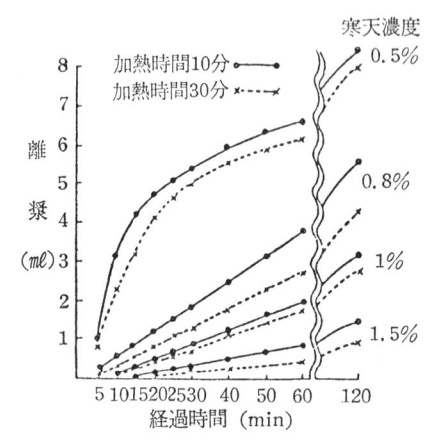

山崎清子ほか：家政誌，8，p.173，1957.

図Ⅱ-14　ゲルの網目構造を平面的に示した模型

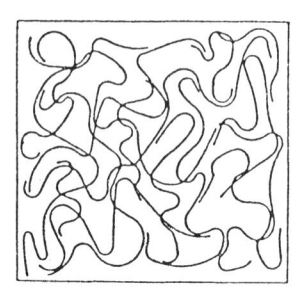

J. D. Ferry : Advances in protein chem., 4, 12, 1948.

図Ⅱ-15　走査型電子顕微鏡観察による2％寒天ゲルの網目構造

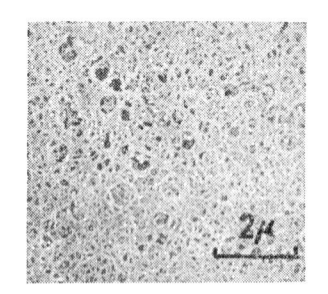

澤山茂ほか：日本農芸化学会誌，52，p.409，1978.

4) 澱粉の老化

パンや米飯は古くなると老化が進み食味は悪くなる。澱粉の老化は，水分30〜60％，温度0〜3℃付近で最も起こりやすい。冷蔵庫に保存すると老化は進む。

図Ⅱ-16 各種澱粉の老化と温度との関係

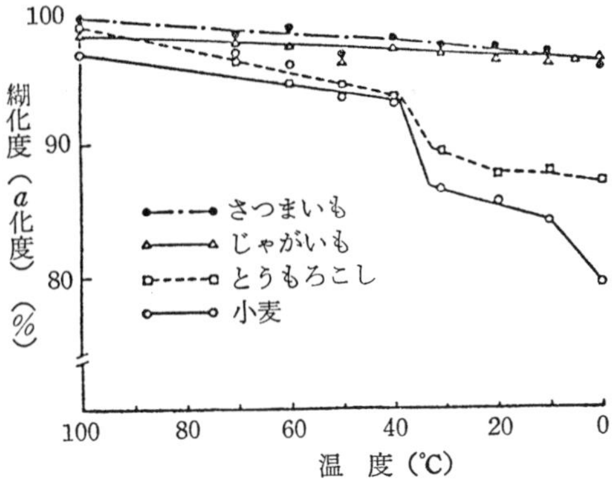

5％糊を指示温度に1時間保存したときの糊化度を
グルコアミラーゼの消化率によって測定したもの
元山 正：調理科学ノート，p.55，第一出版，1972.

5) 魚のあらいによる肉の収縮

正常な時の遊泳運動と，驚いた時や摂餌の時などの急激な運動との格差が大きい魚種ほど筋肉の収縮は大きく，あらいに向く。（表Ⅱ-31参照）

表Ⅱ-31 魚の遊泳運動の状態（速さ）とあらいによる肉の収縮（例）

魚種名	遊泳運動の状態 正常のとき	驚いたとき 摂餌のとき	あらいによる肉の収縮
鯉	中	速	大
なまず	遅	速	大
どじょう	〃	中	小
まふぐ	〃	速	大
みしまおこぜ	〃	中	中
黒鯛	中	速	大
そうはちかれい	遅	遅	小
まさば	速	速	小
まだい	中	速	大
ぶり	速	速	小
とびうお	中	速	中

村上ハルヨ：魚の調理，p.67，朝倉書店，1973.

10. 凍結する

〔目的〕 下記の目的のために，食品中の水分を氷点以下の温度を利用して氷結させて食品を凍結状態にする。

(1) 微生物の発育阻止，自己消化を抑制する。
(2) 氷菓を作る。

〔方法〕

表Ⅱ-32 凍結法の種類

凍結手段	特　　　徴	備　　考
急速凍結	微細氷結晶が短時間で出来るため食品の品質は安定に保持される。 ①前処理を行う。②-40〜-196°Cで急速凍結。③密封・包装。 ④-18°Cを保持しながら消費者まで運ばれる。	（市販） 冷凍食品
緩慢凍結	氷結晶が大きく組織の破壊が起こる。解凍段階で組織から流出する液汁が多く，保存性・食味・栄養面に影響する。 適する食品……①無定形で組織が壊れる恐れのないもの 　　　　　　　　②直接加熱するもの 　　　　　　　　③ドリップを生じない食品 冷凍を行う際の注意事項……①下処理する（洗う・切る・ブランチング・半調理など）。②小分けして少量ずつ凍結し，使用の際まとめて解凍しないで済むようにしておく。③加熱した料理は室温に冷ました後に凍結する。④生鮮食品では特に鮮度のよい食品を選ぶ。	ホームフリージング （冷凍庫使用） ブイヨン 半調理品 パン，もちなど
	アイスクリーム，シャーベットを作る。 　寒剤……食塩22.4，氷77.6（重量比）において-21.2°C	冷凍庫 寒剤使用

参　考

冷凍冷蔵庫

　家庭用冷却機器である電気冷蔵庫及び電気冷凍庫はJIS-C-9801:2006において規格が定められており，冷凍冷蔵庫は"少なくとも1つの室（冷蔵室）は，新鮮食品の貯蔵に適し，また，もう1つの室は，新鮮食品の冷凍に適し，かつ，冷凍食品をスリースター条件での貯蔵に適する冷蔵機器"と定義されている。また，冷凍室をもつ機器は表Ⅱ-34に示す貯蔵温室度条件及びスタークラスを同時に維持できなければならない。

　冷蔵室は"凍らせない食品の貯蔵室"であり，特定冷蔵室（+10°C以下），特定低温室（+2°C以下），チラー室（腐敗しやすい食品の貯蔵，-3°C〜+3°C），セラー室（飲料貯蔵，+8°C〜+14°C）に分割される。この他，製氷室（製氷及び氷の貯蔵）がある。

表Ⅱ-33 冷凍冷蔵庫の特徴

	直接冷却式（直冷式）	間接冷却式（ファン式）
冷却方式	冷却器露出・じかに冷やす	別室・ファンで強制循環
霜	つく	つかない
冷却速度	速い	遅い
電気消費量	少ない	やや多い

表Ⅱ-34 冷凍室（フリーザー）の性能

記号	冷凍室内の食品温度	冷凍食品の保存期間の目安
✱ ワンスター	−6℃以下	約1週間
✱✱ ツースター	−12℃以下	約1カ月
✱✱✱ スリースター	−18℃以下	約3カ月
✱✱✱ フォースター※		

※スリースター条件で冷凍食品を貯蔵できる能力を持ち，かつ，100L当たり4.5kg以上食品を24時間以内に−18℃以下に凍結できる性能を持つ

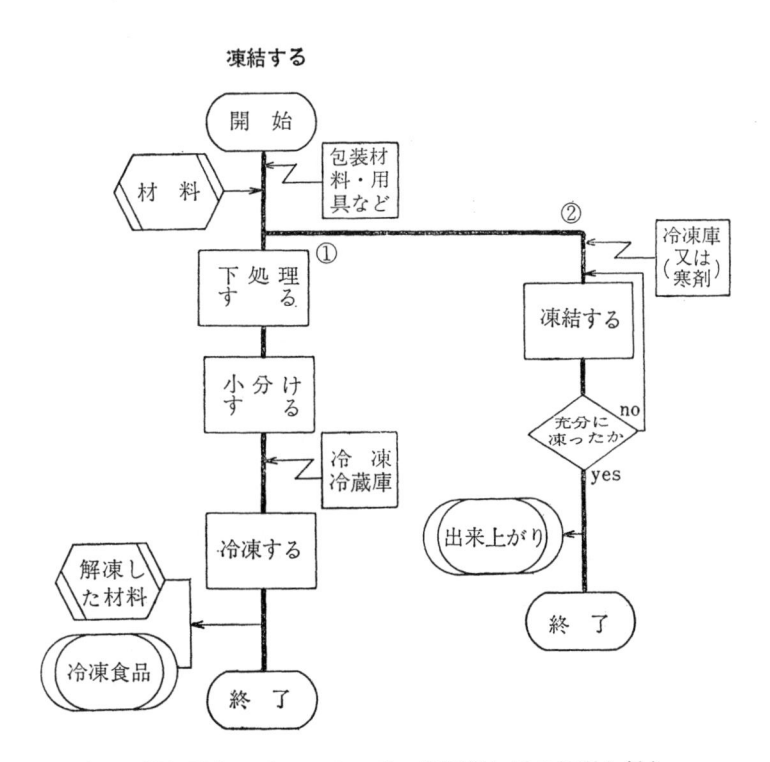

凍結する

① ホームフリージングの工程を示す。ブランチング，半調理などの処理を行う。
② 氷菓を作る場合の凍結工程を示す。

11. 解凍する

〔目的〕 凍結した食品を調理に直ちに使用するために，凍結前の状態にもどす。

〔方法〕 解凍方法は，食品材料の種類，状態により異なり食味に影響を及ぼすので，最も適した方法を選ばねばならない。

表Ⅱ-35 解凍法の種類

種類		媒体	特徴	適する食品
緩慢解凍	空気解凍	空気	冷蔵庫内で一夜放置する。中心部まで完全に溶ける手前で調理する（半解凍）。	魚介類・食肉
	清水解凍	水	流水または留水中につける。	丸ごとの皮付き魚・包装食品
	塩水解凍	食塩水	効果が顕著ではない。現在はあまり使用されない。	
急速解凍	砕氷解凍	砕氷	夏期，魚市場で行っている。	大型魚（まぐろなど）
	高周波誘電加熱解凍（電子解凍）	電気	周波数 2,450MHz. 急速に解凍でき，解凍後の品質も優れている。	
	加熱解凍	蒸気・熱湯	凍結状態のまま加熱調理する。	蔬菜類：熱湯でゆでる，炒める，調味液で煮る
		熱油	トリップの流出を防止する。	魚・肉類：フライパンで焼く，油で揚げる
		熱板焼き	解凍後の酵素・微生物・化学変化等による変質のおそれがない。	半調理品：フィッシュスティック，ハンバーグ，ピザなど

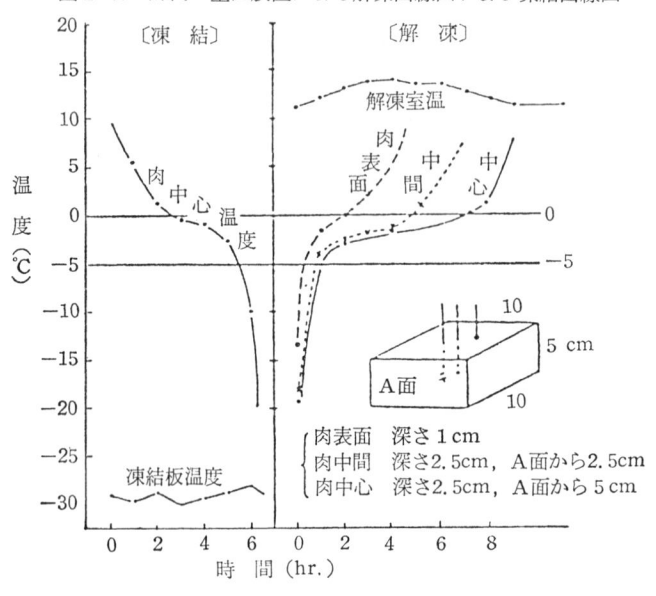

図Ⅱ-17 鯨肉の室温放置による解凍曲線図および凍結曲線図

肉表面　深さ1cm
肉中間　深さ2.5cm，A面から2.5cm
肉中心　深さ2.5cm，A面から5cm

田中武夫：調理科学 2, p.88, 1969.

参　考

　凍結・解凍曲線は，ほぼ逆の形で，いずれも −5〜0°C の間で曲線がねているという特徴を示す。

　凍結曲線では，−5〜0°C で肉中の水分が大部分凍結するので最大氷晶生成帯と呼んでいる。この温度域を数十分で通過する場合を急速冷凍，それ以上の場合を緩慢冷凍という。最大氷晶生成帯を速く通過させることにより，細胞・組織に損傷を与えにくい微細な結晶を作ることができる。また，肉蛋白の変性の機会を少なくするため，急速凍結食品が品質上優れているといえる。

　解凍曲線の場合は，−5〜0°C で肉中の氷が最も溶けるので，この温度域を最大氷晶融解帯と呼ぶ。この温度域では氷を溶かすのに最も熱量を必要とし時間もかかる。ここを速く通過させることは溶けた氷の再結晶の抑制，蛋白変性の面で有利である。魚介類や食肉では，低温の空気中で緩慢に解凍する方が，高温で急速に解凍するよりも肉質が優れている。

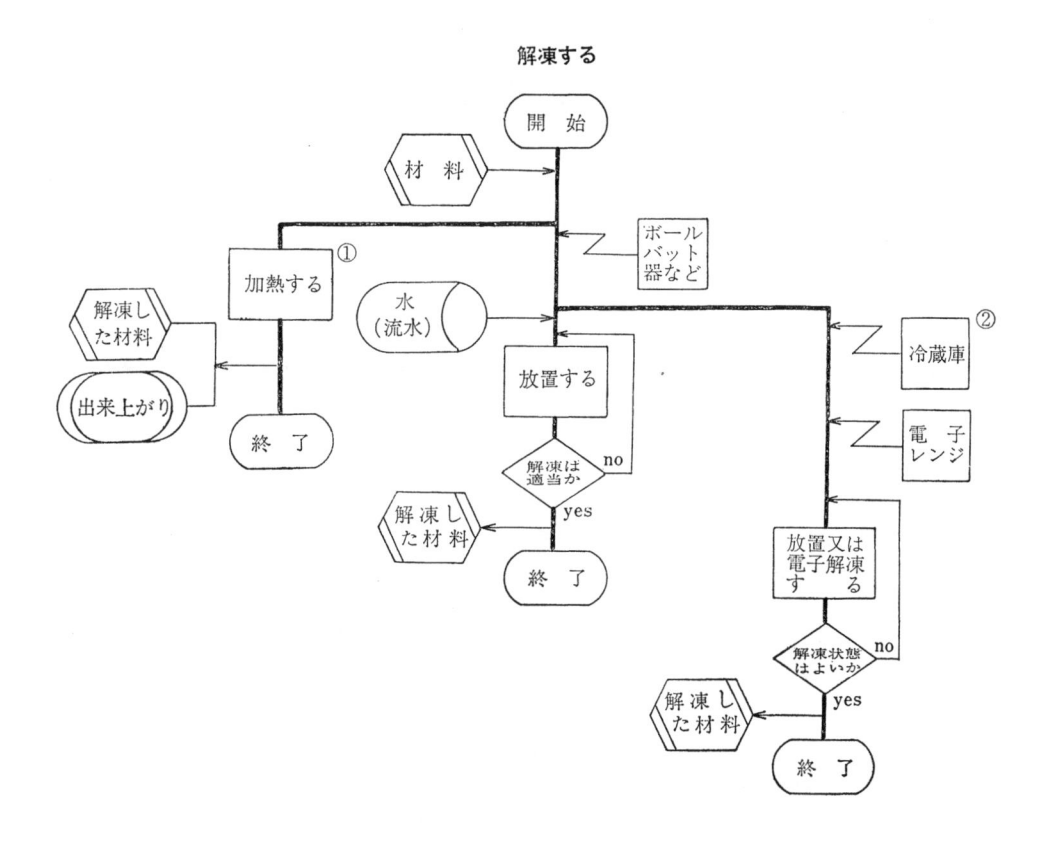

① 解凍を行わず，直接加熱調理する工程を示す。
② 冷蔵庫内に放置，または電子レンジで電子解凍する工程を示す。

Ⅲ 加熱調理の基礎

　加熱調理とは，高温部分からのエネルギーを低温部分の食品に伝播する熱の移動操作である。食品にこの熱の移動を与えて，食べ物にする操作である。

1. 熱の移動

1・1 熱の移動（熱伝達 heat transfer）における熱媒体の種類と分類[1]

　食品を加熱する時，その食品に与える熱を直接伝達するものを熱媒体というが，次の二つに分かれ各種の調理法が行われる。

①液状熱媒体 ｛ 水（温）――湿　熱――ゆでる・煮る
　　　　　　　　油（熱）――乾　熱――揚げる
　　　　　　　　有機熱媒体――一般調理に用いない

②ガス状熱媒体 ｛ 過熱水蒸気――湿　熱――蒸　す
　　　　　　　　　煙道ガス　――乾　熱――いぶす
　　　　　　　　　空　気　　――乾　熱――焼　く

1・2 熱の移動法

　食品に移動する仕組みは次の三つがあり，調理法ではこれが単独か，二つ，三つが組み合わされる。（なお，この三つのほかに誘電加熱があるが，p.62 の 3 で述べる。）

① 伝　導
一定時間に一定の面積を通った温度勾配をいう。物質固有の伝導率を持つ。
（表Ⅲ-2）

② 対　流
高温になった流体は比重が小さくなって上部に移動し，比重の大きな低温部が下部に流れる現象。

③ 放　射
熱源より熱エネルギーが放射線（赤外線・熱線）を出し，空間を伝播して物質（食品）に達する。このとき吸収された熱エネルギーにより，物体内の温度上昇を見る。

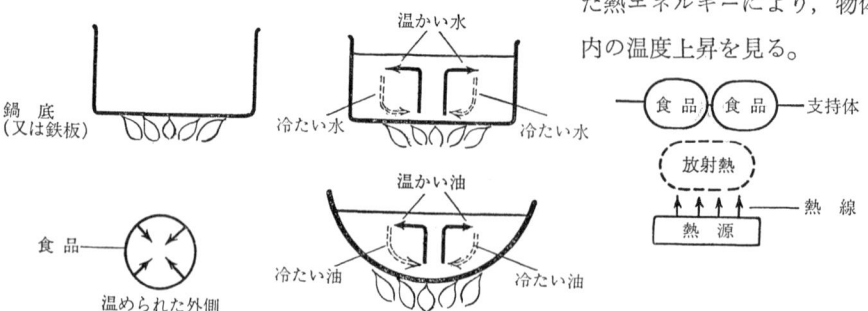

注1）：理化学辞典，第3版，岩波書店，1971．

参考　表Ⅲ-1　種々の物質の比熱（気体は定圧比熱）

物質（温度℃）	比熱(kJ/kg·K)	物質（温度℃）	比熱(kJ/kg·K)
空　　　気 (20)	1.00	コ ル ク (30)	1.47～1.67
酸　　　素 (20)	0.92	ガ ラ ス (20)	0.59～0.92
窒　　　素 (20)	1.05	氷　　　 (0)	2.01
二酸化炭素 (20)	0.84	木　　材 (30)	2.14～2.72
炭酸ガス (20)	0.84	水　　　 (20)	4.19
アンモニア (20)	2.14	食塩水22%(2)	3.35
アルミニウム (20)	0.88	エチルアルコール(20)	2.30
鉄　　　 (20)	0.44	オリーブ油(20)	2.01
銅　　　 (20)	0.39	牛　　乳 (20)	3.89

川端晶子編：最新調理学, p.236(表1), 237(表2), 学建書院 (1974)
一部抜粋・加筆

表Ⅲ-2　種々の物質の熱伝導率

物質（温度℃）	熱伝導率(W/m·K)
銀　　　 (18)	421.19
銅　　　 (0)	402.8
アルミニウム (0)	239.5
鉄　　　 (0)	82.48
陶　磁　器 (20)	0.084～0.167
ガ ラ ス (20)	0.720
ステンレス (18-8) (20)	16.33
炭酸ガス (20)	0.014
氷　　　 (0)	2.219
水　　　 (30)	0.603
ポリスチロール	0.163
コルク板	0.044
空　　気 (0)	0.023
空　　気 (27)	0.026

ほうろう：鉄の表面をガラスでコーティングしたもの，熱伝導率は悪い。

1・3　調理操作における熱の移動法[1]

① 煮る

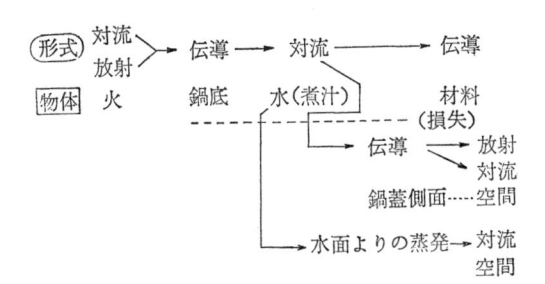

形式：対流・放射 → 伝導 → 対流 → 伝導
物体：火　鍋底　水(煮汁)　材料……(損失)
　　　　　　　　→ 伝導 → 放射・対流
　　　　　　　　　鍋蓋側面……空間
　　　　　　　　→ 水面よりの蒸発 → 対流　空間

熱源の熱が対流および放射によって鍋を通じて水または煮汁に伝えられ，対流によって食品材料に到達し，中心部まで伝導により移動していく。

② 蒸す

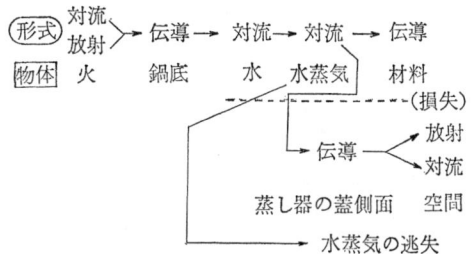

形式：対流・放射 → 伝導 → 対流 → 対流 → 伝導
物体：火　鍋底　水　水蒸気　材料……(損失)
　　　　　　　　　→ 伝導 → 放射・対流
　　　　　　　　　　蒸し器の蓋側面　空間
　　　　　　　　　→ 水蒸気の逃失

蒸す場合には煮る操作と同様に，熱は伝導により水に伝わって水蒸気を発生し，対流によって食品材料に到達し中心部までは伝導により移動していく。

③ 焼く（直火焼き）

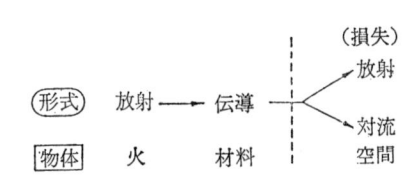

形式：放射 → 伝導 → (損失)・放射・対流　空間
物体：火　材料

直火焼きは熱源からの熱が，直接食品材料に放射のみで伝えられるところに特徴がある。

④ 揚げる

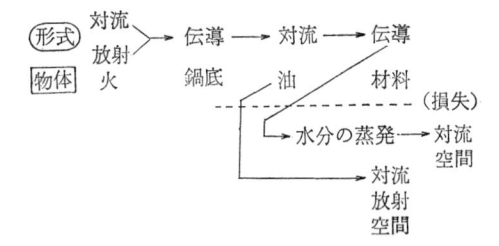

形式：対流・放射 → 伝導 → 対流 → 伝導
物体：火　鍋底　油　材料……(損失)
　　　　　　　　→ 水分の蒸発 → 対流　空間
　　　　　　　　→ 対流・放射　空間

揚げる場合の熱の移動は煮る場合と同様であるが，水や煮汁の代わりに油が媒体となって対流により食品材料に到達し，中心部までは伝導により移動していく。

注1)：高木和男：調理学, p.61, 柴田書店, 1960, 一部加筆修正.

2. 加熱調理の熱源

種々の熱源によって調理が行われるが，使用に当たっては火力の調節，鍋や道具など受熱器具の適否を考え，また余熱の利用を工夫する。

表Ⅲ-3 熱源の種類・特徴と熱効率

種類		発熱量(MJ)[*1]	火炎最高温度(℃)	器具別または一般調理熱効率(%)
都市ガス	(4A〜7C)	20.1/Nm³ [*2]	2,110	こんろ { 31 (水温上昇時) / 40〜45 (炊飯時) }
	(12A・13A)	45.6/Nm³		炊飯器 50〜55 (平均)
LPガス (LPG)	(直接供給値)	100.5/Nm³	2,120	50〜65
灯油		36.7/L	1,600	50〜65
固形バイオマス燃料	(木炭)	15.3/kg	800	約45
	(薪)	14.4/kg	800	約45
石炭 (輸入原料炭)		29.0/kg		
コークス		29.4/kg		
アルコール (エタノール)		29.7/kg		
電力 (定義値)		3.60/kWh		こんろ { 65〜76 (水温上昇時) / 53〜60 (炊飯時) }
蒸気 (100℃，1気圧飽和蒸気)		2.68/kWh		炊飯器 50〜60 (平均)

*1) 戒能一成，総合エネルギー統計の解説（2010年度改訂版）2012年4月および環境省地球環境局，事業者からの温室効果ガス排出量算定方法ガイドライン（試案Ver1.6）2003年7月より
*2) Nm³ = Normal cubic meter. 0℃，1気圧（760mmHg）標準状態における気体の体積
出典 奥田富子：調理科学講座Ⅰ，基礎調理学Ⅰ，p.114-152，朝倉書店（1961）および都市ガスの知識・ガスを上手に使うコツ，パンフレット，東京ガス（1982）一部加筆。

3. 加熱調理法の種類と分類

(1) 湿式加熱　　水または調味液の中，あるいは水蒸気中で加熱する方法。ゆで方・煮方・蒸し方がある。

(2) 乾式加熱　　媒体として水を用いず，放射熱や金属板上で加熱する，または油を媒体とする加熱法。焼き方・煎り方・あぶり方・揚げ方がある。

(3) 誘電・誘導加熱

　誘電加熱　　食品中の水分が24億5,000万／sec 回の連続マイクロ波によって分子摩擦を起こし，それによって熱が発生し伝導によって食品全体が熱せられる方法。マイクロ波加熱ともいわれ，一般調理・再加熱・解凍等がある。

　誘導加熱　　コイルに電流を流して出来た磁力線の発生磁界に導電性の鍋（導体）を置くと，導体中に起電力が生じ過電流が流れる。これに対する導体の電気抵抗によりジュール熱が発生し導体自体が発熱する。すなわち，鍋自体が熱くなり，この中に水・調味液・油等を入れて一般調理を行う。

(4) その他　　原理的には，前述の(1)〜(3)であるが，併用の方法がある。

4. 加熱調理実施の手順

食品を加熱して食べ物を作るに当たり、あらかじめ予備知識を持つことが食品を最良に生かす方法である。手順は次による。

表Ⅲ-4　加熱調理の手順

手順	加熱調理工程	実施前に把握しておきたい項目の例
1	加熱前の準備工程	1) 材料の特性を知っておく。 2) 加熱器具類の特徴をつかみ、材料の分量との釣り合いを知る。 3) 熱源の性質を理解しておく。
2	加熱開始 ／ 加熱中 の操作工程	1) 材料への温度の影響特に特性変化の種類と強弱を知っておく。 2) 材料への熱媒体の作用と媒体の特性をつかんでおく。 3) 温度の維持・管理を熱源と器具の両面からとらえておく。
3	加熱終了時の決定（目安）	1) 材料の物性変化を見る。硬・軟を嗜好に合わせたり、固体・流体の性状を目的の状態にまでする。 2) 材料の色彩変化では特に緑色野菜の過度の加熱（黄褐色に変化）を防止、動物性食品は加熱により灰白色の程度が強まる。甲殻類は赤色になる。 3) 材料の形状変化、不均一収縮、形状維持、膨張のいずれにするか決めておく。 4) 媒体の温度変化を起こさせるか、起こすか。糖液・油では特に実例を知る。[1)] 5) 媒体の濃度変化—加熱により目的の味に濃縮されたか。 6) 材料・媒体の量的変化を知る——例えば、動物性食品は収縮し、穀類・豆類は膨張する傾向にある。 7) 加熱時間で目安を立てられるものがある。例えば、加工品は目安が表示されている。 8) 材料・媒体又は混合物のにおいの変化でとらえる。生と加熱品の相違による。
4	加熱後の工程	1) 材料と媒体の扱い方をどうするか（放置するか、浸漬の要不要、分離か、冷却かのいずれを用いたらよいか）を知り決めておく。 2) 再加熱の必要性について、調味料の吸収や材料の形態変化をあわせて考慮しておく。
5	他の調理工程との関連	1) 完成品の場合は盛り付け操作へまわす。 2) 未完成品、下ごしらえ品の場合は、他の調理操作へまわす。

注1)：油は揚げ物Xの2（p.154）を参照のこと。

5. 熱伝達に関与する調理材料の分類

調理材料を、一般に用いている調理法で同じような取り扱い方をする材料によって分類すると、次の表のようになる。

表Ⅲ-5　調理材料の分類

材料の系統	調理特性による分類	材料の系統	調理特性による分類
1．普通野菜類	1) 一般緑色野菜（ほうれんそう・小松菜・春菊） 2) その他の葉茎類（山東菜） 3) 結球菜類（キャベツ・白菜・たまねぎ） 4) 果菜類（カリフラワー） 5) その他	4．魚介類	1) 魚類（魚卵を含む）（一般魚類） 2) 軟体類（たこ・いか・なまこ） 3) 貝類（はまぐり・あわび・あさり） 4) 甲殻類（かに類・えび） 5) その他
2．根茎菜類	1) 一般いも類（じゃがいも・さつまいも） 2) 特殊いも類（粘性を持つもの……里いも・山いも） 3) アク成分の強い根菜類（ごぼう・れんこん） 4) その他	5．獣鳥肉類	1) 獣肉類（牛肉・豚肉） 2) 鶏肉類（鶏・合鴨） 3) その他
		6．卵類 （魚卵を除く）	1) 鶏卵 2) その他（うずら卵・あひる卵）
3．乾物類またはそれに準ずるもの	1) 穀類（豆類を含む粒……米・大豆・小豆） 2) 乾燥野菜類（乾燥山菜を含む） 3) 乾物海産（干しわかめ・干しひじき・こんぶ） 4) 乾物魚介類（身欠きにしん・干しだら・干しするめ） 5) 乾物きのこ類（干し椎茸） 6) 粉体成形品類（生・干し麺類） 7) その他	7．その他	1) きのこ類（乾物を除く）（松茸・椎茸・しめじ・えのき） 2) 果物類（堅果類は豆類と同様に扱う） 3) 乳類（豆乳・山羊乳類を含む） 4) 乳製品（バター・チーズ類・ヨーグルト類を含む） 5) 大豆製品（豆腐・豆腐加工揚げ物類） 6) 生海産物類（わかめ・ひじき） 7) その他

　これらの利用は，(1) そのままの形（原型），(2) 切砕・成形して用いる，(3) 加熱前に吸水を必要とする──「もどし」「膨潤」，(4) 成形品，(5) 殻や骨付きまたはそれを除く，(6) 他の溶液との混合で用いる等が考えられ，加熱における熱伝達が同一ではない。

参考　表Ⅲ-6　種々の食品の比熱

食品	比熱（kJ/kg・K）	
	氷点以上	氷点以下
り　ん　ご	3.60	1.88
バ　ナ　ナ	3.35	1.76
メ　ロ　ン	4.06	2.01
も　　　も	3.77	1.93
キャベツ	3.94	1.97
にんじん	3.35	1.80
ト　マ　ト	3.98	2.01
牛　　肉	3.22	1.76
魚　　肉	3.43	1.80
豚　　肉	2.64	1.59

調理科学事典，p.471，医歯薬出版（1975）に一部加筆

表Ⅲ-7　種々の食品の熱伝導率

食品	熱伝導率（W/m・K）
新しい筋肉	0.500
牛脂	0.174
豚脂	0.178
牛肉（少脂肪）	0.556
鶏肉（若鶏）	0.409
魚肉	0.380
卵液（全卵）	0.291
だいこん	$1.63 \times 10^{-3} \sim 2.26 \times 10^{-3}$
じゃがいも	$1.73 \times 10^{-3} \sim 2.18 \times 10^{-3}$
さつまいも	$1.33 \times 10^{-3} \sim 2.26 \times 10^{-3}$

調理科学事典，p.427，医歯薬出版（1975）に一部加筆

Ⅳ　ゆでる

1. ゆで方の基本

1・1　ゆでるとは
水または湯（沸騰温度，またはそれに近い状態のもの）の中で材料を加熱することである。

1) **目　的**　食品材料に熱変化を与えて，次の①～⑩項の一つあるいは二つ以上の結果を得ることを目的とする。すなわち，①テクスチャーの変化，②糊化，③凝固または軟化，④色彩の保持または変化，⑤風味の向上または変化，⑥吸水または脱水，⑦不要成分の除去，⑧酵素失活，⑨殺菌，⑩その他等である。

2) **用途と名称**　ゆでた食品はゆで物と称し，特定の材料に対し「おひたし」等の名称をつけることがある。ゆで物は，仕上がり品（盛り付け前の状態として）と，他の調理のための下準備品とに分けることができる。

1・2　ゆで方の実際
1) **加熱容器**　媒体としての水（湯）の容れ物であると同時に，熱伝達の第一次中間体となる。比熱（p.61, 表Ⅲ-1）が大きく，熱伝導度（p.61, 表Ⅲ-2）の小さい材質の容器は，温まりにくく冷めにくい。また，容器の厚さ（質量）も熱伝達に関与し加熱の程度が異なるので，加熱時間とともに容器の種類についての考慮が必要である。

　a．**材　質**　熱伝導度から考えると，金属＞陶器＞ガラス　の順となる。更に短時間加熱における材質は，温度上昇に適した薄手のアルミニウム・アルマイト製が良く，長時間加熱における材質には，保温性のある厚手のホウロウ引きや土鍋等が望ましい。（なお酸性溶液の場合は，アルミニウム製は腐蝕するので使用しない。）

　b．**形**　熱源の種類と大きさの関係で考慮する。鍋底に当たる熱源の直径よりやや大きく，更に炎が鍋周囲に過大に広がらない，釣り合いのとれた大きさであること。
　　熱の有効利用から考えるならば，火炎の出ない電熱器や，火炎の小さいLPGこんろを使用する鍋底は平底が望ましい。放射・伝導による木炭利用では，熱源の周囲が高く覆われそこに鍋の一部が入る状態になる丸底が適している。。

　c．**容　量**　予定量の媒体と材料が入り，沸騰してもこぼれず，時には材料が膨張しても余裕のある大きさが望ましい。

2) **媒　体**　材料に直接熱を伝えるもので，ゆで方においては水または温水，沸騰水をいう。利用に際しては，次のことを考慮しなければならない。

　a．**温　度**　利用開始の媒体温度は，通常，常温から100℃にわたる。表Ⅳ-1は材料加熱の目的に対応するための加熱開始の媒体を見たものである。また加熱の状態を①～⑥に示すが，いず

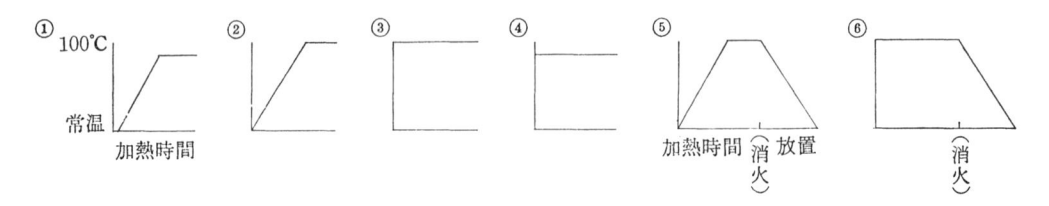

れの場合も温度分布を均一にすることであり，温度持続を図るために熱源の調節とともに蓋の利用が有効である。ただし有機酸（りんご酸・クエン酸・ピロルグルタミン酸・酢酸・こはく酸等）を含む緑色野菜や臭気の強いもの（魚介類・獣肉類等），または短時間加熱でよいものは材料投入後蓋をしない方がよい。

注1）：島田保子：調理科学, 10, p.248, 1977.

表Ⅳ-1　媒体の加熱開始状況とその理由

媒体の状態	材料の種類	一般に考えられる理由
水	根茎菜類	澱粉の均一糊化をはかる。長時間を要する加熱アク抜きには常温からがよい。
	一般乾物類	温度上昇に伴う十分な吸水が行えると同時に，加熱ができる。
	卵類（殻付き）	殻内温度の急激な上昇による殻割れを防ぐため，徐々に殻内温度を高める。
	獣鳥魚介類	成分の抽出をはかる時（旨味成分を媒体に移行させたり，不味成分除去をはかりたい場合）
	その他	高温では品質に変化を生じるので，単に温めたい時。
湯	普通野菜類	色彩の保持には短時間が望ましい。過度の軟化防止のためにも短時間加熱がよい。表面凝固，殺菌，脱水，酵素失活には，高温の方が早く目的が達成される。
	粉体成形品（麵類）	表面の糊化をはかり形を保つためと，併せて吸水しながら内部までの糊化を必要とする。
	獣鳥魚介類	表面の蛋白質の熱凝固により，内部旨味成分の溶出を防止する。
	卵類（殻なし）	形状の維持のため，早く加熱凝固させる。
	その他	油脂を除くため。

IV ゆでる 67

右の表は 2 *l* の水を30分続けて沸騰させた時のものである。

表IV-2 蓋の有無によるガス量・蒸発水分・温度の関係

蓋の有無	ガス消費量(*l*)	水の蒸発量(g)	消火後10分の温度降下(℃)
蓋 有	33.5	75	5
蓋 無	147	550	23

奥田富子：調理科学講座 I , p.127, 朝倉書店, 1971.

b．水　量　鍋の大きさによって総量は異なるが，通常は材料が覆えるだけの分量が必要である。

表IV-3 材料とゆで水量

材料の種類		水量の目安（容量）	重量（倍）
普通野菜	緑色野菜	横たえた材料が覆えるだけの量	5〜8
	その他の物		1〜3
根茎野菜	一般	一重に並べた高さの7分目くらい以上	0.6〜5
	たけのこ 粘質いも	材料が覆えるだけの水の量＋さし水	3〜10(+α*)
麺類	細麺	加熱による吸水膨潤後も材料が覆えるだけの水(湯)量	5〜6(+α**)
	太麺		6〜10(+α)
一般乾物類		材料が充分覆えるだけの量	3〜5
獣鳥魚介類		〃	3〜5
卵類（殻つき）		材料が覆えるだけの量 { うずら卵　3cm 以上 / 鶏　卵　5cm 以上 }　容器の直径で異なる（鶏卵を一段に並べた時の例）　容器直径(cm)　卵(個)　水量(*l*)　16　1〜3　1.0〜0.9　18　1〜4　1.3〜1.2　20　1〜6　1.6〜1.4	
〃 （殻なし）		水浸 3cm 以上必要（殻より出した鶏卵の厚さ）　容器直径(cm)　水量(*l*)　16〜20　0.6〜1.0	

＊：αの時はさし水（時に熱湯のこと）
＊＊：300gの材料で 1/2〜1cup の水を1〜3回くらい追加する。
注：長時間にわたる時や，材料の内外温度を一定にしながらゆでる時は，途中で水または熱湯の補給（さし水等）が必要となる。材料の容積で水量を定めることが望ましいが，計測しにくい場合は材料の重量をもって一応の目安にする。

c．添加物　　ゆでる目的に応じて，材料の適性から種々の添加物（次表）が用いられる。

表Ⅳ-4　ゆで水に用いる添加物

添加物	主たる使用目的	使用の目安(%)
① 無添加	基本形（単にゆでる場合や酵素の失活を測る）	0
② 食塩	a．鮮やかな緑色にする。食塩の Na^+ とクロロフィル中の H^+ の置換による安定性。 b．組織を軟らかくする。ペクチンを含む野菜の Ca^{+2} と Na^+ の置換による。 c．蛋白質を早く凝固させる。動物性のものは加熱凝固性を高める。また，アクの凝集作用を持ち除去しやすくする。大豆中のグリシニンの溶解で軟化の働きもする。 　　里いものぬめり除去もこの凝固力を利用したものである。 d．V.Cの酸化防止作用がある。その他野菜の旨味を残す動きがある。 　　緑色野菜・いも類・獣鳥魚介類・割り卵，その他一般野菜類に利用される。	水に対して 1～3
③ 食酢 （一部梅干しや柑橘類の酸も利用）	a．白色野菜を更に白く仕上げる。フラボノイドに作用する。 b．赤色を鮮やかにする。酸によりアントシアン色素が鮮明になる。 c．食感の変化を起こさせる。れんこんではペクチン質が分解されにくくなり，不溶性の塩となって熱を通りにくくする。 d．魚臭のアミン類が酸と結合するので，臭み抜きができる。 e．等電点よりpHを低くする（pH4～2）と魚肉類の保水性が増加し，過度の熱凝固を防ぐ。 　　白色を生かす野菜には，うど・ごぼう・れんこん・カリフラワーなど，赤色を生かすものには，ずいき・菊花・赤キャベツなどがある。	0.5～3
④ 重曹または木灰	a．鮮明な緑色にする。クロロフィルがアルカリで安定したクロロフィリンとなる。 b．組織の軟化を図る。山菜類に適している。	0.3～1 （木灰は10％上澄液）
⑤ 焼き明ばん	組織の軟化を防ぐ。解離した K^+，Al^{3+} がペクチンと結合し不溶性となり組織がしまり煮くずれを起こしにくい。さつまいも・栗に用いられる。この場合加熱当初の利用がよい。	0.5
⑥ ぬかまたは米のとぎ汁 （米を用いることもある）	a．ぬか中のアミラーゼやセルラーゼによる組織の軟化を図る。 b．アク成分が塩類（Caなど）と結合して沈殿するので除去できる。 c．澱粉粒子が材料の表面を覆い酸化を防ぐ。白色保持となる。 d．旨味成分の流失を防ぐ。 　　特定の材料（たけのこ・里いも・だいこん類）に多く用いられる。	10～40 （米　1％～）
	a．澱粉の粒子が材料の表面を包み，空気に触れにくくし酸化を防ぐ。	

⑦ 澱粉 または小麦粉	b．aの結果，白色を保つ。 c．旨味成分の過度の流失を防ぐ。 カリフラワーや⑥に挙げた材料にも利用されることがある。		1以上
⑧ 酒	a．酒の香りで魚臭が弱められる。 b．酒のコハク酸により旨味がふえる。 c．魚類や獣肉類に多く利用される。		5～50
⑨ 香味野菜	a．野菜の香味や辛味が材料に付与され，またその香りが生臭みを弱める。 b．ねぎの硫化アリルは魚臭を弱め，しょうがは魚臭の除去[1]に役立つ。ただし，しょうがの香りは熱により失われるので，仕上げの際の添加が効果的である。香辛料としての扱い方もある。		5～50
⑩ 香辛料	a．動物性食品の臭みを除去，あるいは弱める作用を持つ。[2] b．香味成分により刺激を与える（とうがらし類）。 c．和風では，aで香辛料を用いることは割合少なく，香味野菜を直接材料として扱うことが多い。		0.1～
⑪ くちなし	水に溶け出る美しい黄色を利用して着色に用いる。		材料 300g で1個
⑫ 牛乳	a．カゼインの吸着性により，生臭みやアクが除去できる。 b．和風で用いることは少ないが，動物性食品やアクの強い食品に適当である。		10～30
⑬ その他	a．煮だし汁の中で加熱する。 b．2種以上を併用・混合して用いる。		適　宜

注1)：富安行雄ほか：栄養と食糧　7, p.272, 1955.
　2)：星川清親：スパイス，p.127～150, 柴田書店, 1977.

3）加熱時間　「ゆで上がり」を何で決めるかを知っておくことにより加熱時間の目安が立てられる。材料を媒体中に入れた場合

①媒体加熱開始時間
②沸騰開始時間
} を出発とし {
③材料と媒体の分離（材料の取り出し又は媒体の除去）
④加熱終了（媒体中材料放置を含む）
} を終了

とする。また外観の変化も目安になる。一般的加熱時間は材料の性状・形態・大きさによって異なるが，最後は目的にあわせた食感にすることである。

表IV-5 加 熱 の 目 安

材料又はゆで方名称	形　　態	目安時間	外観の変化，ゆで上がりの状態
普通葉菜類（緑　色）	そのまま	2～3分	生より透明感のある鮮緑色となる。全容積が減少。
（その他）		3～5分	生より透明度が増加する。しんなりする。
結球菜	切り分け 丸ごと	5～10分 10分以上	生より透明度が増加する。しんなりする。 〃
根菜類（いも類） （にんじん）	切り分け 丸ごと	10分以上 30～50分 粘質いもは途中で 水替えが必要となる	生より透明感がある。中心部に串が楽に刺せる。 〃　　　　割れやすくなる。
（たけのこ）	縦2つ切り	（先端を除き） 30～60分	白色が減少。串が楽に刺せる。
（豆　類）	吸水後の 丸ごと（粒）	（澱粉質性豆） 30～60分 （蛋白質性豆） 1～4時間 （共に差し水を要す）	指（親・人さし）で豆がつぶれる。もろい皮となる。 指で豆がつぶれる。
穀　類 （麺　類）	極　細	1～3分	周囲は透明感がある。芯部は細い不透明線を残している。
	中　細	5～6分	〃
	並	8～10分	〃
	太	13～20分	〃
	丸（スパゲッティ）	10～13分	和風・中華風麺より，乾物（生）芯部の不透明割合は多い。
	中空（マカロニ）	（並）15～18分	
獣魚類 湯通し 霜降り 湯ぶり 湯引き	内部は生のまま	温湯を少量かける 温湯にくぐらせる 上記より1呼吸長く行う。	肉色表面やや白色を帯びる。霜のおりた状態。大きさ（平面的に）やや収縮している。 上記より白色の程度が多め（強め）となる。
卵　類（鶏　卵）	殻　な　し 殻　付　き	2～8分 3～15分	透明卵白が半～不透明（白色）になる。卵黄が盛り上がり透明感なくなる。 表面のつやが減少。重心の安定化。
その他（豆　腐）	やっこ	2～10分	温まることにより豆腐がゆれだす。

4) **加熱後の処理**　材料の特性により，また，ゆでる目的によって次の3種に大きく分けられる。
　a．ゆで水中に放置する　　①高温保持のためにゆで水の余熱を利用する。
　　　　　　　　　　　　　　②常温までの余熱利用とゆで水中への成分溶出のため。
　b．ゆで水より取り出す　　①室温に放置する。ゆでられた材料の余熱利用。空冷を兼ねる。
　　　　　　　　　　　　　　②一定温度保持のため，ゆで水の温度を室温に近づける。

c．水中で冷却する　　　　①水切り後室温に放置し，余分の水分を空気中に蒸散させる。
　　　　　　　　　　　　②そのまま水冷を続け，アク成分等を冷却水へ移行させる。（さらし）
　　　　　　　　　　　　③冷却の折，氷冷とする。①②より低温を必要とする時。

　上記のように処理したあと余分な水を除き（水切り），A＝完成品として盛り付けの操作へ，B＝未完成品，下ごしらえ品として次の仕上げ操作へと移る。Bは加熱操作を伴う。

1・3　ゆで方の基本的フローチャート

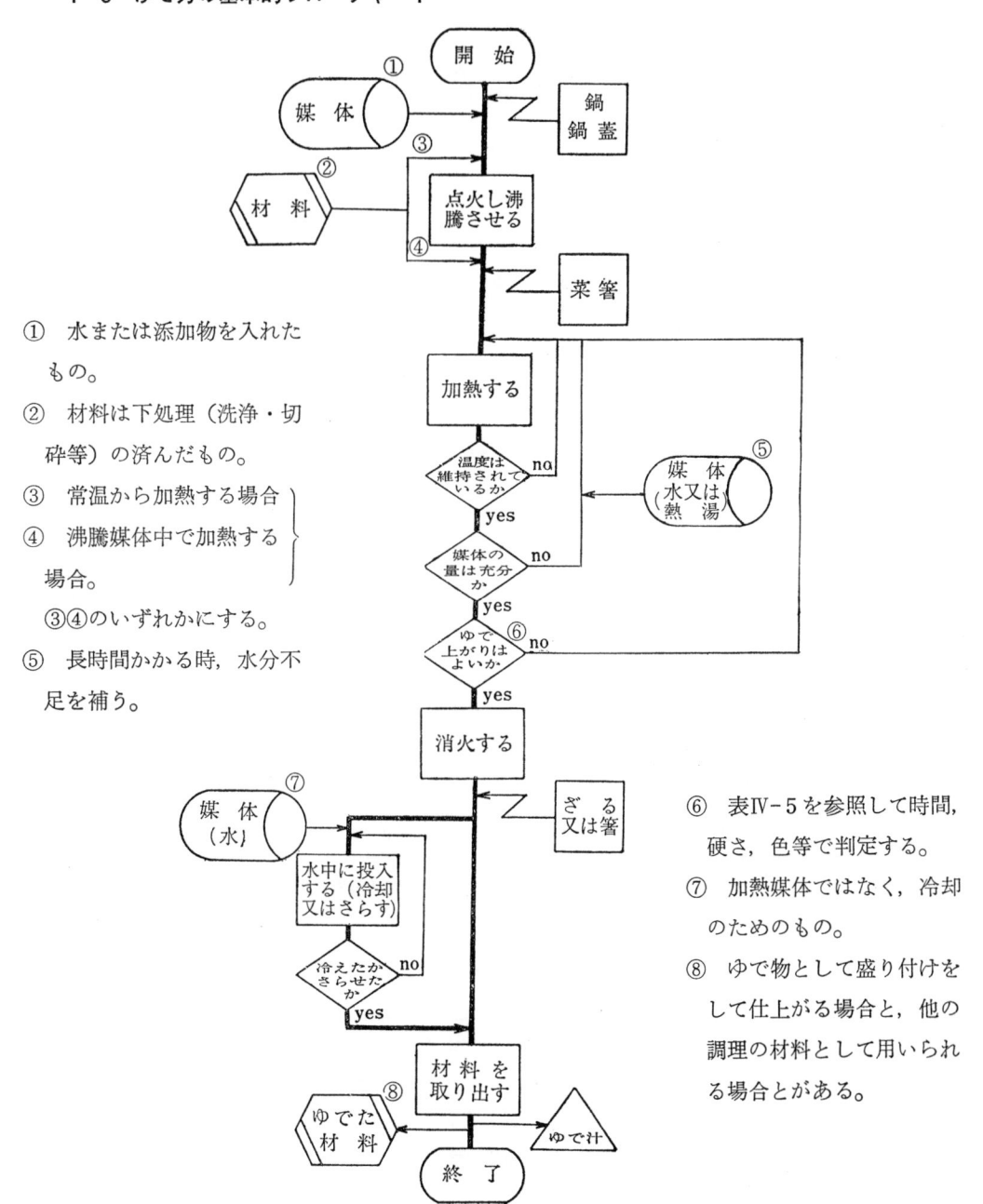

① 水または添加物を入れたもの。
② 材料は下処理（洗浄・切砕等）の済んだもの。
③ 常温から加熱する場合
④ 沸騰媒体中で加熱する場合。
　③④のいずれかにする。
⑤ 長時間かかる時，水分不足を補う。
⑥ 表Ⅳ-5を参照して時間，硬さ，色等で判定する。
⑦ 加熱媒体ではなく，冷却のためのもの。
⑧ ゆで物として盛り付けをして仕上がる場合と，他の調理の材料として用いられる場合とがある。

2. ゆで物

A ほうれんそうをゆでる

材料 ほうれんそう(M) 1束(200g)
　　　水　　　　材料の5～8倍
　　　食塩（ゆで水の0.5～1％）

B たけのこをゆでる

材料 たけのこ（皮つき）(M) 800g
　　　米ぬか（ゆで水の15％）
　　　水（かぶるくらい）

A ほうれんそう（青菜類）をゆでるポイント

① 茎のあるものは茎から先に，葉は後から入れると均一にゆで上がる。他は全部一度に投入する。

② ゆで上がったら大量の水にとって冷却することにより緑色色素クロロフィルが安定になる。また，アクをぬくことにもなる。

B たけのこをゆでるポイント

① 掘りたての新鮮なものは，ゆでる必要もないが，時間の経過とともに，硬さ，えぐ味を増す。外皮を数枚除き，皮に縦の切り込みを入れ，図のように切り，太いものは根元にかくし包丁を入れる。皮つきのままゆでるのは，皮の還元性の亜硫酸塩がたけのこを軟化させるためである。

② 米ぬかや米のとぎ汁を用いると，えぐ味成分であるホモゲンチジン酸やシュウ酸などが，ゆで水に溶け出る。また，ぬかの中の澱粉粒子が，たけのこの表面を覆って酸化を防ぎ，その結果，色が白く仕上がる。カリフラワーをゆでる時に小麦粉を加えるのも白く仕上げるためである。

注1）：長谷川千鶴：家政学会誌7, p.4, 1956.

参考 1) 調理による緑色野菜の変色

色素クロロフィルは，加熱により蛋白質が熱変性すると遊離する。ゆでる時，ゆで水を多くしたり，蓋をしないことにより有機酸を蒸発させたりゆで水に溶出させ，クロロフィルから褐色のフェオフィチンを形成するのを防ぐ。ゆで水に重曹を加えると色よく仕上がるのは，アルカリによりクロロフィリンとなるからであるが，繊維が急速に軟化するし，外観，味も悪くなり，ビタミン類の損失も多くなる。ただし，わらびなどに用いれば，軟らかく色よく仕上がる。

注2）：島田保子：調理科学, 10, p.248, 1977.

2) 野菜のゆで時間

材　料	下ごしらえ	ゆで時間
ほうれんそう，こまつな，きょうな，なの花	根元が太いものは十字の切込みを入れる	2～3分
しゅんぎく	葉と茎を分けておく	葉10秒, 茎1～2分
みつば，せり	せりは根を切り落とす	5秒
さやえんどう，さやいんげん	硬いものはすじを除く	2～3分
めきゃべつ，ブロッコリー	根元に十字の切り込みを入れる	4～6分
ふき	葉を除きゆで上がってから皮をむく	細4～5分, 太6～7分
もやし	豆殻，ひげ根を取る	20～30秒
はくさい，きゃべつ	外側の葉から1枚ずつはがしておく	2～3分

IV ゆでる

A ほうれんそうをゆでる

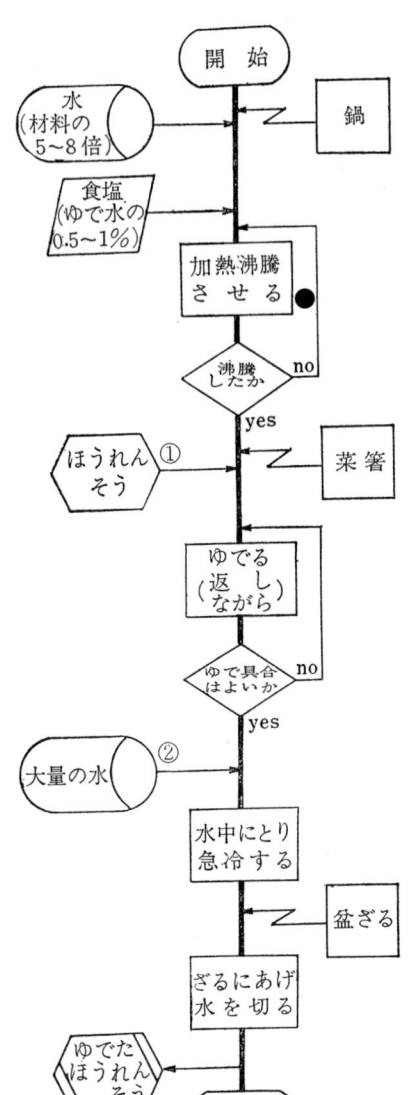

[フローチャート]
開始 → 鍋、水（材料の5〜8倍）、食塩（ゆで水の0.5〜1％）→ 加熱沸騰させる → 沸騰したか（no→加熱沸騰させるに戻る / yes）→ 菜箸、ほうれんそう① → ゆでる（返しながら）→ ゆで具合はよいか（no→ゆでるに戻る / yes）→ 大量の水② → 水中にとり急冷する → 盆ざる → ざるにあげ水を切る → ゆでたほうれんそう → 終了

B たけのこをゆでる

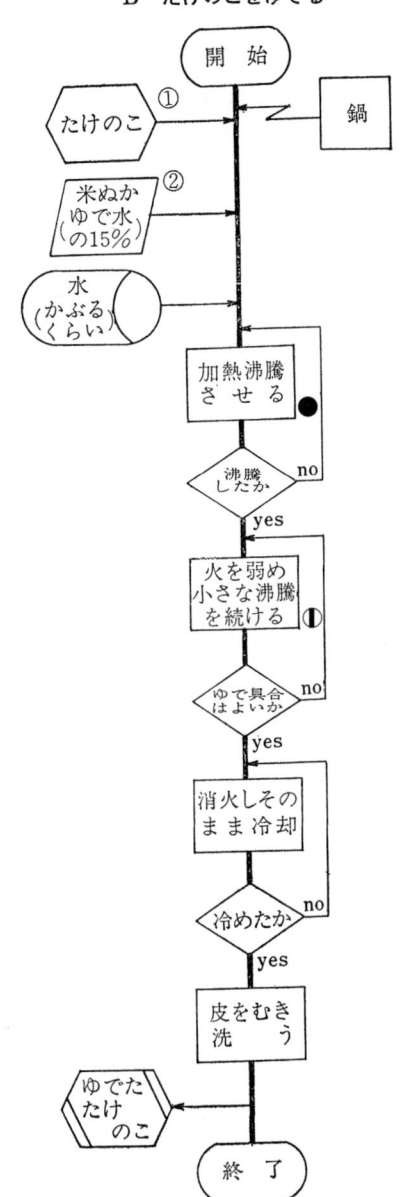

[フローチャート]
開始 → 鍋、たけのこ①、米ぬか（ゆで水の15％）②、水（かぶるくらい）→ 加熱沸騰させる → 沸騰したか（no→加熱沸騰させるに戻る / yes）→ 火を弱め小さな沸騰を続ける → ゆで具合はよいか（no→火を弱め小さな沸騰を続けるに戻る / yes）→ 消火しそのまま冷却 → 冷めたか（no→消火しそのまま冷却に戻る / yes）→ 皮をむき洗う → ゆでたたけのこ → 終了

参考 3） 食品中のアクの主成分と除去

苦味	アルカロイド，サポニン，タンニン，ヘスペリジン，Ca塩，Mg塩	切って水さらし，アクにつける，ゆでてから水さらし
えぐ味	ホモゲチンジン酸，シュウ酸，K塩	ゆでて水さらし
渋味	タンニン酸	水さらし，希アルカリで溶出
褐変基質	フェノール化合物，ポリフェノール類	水につけ酸素遮断，食塩処理，還元剤の添加

C 冷麦をゆでる

材料	冷麦	300g
	水	冷麦の5〜6倍

C 冷麦（麺類）をゆでるポイント

① 麺は，パラパラと周りから入れ，くっつかないよう手早く攪拌する。
② 再び沸騰したら火を弱め，さし水をしてゆで具合を見る。ゆですぎないことが最大のポイントである。麺をゆでると急速に吸水が進み，ゆで上げた後も更に表面から水が浸透して伸びる。したがって，短時間でゆで上げるためにたっぷりの湯を用いることと，表面の糊化と内部への熱のバランスを保つために，途中でさし水をするのがよい。
③ 水中で急冷することにより，麺を引き締め，弾力性を増し，表面をなめらかにする。

参考　1）麺類のつけ汁・かけ汁と薬味

表Ⅳ-6　麺類のつけ汁・かけ汁の分量と適する薬味

調理名	汁	しょうゆ	みりん	だし汁	薬味
冷麦	つけ汁	1/3cup	1/3cup	1 1/3cup	刻みねぎ，青じその葉（せん切り），おろししょうが，ごま，ゆずの皮
ざるそば	つけ汁	大S.5	大S.3	1 1/2cup	おろしわさび，刻みねぎ，大根おろし，花かつお
かけそば	かけ汁	1/2cup	大S.3	5 1/2cup	一味唐辛子，七味唐辛子，刻みねぎ
きつねうどん	かけ汁	1/3cup	大S.2	5 cup	一味唐辛子，七味唐辛子，ゆずの皮，刻みねぎ
冷やしそうめん	つけ汁	1/3cup	1/3cup	1 1/3cup	練りがらし，冷麦と同じ

2）麺類の調理法

表Ⅳ-7　麺類の調理法　その1

調理名	調理法
うどん　湯だめ（湯漬け）	熱湯を張った器に入れ，薬味（青ねぎ・しょうが・大根おろし）を添え，熱いつけ汁で食べる。
あんかけうどん	温めたうどんに，春菊・かまぼこ・だし巻き卵・味つけ椎茸などを具にし，だし汁にとろみをつけたあんかけ汁にして食べる。
きつねうどん	油揚げをだし汁・砂糖・しょうゆで含め煮にしたものを具にする。
鍋焼きうどん	鶏肉・かまぼこ・えび天・ふ・椎茸・ねぎなどを具にし，卵を落として鍋で焼くように煮込み，鍋ごと供する。
その他	天ぷらうどん・ほうとう・しっぽくうどん・すきうどん・讃岐うどん・鯛麺
そば　ざるそば	ゆでたそばを冷やし，水気を切って盛り，もみのりをちらす。薬味とつけ汁を添える。
たぬきそば	熱湯で温めたそばに鶏肉・油揚げなどを具にし，熱い汁をかけ青ねぎを添える。関東では揚げ玉を入れる。
かも南蛮	合鴨をごま油でさっと炒めたものとねぎなどを具にし，熱い汁をかけて供する。大根おろし・刻みねぎなどを薬味にする。

Ⅳ ゆでる　75

C　冷麦をゆでる

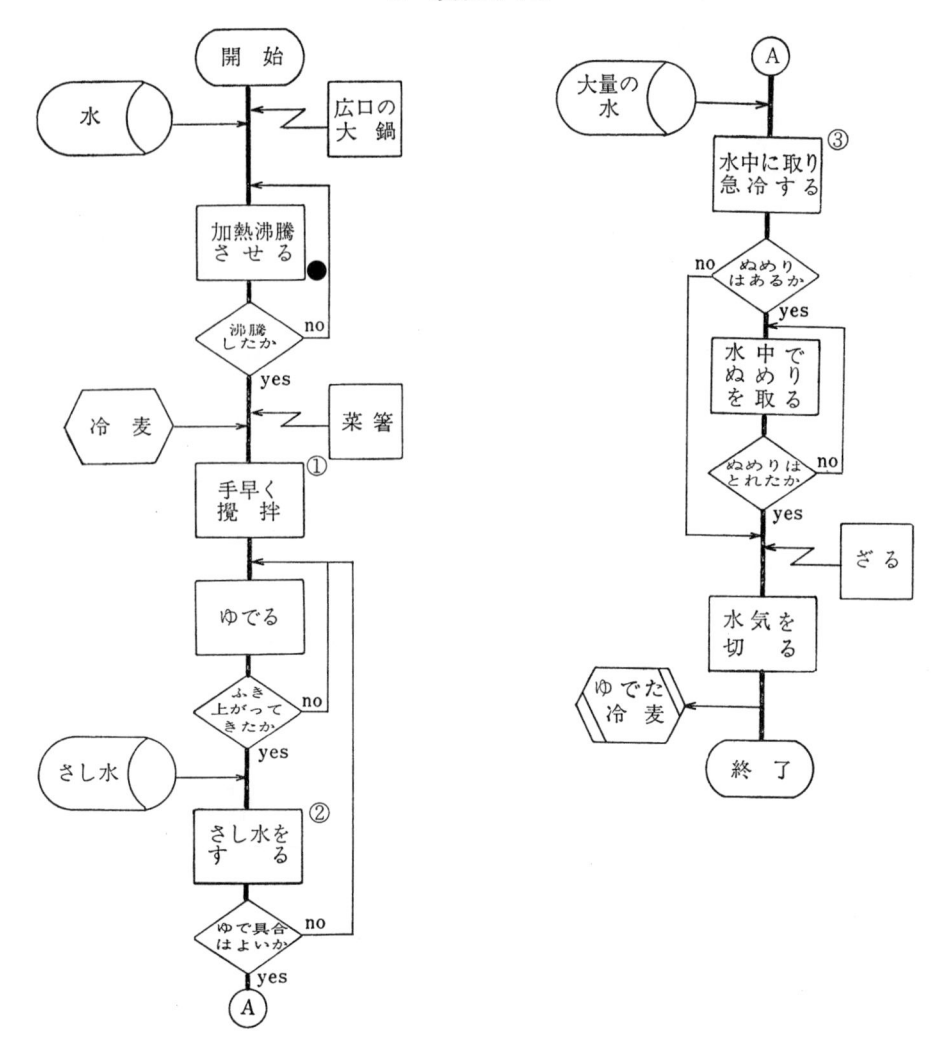

表Ⅳ-8　麺類の調理法　その2

そうめん調理名	調　理　法
冷やしそうめん	器にそうめんと氷を入れ，トマト・きゅうり・味つけした椎茸を盛り，薬味・つけ汁を添える。つけ汁（表Ⅳ-6参照）は1：1：4にし，ざるに盛った時は1：1：5〜6にし冷やしておく。具は鶏ささ身・金糸卵・えびなどもよく合う。
三色そうめん	そうめん・卵そうめん・茶そうめんを色よく盛り，えび・椎茸・きゅうり等色よく添える。
にゅうめん	温めたそうめんを器に入れ，鶏肉・椎茸・かまぼこなどの具を盛り，熱いだし汁（薄口）をかけ，みつば・ゆずの皮を添える。鶏肉の代わりに白身魚のから揚げや素焼きしたものを用いてもよい。
そうめんずし	すだれにのりを載せ，薄焼き卵を載せ，そうめんを広げ，えび・椎茸・みつばを芯にして巻きずしのように固く巻く。これをフライパンに油を熱し，2〜3回転がして香りとつやを出し冷ます。せん切り青しそ・おろししょうが・つけ汁を添える。

D 卵をゆでる			E えびをゆでる		
材料	鶏卵	4個	材料	大正えび	4尾
	水			水	
				塩（ゆで水の2〜3％）	

D 卵をゆでるポイント

① 卵白の凝固は，58〜60℃で始まり，62〜65℃で流動性を失い，70℃でほぼ凝固する。完全凝固は80℃である。一方，卵黄は65℃で粘稠となり，68〜70℃で凝固する。表Ⅳ-9にゆで方とゆで湯の温度と時間を示した。卵黄を中心にするためには，19〜80℃の間，箸で静かに転がすとよい。半熟卵器や温泉卵は，卵白と卵黄の凝固温度と時間の違いを利用したもので，70℃の湯で20分加熱すると卵黄は硬く，卵白は軟らかい温泉卵が出来る。

表Ⅳ-9 ゆで卵のゆで方とゆで湯の温度と時間

目　的	投入時の水温	ゆで時間（分）
全卵固ゆで	常温（沸騰水中）	12 (15)
卵黄半熟，卵白8〜9分熟	常温（沸騰水中）	5 (5〜6)
全卵半熟	68℃ (70〜72℃)	20 (15)
卵黄8分熟，卵白4分熟	65℃	45

② ゆで上がってから冷水で急冷するのは，殻をむきやすく，硫化鉄による黒変を防ぐためである。

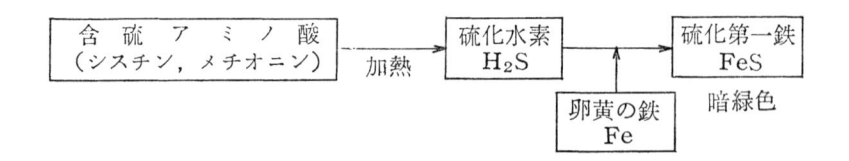

```
含硫アミノ酸              硫化水素         硫化第一鉄
（シスチン，メチオニン） ─加熱→  H₂S   ─→    FeS
                                 ↑           暗緑色
                              卵黄の鉄
                                Fe
```

殻のむきやすさは，卵白のpHに関係しており，pH8.6〜8.9以上でむきやすくなる[1]。また産卵直後の卵をゆでると，卵中の炭酸ガスが卵殻から拡散せず残ってしまうので，卵白に"す"が入ってスポンジ状になってしまう。　　注1)：佐藤泰：食卵の科学と利用, p.129, 地球社, 1980.

E．えびをゆでるポイント

① 甲殻類をゆでると美しい鮮赤色となるのは下図のような原理によるものである。

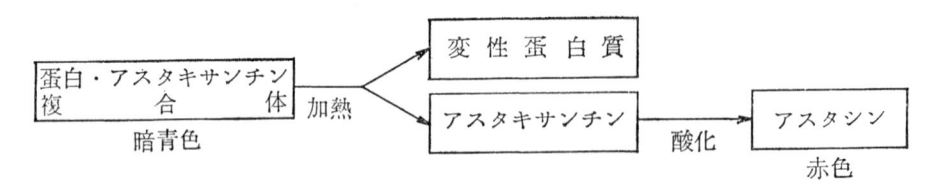

```
蛋白・アスタキサンチン        → 変性蛋白質
    複　合　体      ─加熱→
    暗青色                   → アスタキサンチン ─酸化→ アスタシン
                                                        赤色
```

えびの背わたは腐りやすいので，頭から3つ目の関節に竹串を入れ背わたを抜いてからゆでる。加熱しすぎると身がしまるので，短時間で加熱をやめる。

えびの旨味は，エキス分に含まれるアルギニン，ベタインなどである。生きが悪いと生臭いので，塩と酒をふってしばらく放置しておくとよい。

D 卵をゆでる

a 半熟卵（その1）

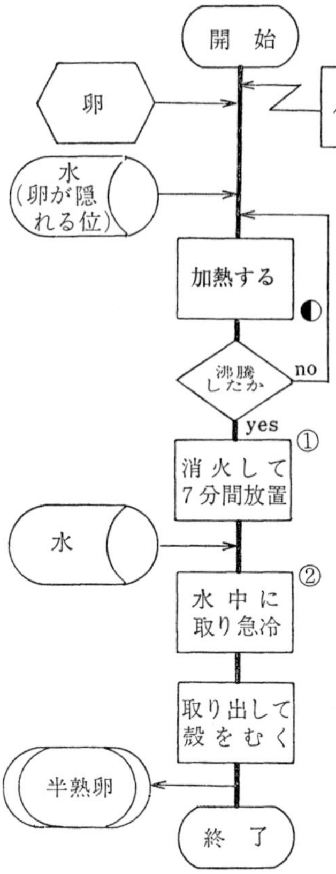

b 半熟卵（その2）および固ゆで卵

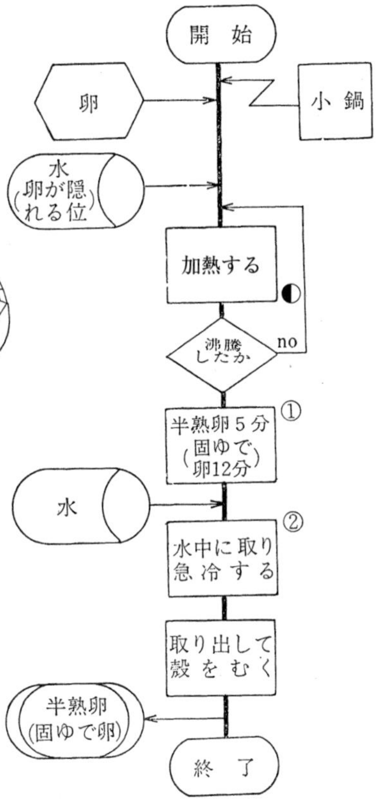

図Ⅳ-1 ゆで卵（固ゆで卵）の飾り切り

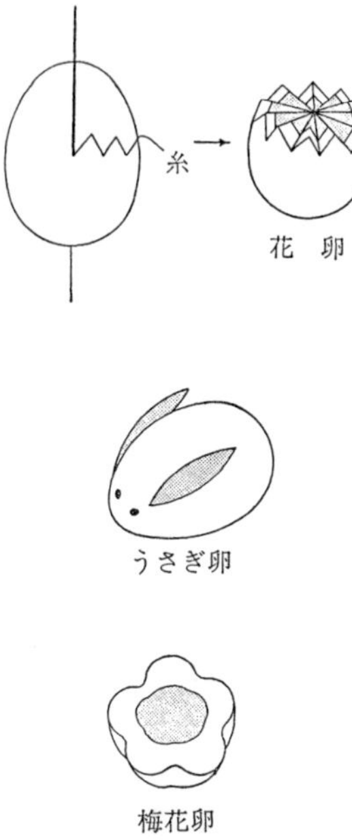

- 花卵
- うさぎ卵
- 梅花卵

E えびをゆでる

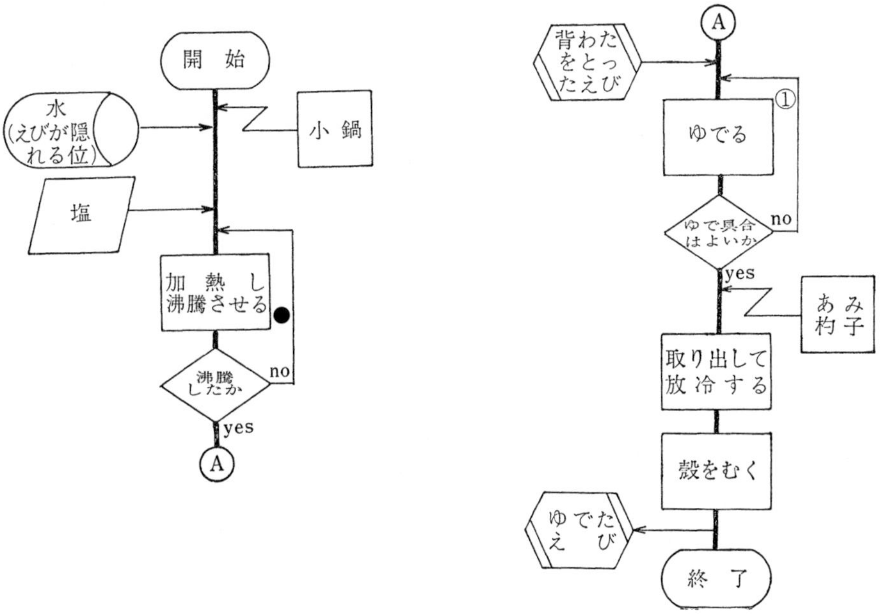

V だしをとる

1. だしのとり方の基本

1・1 だしとは

食品に含まれる旨味成分を，加熱によって水の中へ抽出させたものであり，出汁（だしじる）の略（通称）である。材料をだし（例：だし昆布）ということもあり，それと区別するために煮だし汁ともいう。加熱しないで抽出した場合は水だしと称する。

1・2 だしのとり方のポイント

食品に含まれる種々の成分のうち，特に旨味成分のみをなるべく効率よく抽出し，夾雑する不味成分を抽出させない方法を用いることである。すなわち，単に成分抽出というと水溶性の旨味，不味両成分が同時に浸出してくることから，だしに用いる材料の特徴を知り，必要とする目的の旨味成分のみの抽出法を把握することが肝要である。

1・3 だし利用の目的と用途

① 抽出液（だし汁）を直接の味としての料理に……………汁物のだし汁として
② 旨味の補充と，汁として…………………………………鍋物のだし汁として
③ 主たる食品への旨味の添加と旨味の相乗を図るため………一般煮物のだし汁として
④ 卵や澱粉を溶液として薄める時水より旨味あるものに……卵豆腐・茶碗蒸し・ごま豆腐等
⑤ 液体として用いるとともに旨味分として…………………たれ類・麺つゆ・天つゆ等

1・4 だし材料の特徴とだしのとり方の実際

1) かつお節 三枚おろし，節おろしにしたかつおを煮熟・焙乾・かびづけ工程後燻乾したもので使用にあたってはかびをこすり落とし，逆目にならぬようカンナの刃に対して尾を先にあてて薄く削る。外側は一般に燻煙臭が強く，だしの色・味も劣るので偏らないように用いる。削りたては優れた味わいのだしがとれる。真空パック入り削り節は，部分的偏りは少ないが香気に乏しい。旨味成分はイノシン酸が主である。
　　浸出法と成分[1]，使用量と成分[2]，沸騰時間の影響[3]，形態による違い[1]，香気等の官能検査[4]を含めた実験結果から，かつお節の旨味は削り節をゆで，沸騰水中で魚臭や濁りを出さないために短時間に浸出させるとり方（p.84, 2・A）がよい。

注1)：吉松藤子：家政誌，5，p. 359, 1954.　　2)：吉松藤子：家政誌，8，p. 25, 1957.
3)：吉松藤子：家政誌，16，p. 335, 1965.　　4)：山西 貞：調味科学，17，p. 123, 1970.

① かつお節の種類：原料かつおの水揚げ地周辺でかつお節製造が行われ，それぞれ名称がつけられ，薩摩節・土佐節・焼津節・伊豆節・三陸節が代表となっている。かつおは北上するに従い脂肪含量が高くなるので油節となりやすく，かつお節としては良質とはいい難い。

② かつお節の名称と選び方：小形（2kgくらい）のかつおの三枚おろし身より一枚ずつとったものを亀節と呼び，大形（4kgくらい）のものはこの亀節を更に背肉＝雄節と腹肉＝雌節に身割りし，一尾で4本の節にしたものがある。本枯節の水分は13〜15％で，良い節は丸味を帯びて重くべっ甲色で，節同士をたたき合わせた時，金属性の澄んだ音がする。

③ 節類について：だし材料に使われる節は，かつお節のほかにさば節・いわし節，それらの削り節がある。だし以外ではなまり節・新節がある。かつお節以外の節は削り節としての利用が大部分で，業務用として麺類飲食店の麺つゆ用煮だし汁材料に使われている。

④ 削り節について：原料はかつお節・そうだかつお節・さば節・いわし節のほかに混合品がある。一般に花がつおと呼ばれるのは前二者の削り節をさす。花がつおの用途はだし以外に料理品の上にふりかけて直接食用にする。糸削りは血合肉を除いた節を細く削り高級品である。

2) だし昆布　硬いけれど旨味（グルタミン酸）の多い，ま昆布・利尻昆布がだし用で最上とされる。多糖類のアルギン酸は粘質性のもので，だしにはこの粘性は邪魔であるが，特有の香りともなる。昆布への切り込みと旨味は関係なく，部位別では根元，中央部が先端や両端より優れている[1]。唯岡[2]の検討も含めて昆布だしのとり方は2・B（p.85）のようになるが，長時間の加熱はヨウ素の溶出でだしが黄色になり，粘性や昆布臭も強くなるので避けるのがよい。

① 昆布だしがらの利用：そのままでは硬いので，好みの大きさに切り，酢水に浸し直してから煮たり，酢を加えて煮ると軟らかくなる。これは組織の膨潤と，成分の一部溶解による軟化である。これを調味しあさ炊き昆布，佃煮昆布を作ることができる。

注1）：大石圭一ほか：日本水産学会誌，25，p.636，1959.　2）唯岡蘭子：家政誌，7，p.156，1957.

3) かつお節，昆布の併用　時には煮干しと昆布の併用も見られるが，かつお節のイノシン酸と昆布のグルタミン酸の旨味の相乗効果を利用し，旨さに深味を与えるとりあわせである。

4) 煮干し　かたくちいわし・小まいわしを食塩入り沸騰水中に投入し，再び沸騰するまで煮熟後乾燥させたものである。旨味はかつお節と共通であるが，燻煙臭はなく，一尾の姿なので頭，内臓の生臭みや苦味がだし中に出やすい。

頭，内臓を除き肉質部のみをさいて使用するとよいが削られていないので，かつお節より旨味の抽出にやや時間を要し，そのため煮干し特有のくせも出るので，くせを嫌う吸い物等のだしには不向きであり，濃厚な味つけをする料理（みそ汁・おでん）にむく。（p.86,2・D）

① 煮干しいわしの選び方：大きさが揃ってつやがあり，腹切れのないもの，黄色味（油やけ）のないもの，頭おちの少ないものがよい。特に油やけのものは煮だし汁の味に渋味が出る。

注1）：小林豊子ほか：山梨大学学芸学部研究報告，8，p.176，1957.

5) 魚類　鯛，その他白身の魚の頭・骨，時には肉質部を用いる。さばを利用することもあるが，これは一般的ではない。いずれも新鮮なものがよい。旨味成分はかつお節と同じイノシン酸であるが，魚類の脂肪やゼラチン質の影響で独特の味がする。

　　旨味溶出には長時間かける方がよいが，一方で魚臭が出たり溶出した蛋白質が温度上昇により濁りを生じる原因ともなるので，初期の水洗いで臭み抜きをし，塩を振り，熱湯をかけることによって水溶性蛋白質の凝固を図り，また煮たった後の強火加熱を避けることが必要である。

6) 貝類　はまぐり・あさり・しじみ・貝柱で，貝殻と共に肉質を汁の実にする際，旨味の出た煮汁を潮汁やみそ汁として用いることが多い。コハク酸を主とし，旨味のみの溶出ではゆっくり時間をかけてよいが，長時間加熱により肉質を硬くするので，肉質利用の時には加熱時間を控えめにする。この貝汁は白濁するのが特徴である。

　　3％前後の塩水中で砂をはかせてから使用する。

7) 干し椎茸　昆布と同じグルタミン酸も含まれるが，その旨味の代表はグアニル酸である。生椎茸にも含まれるが乾燥によって4～9倍[1]の含量に変化する。香りの高い煮だしである。

　　この干し椎茸を水または微温湯に浸漬しておいたつけ汁，あるいは干し椎茸を利用するために加熱したゆで汁がだし用として使われる。精進料理に用いたり，椎茸を煮る時に使うことが多い。昆布（グルタミン酸）との併用で相乗効果を表す[1]。

注1)：小原正美：食の科学56, p. 94, 1980.

8) 干ぴょう　夕顔の果肉部の切干しである。一般にはこの干ぴょうを料理し食べることが主であるが，ゆで戻しをした時のゆで汁を精進だしとすることがある。僅かのグルタミン酸のほかに旨味成分は殆んどないが，糖質・無機質が溶出しており，干ぴょう独特の風味を賞味することができる。

9) その他　干しするめ，干し貝柱等があり，材料そのものを戻して料理に使用する時，その加熱戻し汁をだしとして利用することがある。いかはエキス窒素が多く，ベタイン，タウリン，プロリン，トリメチルアミンオキサイド等を含み，また，貝柱は生貝と同様コハク酸が主となる。どちらも乾燥によって生肉と異なった組織となり，繊維質の収縮程度の違いから強靱になる。これを充分吸水・膨潤させ低温で長時間加熱すると旨味成分の溶出量が増加する。しかし特有のくさみ（いかは硫化水素，アンモニア等）が強くなるので，だし材料としては特殊である。

1・5 汁物料理の種類

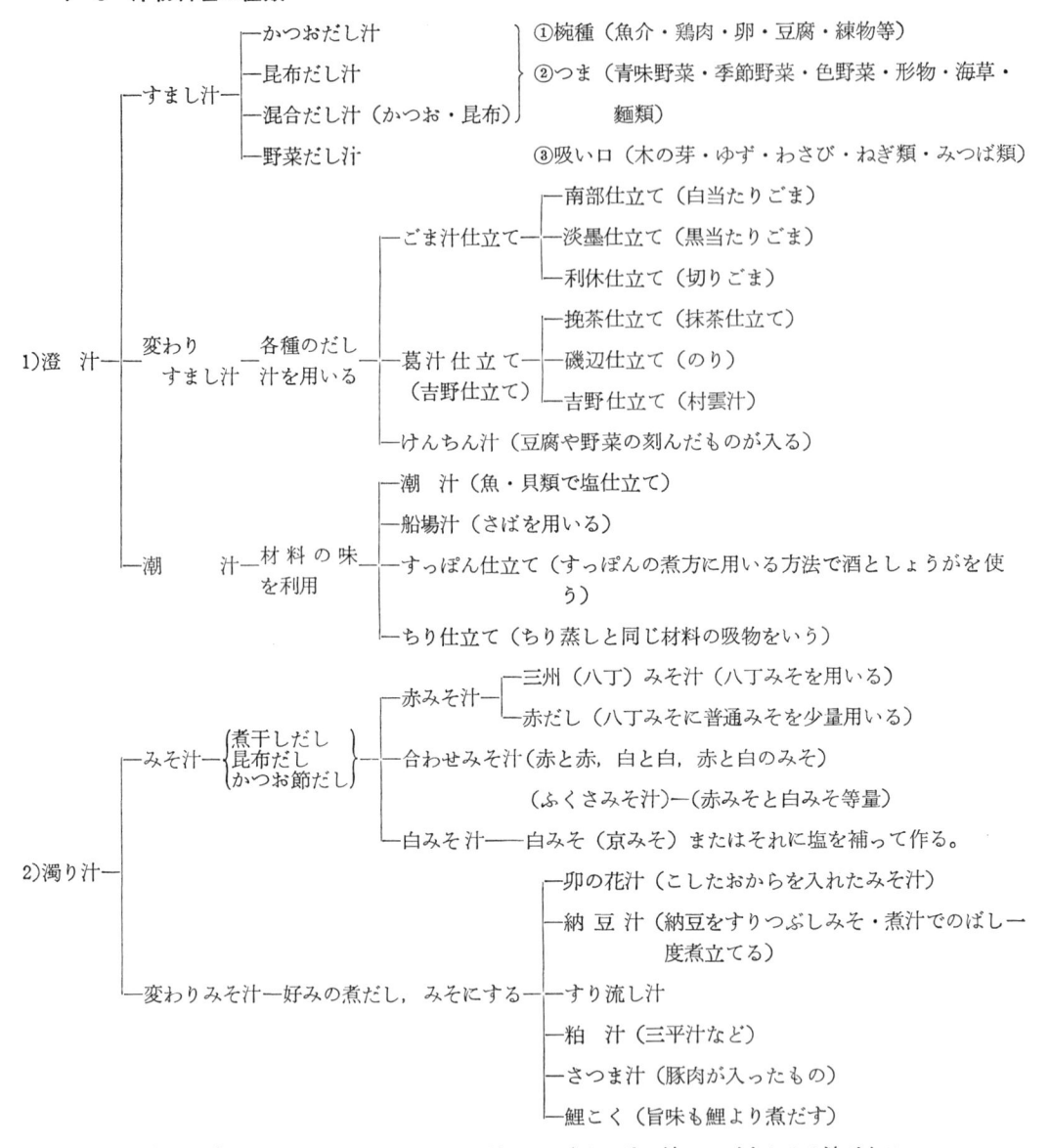

1) 澄汁
- すまし汁
  - かつおだし汁
  - 昆布だし汁
  - 混合だし汁（かつお・昆布）
  - 野菜だし汁

  ①椀種（魚介・鶏肉・卵・豆腐・練物等）
  ②つま（青味野菜・季節野菜・色野菜・形物・海草・麺類）
  ③吸い口（木の芽・ゆず・わさび・ねぎ類・みつば類）

- 変わりすまし汁（各種のだし汁を用いる）
  - ごま汁仕立て
    - 南部仕立て（白当たりごま）
    - 淡墨仕立て（黒当たりごま）
    - 利休仕立て（切りごま）
  - 葛汁仕立て（吉野仕立て）
    - 挽茶仕立て（抹茶仕立て）
    - 磯辺仕立て（のり）
    - 吉野仕立て（村雲汁）
  - けんちん汁（豆腐や野菜の刻んだものが入る）

- 潮汁（材料の味を利用）
  - 潮汁（魚・貝類で塩仕立て）
  - 船場汁（さばを用いる）
  - すっぽん仕立て（すっぽんの煮方に用いる方法で酒としょうがを使う）
  - ちり仕立て（ちり蒸しと同じ材料の吸物をいう）

2) 濁り汁
- みそ汁（煮干しだし／昆布だし／かつお節だし）
  - 赤みそ汁
    - 三州（八丁）みそ汁（八丁みそを用いる）
    - 赤だし（八丁みそに普通みそを少量用いる）
  - 合わせみそ汁（赤と赤，白と白，赤と白のみそ）
    - （ふくさみそ汁）—（赤みそと白みそ等量）
  - 白みそ汁——白みそ（京みそ）またはそれに塩を補って作る。

- 変わりみそ汁—好みの煮だし，みそにする
  - 卯の花汁（こしたおからを入れたみそ汁）
  - 納豆汁（納豆をすりつぶしみそ・煮汁でのばし一度煮立てる）
  - すり流し汁
  - 粕汁（三平汁など）
  - さつま汁（豚肉が入ったもの）
  - 鯉こく（旨味も鯉より煮だす）

変わり汁として，しょうゆ・みそ，いずれかの味をつけた汁でのばすとろろ汁がある。

参考 汁を濁らせない椀種の調理例（長田真澄：日本料理 p.183〜195，新評論，1980.）

魚介類，鶏肉類：①塩をして霜ふり（湯ぶり）。②澱粉をつけてゆでる葛打ち。③酒・塩をして酒蒸し。④焼いて火どりにする。⑤魚すり身を麺にして魚そうめん。⑥すり身を形づくり蒸して作るしんじょ等がある。

卵類：①だしでのばして蒸す卵豆腐，②半熟・薄焼き・村雲，③ほぐして火を通しまとめたしめ卵。

1・6 だし汁のとり方の基本的フローチャート

① 水を用いることが多い。食塩添加の場合もある。

② だし材料は単一品の場合と複数の場合があり，次の③④⑤のように加える時期もそれぞれ異なる。

③* 水に浸漬し，旨味成分を溶出してから加熱する方法

④* ある温度の湯（または沸騰水）に材料を入れ，更に一定時間加熱してだしをとりたい時

⑤* 成分の抽出に沸騰（100℃）を必要とする時の材料の入れ方

＊上記③④⑤は，単一材料ではどれか一方法を用いる。
複数材料の時はいずれか一つ，または複数の組み合わせで用いる。

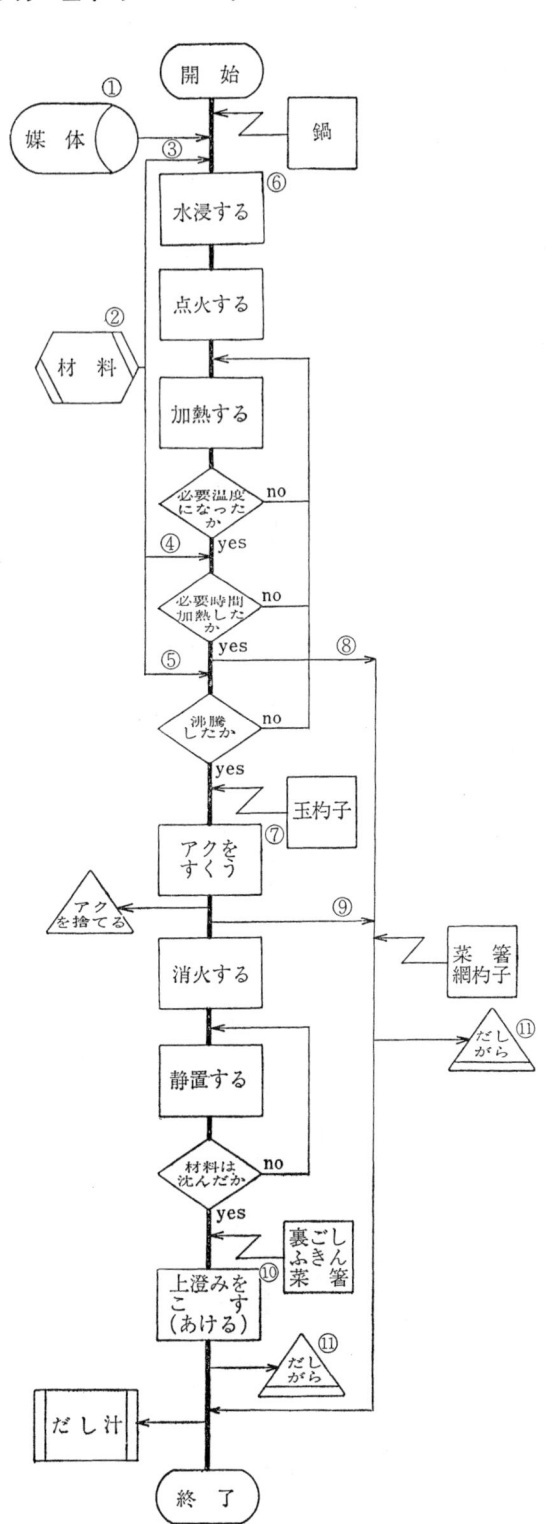

⑥ 水浸の時間は材料により異なる。④⑤の場合は省く。

⑦ アクを取り除く時期は，必ずしもこの時ばかりでなく，アクが出たとき随時行うことが望ましい。

⑧ 長時間加熱しない方がよい場合や，早くだしがらを煮だし汁と分けたい場合（主としてこんぶを用いた場合）

⑨ ⑧と同様であるが，アクが浮いているような場合

⑩ 媒体中に浮遊したままになりやすい材料を汁とだしがらとに分ける時

⑪ 二番だしを用いる場合は，このだしがらを用いる。

2. だしをとる

A　かつおぶしのだし汁

材料　水	4.5cup
けずりかつおぶし	2～4％

B　こんぶのだし汁

材料　水	4.5cup
こんぶ	2～5％

A　かつおぶしのだし汁のポイント

① 浸出方法の違いによる実験の結果，呈味成分の差はほとんどない。また官能検査の結果から，水から加熱しただしや水浸30分後に加熱しただしでは生臭み，酸味などを感ずるのでよくない。沸騰水中に入れ1分加熱，3分静置した上澄液が最もよいとされている。

A　かつおのだし汁

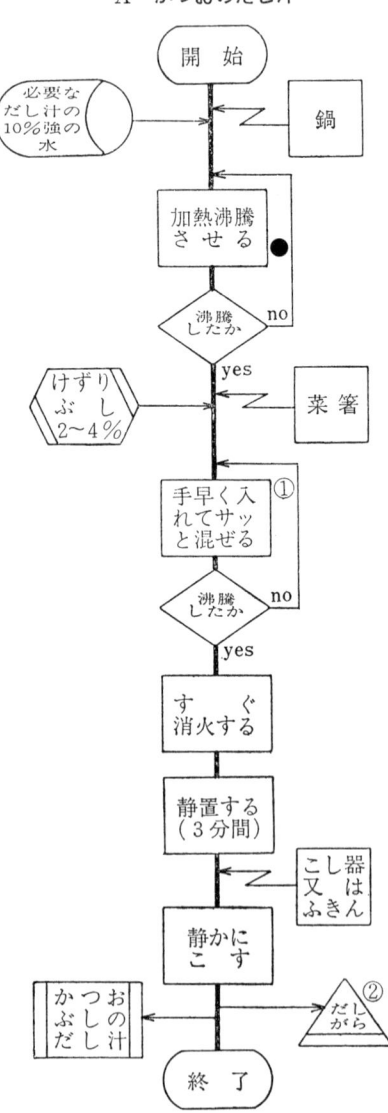

```
                    開 始
                      │
  ┌──────────┐      │      ┌──────┐
  │必要なだし汁の│──→│←──│ 鍋  │
  │10％強の水  │      │      └──────┘
  └──────────┘      │
                      ↓
                ┌──────────┐
                │加熱沸騰  │●
                │させる    │
                └──────────┘
                      │
                    ◇沸騰 ◇──no──┐
                     したか       │
                      │yes        │
                      ←───────────┘
  ┌──────────┐      │      ┌──────┐
  │けずり    │──→│←──│ 菜 箸 │
  │ぶし      │      │      └──────┘
  │2～4％    │      │
  └──────────┘      ↓
                ┌──────────┐
                │手早く入  │①
                │れてサッ  │
                │と混ぜる  │
                └──────────┘
                      │
                    ◇沸騰 ◇──no──┐
                     したか       │
                      │yes        │
                      ←───────────┘
                      ↓
                ┌──────────┐
                │す　ぐ    │
                │消火する  │
                └──────────┘
                      ↓
                ┌──────────┐
                │静置する  │
                │(3分間)   │
                └──────────┘
                      │      ┌──────┐
                      │←──│こし器 │
                      │      │又は  │
                      │      │ふきん│
                      ↓      └──────┘
                ┌──────────┐
                │静かに    │
                │こす      │
                └──────────┘
                      │
    ┌──────────┐  │   △
    │かつおぶし│←─┤   △だしがら②
    │だしの汁  │  │  △△△
    └──────────┘  │
                      ↓
                    終 了
```

かつおぶしの使用量と旨味成分（イノシン酸＋アミノ酸）の関係は，表V-2のようであり，ちょうどよいのは水の2〜4％で，旨味成分と浸出率は比例しない。抽出温度や時間にも差はなく，官能検査では1分沸騰がよく，5分煮るとかえって生臭みが出るし，汁が濁る。

表V-1　かつおぶしの浸出方法と浸出成分量(mg/100ml)

成分＼取り方	沸騰水に入れる	水中に入れただちに加熱	水浸30分後加熱
総窒素	385	418	426
アミノ態窒素	132	139	145
5′-リボヌクレオチド	72	72	77

注：かつお節使用量 2％，沸騰 1分，静置 3分
吉松藤子：家政誌，5，p.359，1954．一部加筆

表V-2　かつおぶしの使用量と浸出成分量(mg/100ml)

成分＼使用量	水の2％	水の4％	水の8％
総窒素	411	656	1110
（2％使用に対する浸出割合）	(1)	(1.6)	(2.7)
アミノ態窒素	101	169	251
（2％使用に対する浸出割合）	(1)	(1.7)	(2.5)

注：沸騰 1分，静置 3分，
吉松藤子：家政誌，8，p.25，1957．一部加筆

② 二番だし汁は，残渣に半量の水を加えて3分沸騰させ，上澄液をとる。

一番だし汁は，だし汁そのものの旨味を味わう吸い物などに，二番だし汁は，みそ汁や煮物などに用いられる。

B　こんぶのだし汁のポイント

① こんぶの呈味成分は，グルタミン酸を主成分とするアミノ酸とマンニット甘味の持つ特有の旨味である。水洗いによる呈味成分の流出を避け，ふきんで汚れをとる程度にする。加熱しすぎると炭水化物（アルギン酸）による粘りやこんぶ臭が出てくるので，1) 水だし法（水で30〜60分浸出する）か，2) 加熱法（水から入れて沸騰直前に取り出す）が用いられる。

B　こんぶのだし汁

1) 水だし法　　　　　　2) 加熱法

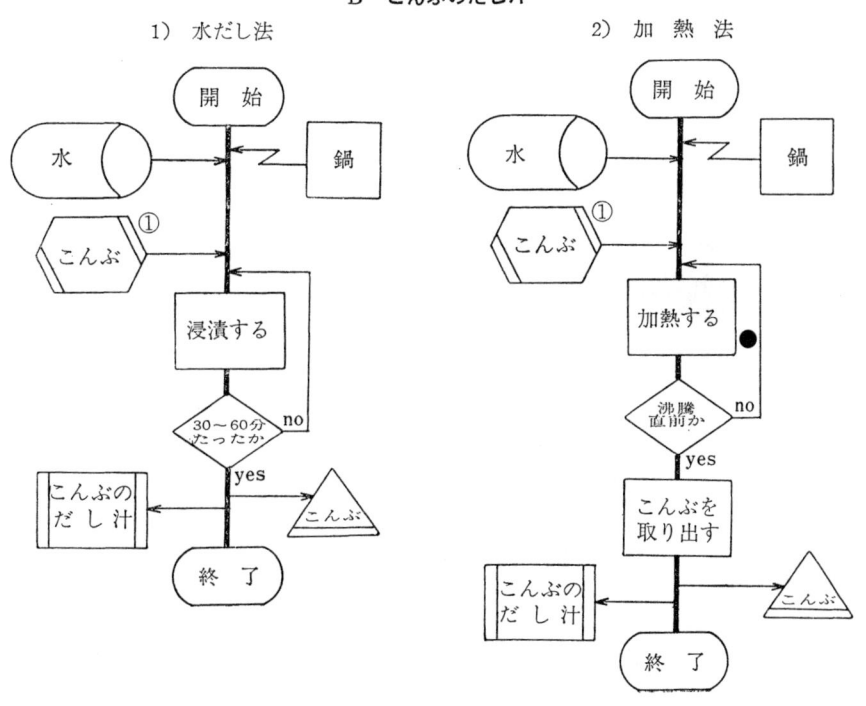

C　かつおぶしとこんぶの混合だし汁

材料	水	4.5cup
	こんぶ	1～2%
	かつおぶし	1～2%

D　煮干しのだし汁

材料	水	4.5cup
	煮干し	3%

C　かつおぶしとこんぶの混合だし汁のポイント

① 調理材料が動物性食品の時にはこんぶを多くし，植物性食品の時にはかつおぶしを多くする。

② 二番だし汁は，残渣に適量の水を加えて加熱し，沸騰したら4～5分煮て上澄液を取る。

D　煮干しのだし汁のポイント

① 煮干しは，かたくちいわしや，まいわしを塩水で煮て乾燥させたものである。青光りしたものが上等で，腹がくずれたり頭のとれているもの，黄褐色に変色したものは避ける。苦味成分を含む頭や内臓を除き，2つにさいて面積を多くすると旨味が多く出る。浸出方法を変えた実験[1]によれば下表のbの方法が味も香りもよいとされている。

注1)：伊東清枝ほか：家政学雑誌 16, p.16, 1965.

表V-3　浸出方法の相違による S.N, F.N の溶出量　　　　（だし汁100ml中のmg数）

	浸　出　方　法	S.N (mg)	F.N (mg)
a	水より入れて，98℃以上で5分間加熱	78	1.7
b	30分水浸後，98℃以上で1分間加熱	146	2.8
c	20時間水浸後，98℃以上で1分間加熱	156	1.3
d	20時間水浸	56	1.3
e	水より入れて，98℃以上で1分間加熱	61	2.1

煮干しの全窒素101.7mg/g，煮干し3g使用。S.Nは水溶性窒素，F.Nはホルモール態窒素

② かつおぶしのだし汁と同様に，蓋をしないで加熱し，不快な成分を揮発させることが大切である。みそ汁や煮物に向くが，生臭いので吸い物には不向きである。

参考　その他のだし汁の種類と利用法

表V-4　その他のだし汁の種類と利用法

材　　料	調　理　法	利　用　法
干し椎茸	10倍の水か微温湯でもどしたつけ汁	椎茸の湯煮・精進料理
豆類・野菜類	とろ火で1時間くらい煮た煮汁	精進だし汁
貝類・えび・魚・魚のあら	アクをよく取ったゆで汁・だし汁	うしお汁・すまし汁
鶏肉・鶏がら	酒を加えたゆで汁・だし汁	水炊き・煮物

V だしをとる　87

C　かつおぶしとこんぶの混合だし汁

開始 → 水、鍋 → こんぶ① → 加熱する① → 沸騰直前か（no→加熱する、yes↓）→ こんぶを取り出す → こんぶ② / 菜箸 → けずりぶし① → 手早く入れてサッと混ぜる① → 沸騰したか（no→手早く入れてサッと混ぜる、yes↓）→ 消火し静置する（3分）→ こし器又はふきん → 静かにこす → かつおぶし② → 混合だし汁 → 終了

D　煮干しのだし汁

開始 → 水、鍋 → 煮干し① → 水浸（30分）→ 30分たったか（no→水浸、yes↓）→ 中火で加熱する② → 1分たったか（no→中火で加熱する、yes↓）→ お玉 → 弱火にしてアクを取る ⊕ → アク → こし器又はふきん → 手早くこす → 煮干し / 煮干しのだし汁 → 終了

E　結びきすの吸い物

材料	かつおぶしのだし汁	3cup
	塩	（汁の0.8％）
	薄口しょうゆ	（汁の0.3％）
	きす	4尾
	うど	5cm
	木の芽	4枚

F　はまぐりのうしお汁

材料	こんぶのだし汁	3cup
	はまぐり（小）	8個
	酒	（汁の2.5～3％）
	塩	（汁の0.7～0.8％）
	みつば	4本

E　結びきすの吸い物のポイント

① きすは尾をつけたまま三枚におろし，塩をふって次頁の図V-1のように結び，皿に載せて4～5分蒸しておく。

② よりうどは，うどの皮をひとむきしてから桂むきにし，図V-2のように斜め切りにして水にはなっておく。木の芽は，手のひらを丸めた中で軽くたたいて刺激を与えると，よい香りがでる。

F　はまぐりのうしお汁のポイント

① はまぐりは，3％の塩水で砂をはかせてから用いる。はまぐりの旨味は，コハク酸である。生のはまぐりには，ビタミンB_1破壊酵素であるアノイリナーゼがあるが，加熱すれば問題ない。

② 貝の口が開いてから加熱しすぎると，身が硬くなる。旨味が多いので，煮汁がだし汁になる。

③ 片方の貝殻にも身を入れる。みつばは4cmくらいに切って入れる。

　　うしお汁（潮汁）

　魚や貝を用いたすまし汁のことであるが，本来は海水で仕立てたといわれ，塩味だけで仕立てるという意味で潮と呼ばれる。材料の持ち味を生かし，塩味に仕立てるので生臭いものは適さない。かつお節のだし汁は用いない。材料にあらかじめさっと熱湯など通しておく。

参考　1）　はまぐりの調理法

　酒蒸し・焼きはまぐり・はまぐりご飯・鍋物・つくだ煮・バター焼き・チャウダーなど。

2）　吸い物の椀種

表V-5　吸い物の椀種に適する材料

実	魚介類		鯛・ひらめ・白身の魚・すずき・さわら・きす・さより・はも・えび・いか・はまぐり・かき・貝柱
	鶏肉ほか		鶏肉・ささ身・かも・うずら
	卵		鶏卵・うずらの卵
	その他の製品		かまぼこ・はんぺん・魚そうめん・豆腐・ゆば・高野豆腐・そうめん・ふ・そば・白玉だんご・もち
つま	各　種		みつば・せり・ほうれんそう・さや豆・きゅうり・じゅんさい・まつたけ・なめこ・しめじ・青のり・わかめ
吸い口	各　種		ゆずの皮・しその実・木の芽・さんしょうの実・針しょうが・針わさび・みょうが

V　だしをとる　89

E　結びきすの吸い物

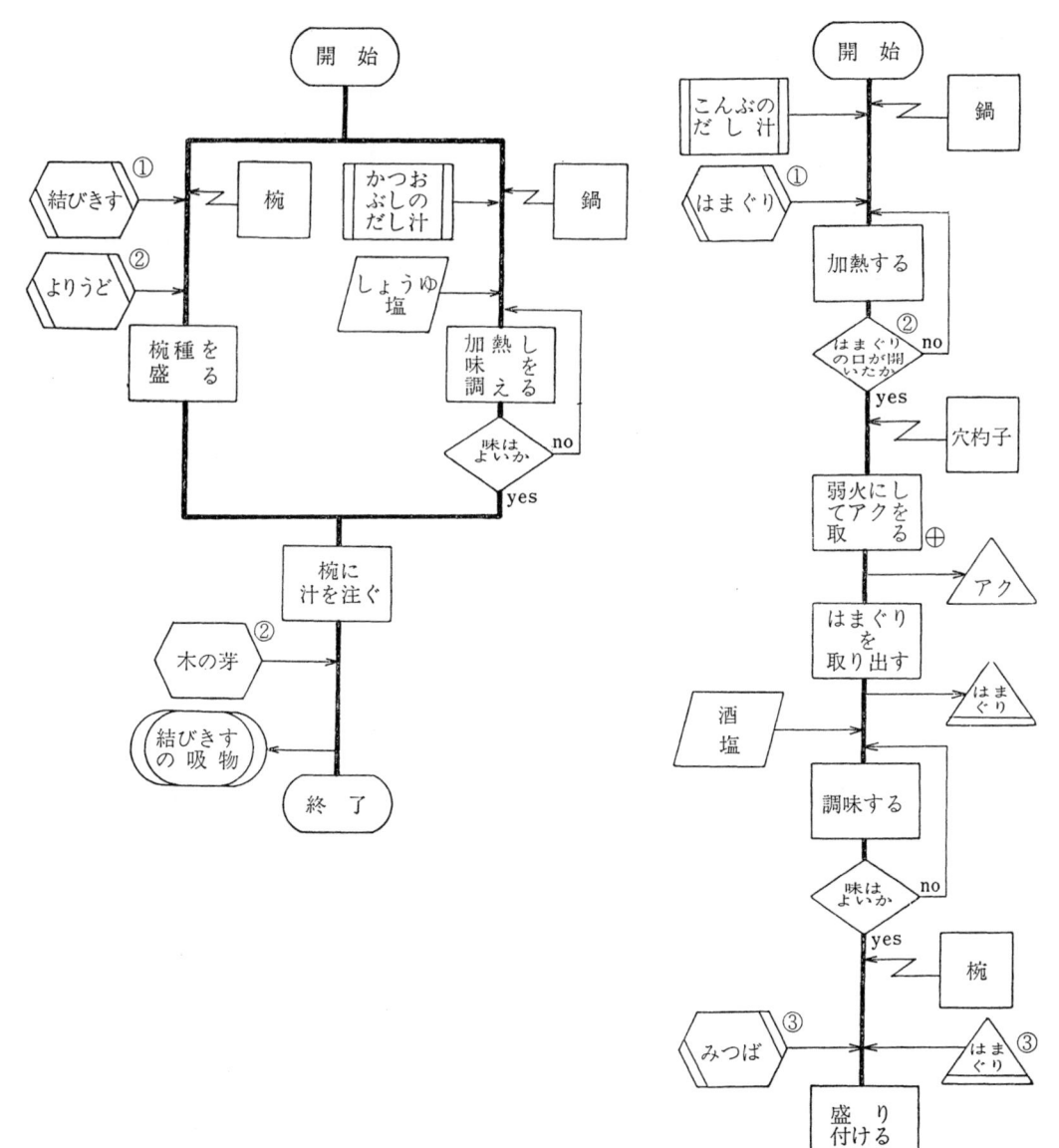

```
開始
 │
 ├─── 結びきす ①
 ├─── よりうど ②
 │    椀／かつおぶしのだし汁／鍋
 │    椀種を盛る
 │    しょうゆ・塩
 │    加熱しをとる・加味調える
 │    味はよいか
 │    no → 戻る / yes ↓
 │    椀に汁を注ぐ
 ├─── 木の芽 ②
 │    結びきすの吸物
 └─── 終了
```

F　はまぐりのうしお汁

```
開始
 │
 ├─ こんぶのだし汁 ─ 鍋
 ├─ はまぐり ①
 │    加熱する
 │    はまぐりの口が開いたか ②
 │    no → 戻る / yes ↓
 │    穴杓子
 │    弱火にしてアクを取る → アク ⊕
 │    はまぐりを取り出す → はまぐり
 │    酒・塩
 │    調味する
 │    味はよいか
 │    no → 戻る / yes ↓
 │    椀
 ├─ みつば ─ はまぐり ③
 │    盛り付ける
 │    はまぐりのうしお汁
 └─ 終了
```

図V-1　結びきすの結び方　　図V-2　よりうどの切り方

松葉おろし

桂むきにしたうど

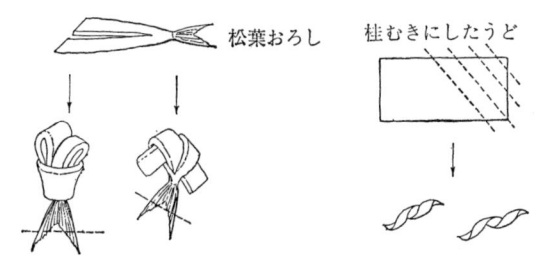

図V-3　はまぐりのうしお汁

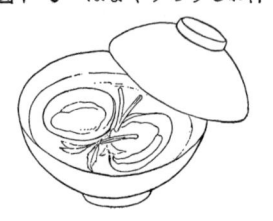

G　吉野鶏のすまし汁

材料	混合だし汁	3cup	二番だし汁	2/3cup
	鶏ささ身	80g	かい割れ菜	6g
	塩 (ささ身の0.3〜0.5%)		塩・しょうゆ (塩分0.8%)	
	酒 (ささ身の3〜5%)		針しょうが	3g
	澱粉 (ささ身の5〜9%)			
	生椎茸	4個		

H　なめこと豆腐のみそ汁

材料	煮干しのだし汁	3cup
	なめこ	40g
	絹ごし豆腐	120g
	みそ(合わせみそ)	80g
	さやえんどう	4枚

G　吉野鶏のすまし汁のポイント

① 鶏ささ身は，筋を取り，包丁の背で軽くたたいてそぎ切りにし，塩・酒をふって10分くらいおく。水気を取り，澱粉をまぶし，熱湯で澱粉が透明になるまでゆでておく。

くず澱粉（またはじゃがいも澱粉）を用いて仕立てたものを総称して吉野仕立てという。汁物では吉野汁，煮物では吉野煮，ほかに吉野揚げ，吉野酢などがある。くずの本場である奈良県吉野が名の由来である。

② 生椎茸は，二番だし汁で下煮しておく。

H　なめこと豆腐のみそ汁のポイント

① みそは白みそと赤みそを半量ずつ混ぜた合わせみそ仕立てがよい。煮すぎたり再加熱すると，みその風味が落ちる。みそ自体，よい香りや旨味を持っているので，だし汁は二番だし汁を用いてもよい。

② 生のなめこは，汚れを落とす程度に洗って用いる。缶詰めのなめこは，そのまま用いるが，粘りが嫌いな時はざるにあけて水をかける。また，熱湯をかけると缶のくさみも同時にとれる。

③ 豆腐は7mmくらいのさいの目に切る。

参考　みそ汁の椀種

表V-6　みそ汁の椀種に適する材料

実	野菜類	ほうれんそう・小松菜・春菊・せり・わらび・里いも・大根・にんじん・かぶ・ごぼう・いも類・ねぎ類・うど・なす・かぼちゃ・たまねぎ・じゅんさい・キャベツ・白菜・かい割れ菜
	乾物類	わかめ・ふ・切り干し大根
	豆類	豆腐・油揚げ・ゆば・納豆・さやいんげん・さやえんどう
	魚貝・肉類	豚肉・鶏肉・白身の魚・その他ほとんどの魚・魚の練り製品・つみ入れ
	きのこ類	椎茸・まつたけ・しめじ・なめこ
	卵	鶏卵・うずらの卵
吸い口	各種	木の芽・みょうが・のり・せり・ゆず・溶きからし・粉さんしょう・しょうが・ごま・七味とうがらし・しその葉・こしょう

V だしをとる 91

G 吉野鶏のすまし汁

開始 → 鍋
混合だし汁 →
塩・しょうゆ →
加熱し味を調える
味はよいか → no（戻る）
yes ↓
吉野鶏 ① →
椎茸 ② →
かい割れ菜・針しょうが →
→ 椀
盛り付ける
→ 吉野鶏のすまし汁
終了

H なめこと豆腐のみそ汁

開始 → 鍋
煮干しのだし汁 →
みそ ① →
温めながらみそを溶く
なめこ ② →
絹ごし豆腐 ③ →
ひと煮たちさせ、味をみる
みつば →
→ 椀
盛り付ける
→ なめこと豆腐のみそ汁
終了

表V-7 代表的な汁物と調理法

澄汁	若竹汁	たけのこ（先の軟らかいところ）と新わかめ，木の芽を添えた吸い物。
	巣ごもり卵	そうめんやはるさめ，せん切り野菜などで鳥の巣のように形作り，その中に卵・魚類・肉類などをおさめた吸い物。
	かきたま汁	うすくず仕立ての汁に溶き卵を糸のように流し入れたすまし汁。
	船場汁	塩さば・大根のいちょう切り・長ねぎ・しょうがしぼり汁，うしお仕立てである。
濁り汁	けんちん汁	つぶした豆腐・こいも・ごぼう・油揚げなどを炒めてから煮て仕上げる
	粕汁	酒粕を入れた実だくさんの汁物。塩鮭・野菜類などを煮て，だし汁で溶いた粕を入れて煮る。
	納豆汁	すりつぶしたり，細く刻んだ納豆を入れたみそ汁。
	のっぺい汁	豆腐・油揚げ・にんじん・さといも・椎茸などを具にし，澱粉で濃度をつけた汁。
	すり流し汁	鯛・ひらめ・かつおなどの魚肉をすりつぶして裏ごしし，だし汁ですりのばして，みそ仕立てにする。
	ご汁（呉汁）	すりつぶした大豆をだし汁でのばし，具を入れて煮たたせたところをみそ仕立てにする。
	さつま汁	鶏の骨付きぶつ切りや豚肉に野菜類を加え，たっぷりの水で煮てみそ仕立てにする。
	鯉こく	筒切りにした鯉を，酒を加えた水で煮たたせ，濃いみそ汁にして，長く煮込んだ汁。
	つみ入れ	魚のすり身を卵・だし汁ですりのばし，澱粉・塩・しょうゆで味つけし，だんご状に丸めたものをゆでて汁の実にする。
	とろろ汁	やまといも・ながいも・つくねいもなどをすりおろし，調味しただし汁でのばしたもの。

I かきたま汁		
材料	混合だし汁	3 cup
	（薄口）しょうゆ	6 g（塩分で0.1％）
	塩	3.6 g（塩分で0.6％）
	水溶き澱粉	（澱粉で1～1.5％）
	卵（L）	1個
	みつば	20g

J さつま汁（豚汁）			
材料	煮だし汁 3cup	ごぼう	20g
	薄切り豚肉 100g	ねぎ	20g
	だいこん 80g	みそ	60g（塩分で1～1.2％）
	にんじん 40g	しょうが	少々
	いも 80g		

I　かきたま汁のポイント

① 混合だし汁を煮立てて，調味料を入れる。薄口しょうゆを使うことで上品な汁に仕上がる。
② 味を調えたら水溶き澱粉を入れ，とろみがつくまで煮てから火を弱める。とろみがつくことで卵がきれいに分散する。
③ うすくず仕立ての汁をかき混ぜながら，溶き卵を糸のように流し入れる。
④ 長さ3cmに切ったみつばを入れたら火を止めて器に盛る。

参考　汁に澱粉を加えると，汁の温度低下を遅らせる効果がある。冷めると澱粉が老化するため，きれいに分散していた卵が沈むようになる。

J　さつま汁（豚汁）のポイント

① 鍋に好みの煮だし汁を用意する。または肉や野菜からうま味が出るため水でもよい。
② だいこん，にんじんは厚さ0.3cmいちょう切りにする。いもは厚さ1cmの一口大に切る。さといもやさつまいもなど季節や好みに合わせて加える。さといもは皮を剥き，湯がくか塩もみをしてぬめりを洗い流しておく。さつまいもは彩りとして皮付きでもよい。ごぼうはささがきにして水につけてあく抜きをする。水に少量の酢を少量入れることで色よく仕上がる（褐変防止効果）。
③ 煮だし汁（または水）にだいこん，にんじん，いも，ごぼうを入れて中火にかけ煮立たせる。ゆっくりと素材に火を通すことで野菜の煮崩れを防ぎ，いもの甘みを引き出す。
④ 次に食べやすい大きさ（2cm幅）に切った薄切り豚肉と半量のみそを入れてアクを取りながら弱火で野菜といもが軟らかくなるまで煮る。半量のみそを入れることで豚肉の臭みをあくと一緒に取り除く。
⑤ 野菜といもが軟らかくなったら，味を調えながら残りのみそを溶き入れ，小口切りにしたねぎとすり下ろしたしょうがを加えて一煮立ちしたら火を止めて器に盛る。みそと薬味の香りを損なわないように，あまり長く煮立たせないこと。

参考　さつま汁は本来，骨付き鶏肉のぶつ切りを用いた鹿児島の郷土料理である。最近は鶏肉の代わりに豚肉が用いられ，各地で豚汁として親しまれている。

V　だしをとる　93

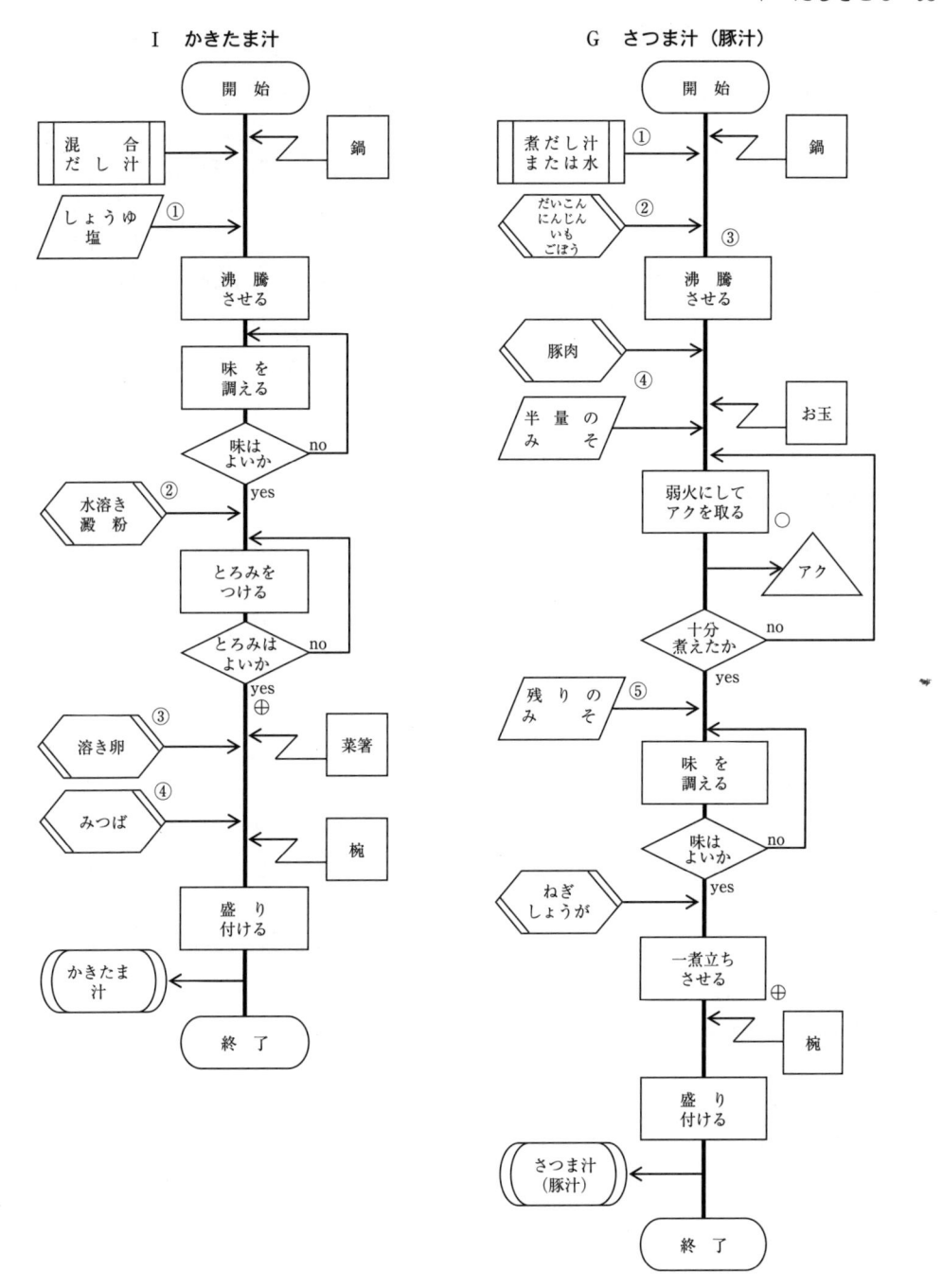

I　かきたま汁

```
         開始
          │
[混合だし汁]→│←[鍋]
[しょうゆ 塩]①→│
          │
       [沸騰させる]
          │
       [味を調える]
          │
       〈味はよいか〉—no→
          │yes          │
[水溶き澱粉]②→│          │
          │          │
       [とろみをつける]   │
          │          │
       〈とろみはよいか〉—no→
          │yes
          ⊕
[溶き卵]③→│←[菜箸]
[みつば]④→│←[椀]
          │
       [盛り付ける]
          │
       (かきたま汁)
          │
         終了
```

G　さつま汁（豚汁）

```
         開始
          │
[煮だし汁または水]①→│←[鍋]
[だいこん にんじん いも ごぼう]②→│ ③
          │
       [沸騰させる]
          │
[豚肉]→│ ④
[半量のみそ]→│←[お玉]
          │
       [弱火にしてアクを取る]○→△アク
          │
       〈十分煮えたか〉—no→
          │yes
[残りのみそ]⑤→│
          │
       [味を調える]
          │
       〈味はよいか〉—no→
[ねぎ しょうが]→│yes
          │
       [一煮立ちさせる]
          ⊕←[椀]
          │
       [盛り付ける]
          │
       (さつま汁（豚汁）)
          │
         終了
```

K 湯豆腐

材料		
	豆腐	3丁
	こんぶ	15cm角
	水	たっぷりの水
	つけじょうゆ しょうゆ	2/3 cup
	みりん	1/3 cup
	混合だし汁	1/3 cup
	薬味 しょうが	15g
	青ねぎ（細）	2本

L 寄せ鍋

材料		煮汁	
ほうぼう	1〜2尾	昆布だし汁	3cup
いか	1ぱい	塩	5g
大正えび	8尾	しょうゆ	15ml
しらたき	1個	酒	45ml
えのきたけ	1束	砂糖	8g
ぎんなん	12個	又はみりん	15ml
しゅんぎく	1束		
ゆずの皮	1/2個分		

K 湯豆腐のポイント

① こんぶは，硬く絞ったふきんで両面をふき，切りはなさないよう横に切れ目を入れ，鍋に敷く。こんぶを敷くと，熱の当たりが軟らかくなるので，豆腐にスがたちにくくなる。

② 豆腐は水につけておき，鍋に入れる前にやっこ（大きなさいの目切り）に切る。水を切っておくとまずくなる。煮すぎるとスがたって味が変わるので注意する。[1]

注1）：鈴木智恵子ほか：調理科学, 5, 1, p.45, 1972.

L 寄せ鍋のポイント

① 汁物よりやや濃い目の味をつける。煮汁が少なくなったら適宜加える。二番だし汁でよい。

② ほうぼうは，内臓を取り出し，筒切りにしておく。ほうぼうに限らず，白身の魚ならなんでも応用できる。

③ いかはかのこ切り，えびは背わたを取り，尾の一節を残し殻をむいておく。魚介類ではこのほかに赤貝・たいら貝などを加えてもよい。

④ 材料を入れて煮えたら順に食べてゆく。煮すぎると色や味が悪くなるので注意する。

参 考

1） 寄せ鍋の材料と薬味

　動物性食品類　　合鴨・鶏肉・焼きかまぼこ・しんじょ

　野菜類　　たけのこ・生椎茸・まつたけ・はくさい・ねぎ・にんじん・
　　　　　　ゆり根・みつば

　その他　　ふ・ゆば

　薬　味　　ゆずのしぼり汁・木の芽・七味とうがらし

K 湯豆腐

[フローチャート]
開始 → 土鍋
① こんぶ →
たっぷりの水 →
加熱する ●
煮たったか no → (ループ)
yes → 小鉢
② 豆腐 →
つけじょうゆ →
薬味 →
豆腐をすくって供する
→ 湯豆腐
終了

L 寄せ鍋

1) 煮汁をつくる

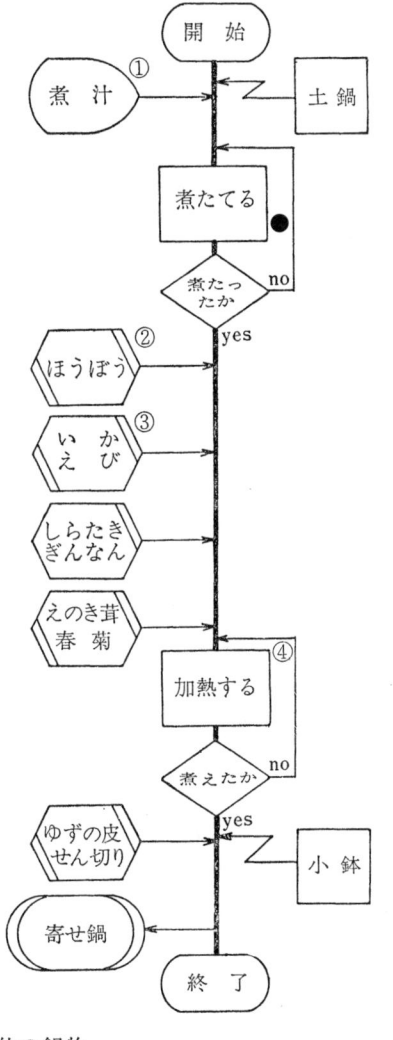

開始 → 鍋
こんぶのだし汁 →
調味料 →
加熱し調味する
味はよいか no → (ループ)
yes → ① 煮汁
終了

2) 鍋に仕立てる

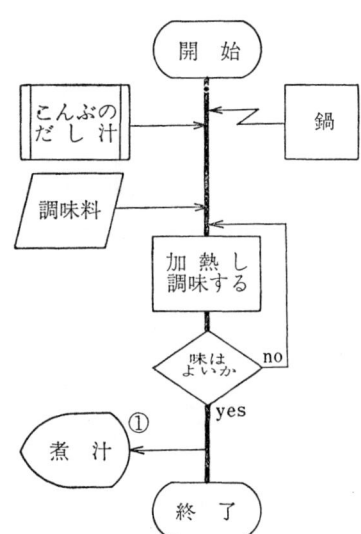

開始 → 土鍋
① 煮汁 →
煮たてる ●
煮たったか no → (ループ)
yes →
② ほうぼう →
③ いか えび →
しらたき ぎんなん →
えのき茸 春菊 →
④ 加熱する
煮えたか no → (ループ)
yes → 小鉢
ゆずの皮せん切り →
→ 寄せ鍋
終了

2) その他の鍋物

ちり鍋　味の出る白身魚（たら・鯛・こち・あんこう・ふぐなど）に野菜・豆腐をさっと湯煮して，ぽん酢しょうゆで食べる。

水炊き　骨付き鶏のぶつ切りをとろ火で煮て，野菜・豆腐などを加え，おろしじょうゆなどで食べる。

白菜鍋　白菜を主体とし，肉類・野菜類を加え，汁物よりやや濃い目の煮汁で煮て食べる。

かき鍋　かきの持ち味を，みそだしで野菜とともに煮ながら食べる。（かきの土手鍋）

さくら鍋　馬肉をねぎ・しらたき・焼き豆腐とともに，みそ仕立てにして食べる。

M おでん

材料			
大根	500g	二番だし汁	8cup
じゃがいも	200g	塩	(汁の1%)
こんにゃく	200g	しょうゆ	(汁の5〜7%)
ちくわ	120g	砂糖	(汁の2〜3%)
さつま揚げ 魚肉だんごなど	}200g	みりん	(汁の2〜3%)
焼き豆腐	200g	練りからし	少々
卵	4個		

N すき焼き

材料	
牛肉	400〜600g
牛の脂身	少々
ねぎ	4本
焼き豆腐	1丁
しらたき	1個
しゅんぎく	1束
生椎茸	4個
卵	4個
調味料	(参考を見よ)

M おでんのポイント

① 大根は輪切りにして面を取り，ゆでておく。じゃがいもは皮付きのまま固ゆでにして，熱いうちに皮をむいておく。

② こんにゃくは三角形に切り，ちくわは斜め切りにし，さつま揚げは熱湯をかけ油抜きをする。

③ 焼き豆腐は角切りにし，卵は固ゆでにし，皮をむいておく。煮ている途中で入れ，卵は温まる程度でよい。

④ 味がしみついたほうがおいしいものから入れて煮込む。強火で短時間で煮ると，たねがくずれて汁が濁るので，弱火で気長に煮る。

N すき焼きのポイント

① 牛肉の味を楽しむもので，近江牛・松阪牛などのロースの霜ふり肉が最上である。火通りがよいように薄切りにしておくが，煮すぎると硬くなる。60〜65℃で変色するころが軟らかい。

M おでん

[フローチャート: 開始 → 大根・じゃがいも① → こんにゃく・ちくわ② → さつま揚げ・魚肉だんごなど② → 二番だし汁(かぶるぐらい) → 調味料 → 煮る → アク → 煮たったか (no→戻る, yes→) → 焼き豆腐・卵③ → 弱火で煮る④ → 味はよくしみたか (no→戻る, yes→) → 練りからし → 取り皿 → おでん → 終了]

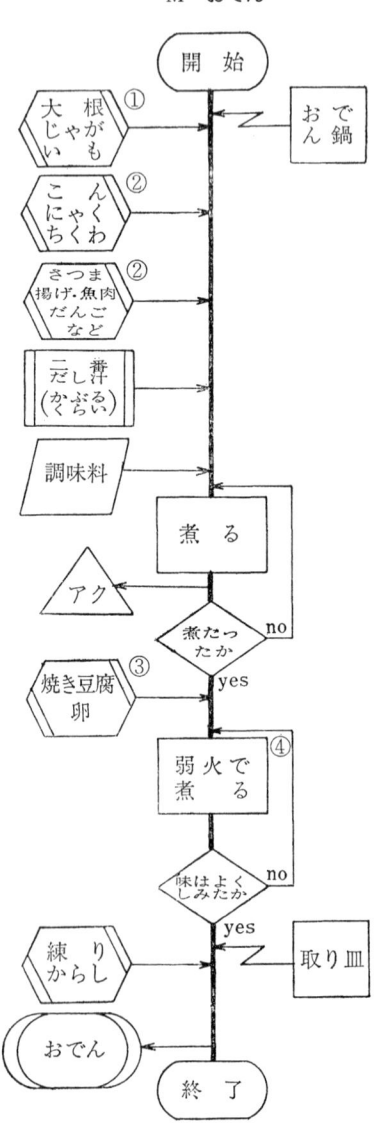

N　すき焼き

1) 関西風

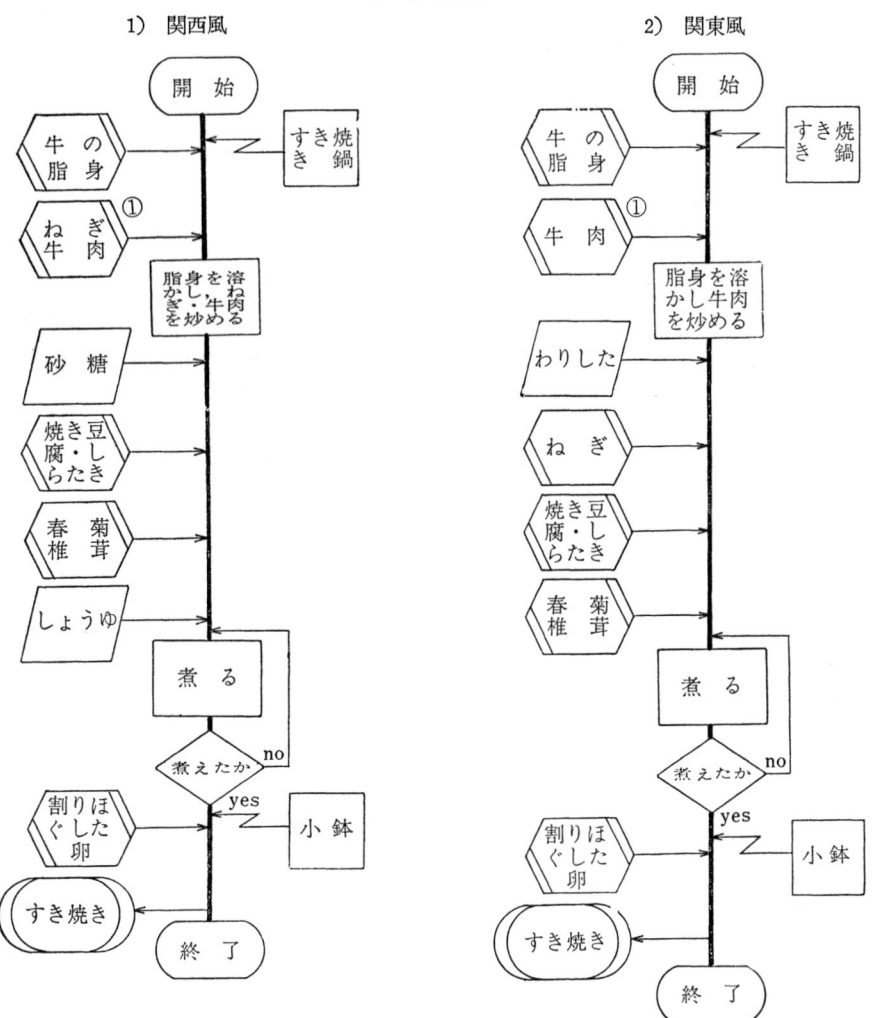

開始 ← すき焼き鍋
牛の脂身 →
ねぎ・牛肉 → ① 脂身を溶かし, 牛肉・ねぎを炒める
砂糖 →
焼き豆腐・しらたき →
春菊・椎茸 →
しょうゆ →
煮る
煮えたか？ no → 煮るへ戻る
yes ↓
割りほぐした卵 → ← 小鉢
すき焼き
終了

2) 関東風

開始 ← すき焼き鍋
牛の脂身 →
牛肉 → ① 脂身を溶かし牛肉を炒める
わりした →
ねぎ →
焼き豆腐・しらたき →
春菊・椎茸 →
煮る
煮えたか？ no → 煮るへ戻る
yes ↓
割りほぐした卵 → ← 小鉢
すき焼き
終了

参考

おでんに向く材料

野菜類　さといも・やつがしら・にんじん・ごぼう

練製品　はんぺん・かまぼこ

包み物　きゃべつ巻き・ふくろ（油揚げに, にんじん・大根・椎茸・しらたき・たけのこ・豚肉などを詰めたもの）

すき焼きの調味の仕方

関西風　肉・ねぎを炒めて, 砂糖（材料の5％）を入れ, 他の材料を加えてしょうゆ（材料の10％）をまわし入れて煮る。

関東風　肉を炒めた後, わり下（しょうゆ10％, みりん7％, 砂糖2％, だし汁3％）を, ひと煮たちさせたものを適宜加えて調味する。

Ⅵ 煮 る

1. 煮方の基本

1・1 煮るとは

食品を調味液（煮汁）の中に入れ100°C（常圧）[1]で加熱し，調味液の成分を食品中に浸透させる調理法である。熱の伝達形式はゆで方に準ずる。食品を覆うだけの量がないときの食品は，沸騰した煮汁により味が浸透し蒸気熱と相まって加熱される。*

＊煮方の種類によって，煮汁は食品を覆う量にする場合と，少なくする場合とがある。

1) **目　的**　煮る目的は，食品を加熱によって食べられる状態にすることと併せて，調味液の味を食品につけ，新たな味わいの食物にすることである。この際用いる調味料は，通常の煮方においては媒体の水分に溶解したあと食品に浸透してゆく。

2) **用途と名称**　煮た食品は，一般に煮物または○○煮というが，時には別々に煮た材料を一つの器（鉢）に色よく盛って「炊き合わせ」(p.106参照)にすることがある。会席料理における煮物の位置には，炊き合わせを用いることが多い。煮物はこのように仕上がった料理にする場合と，炊き合わせやあえ物に用いる下準備操作として調理される場合とがある。(煮物名は表Ⅵ-6参照)

1・2 煮方の実際

1) **加熱容器**[2]　煮上がった煮物は，そう菜向きは別にして形の良さが要求されるので，加熱中の過度な沸騰や，材料の上下積み重ねによる形くずれのないように，底面積が広く，角に丸みを持った鍋で，一般に浅型が適当である。材料の入れ方も一層（重ねても二層くらいまで）にするのがよい。更に補助道具として敷きざるや，竹の皮，経木などを利用すると，煮物の取り出しが容易となり，くずれ防止となる。材質などはゆで方（Ⅳの1・2・1)）に準ずる。

2) **媒　体**　表Ⅵ-1の調味液＝煮汁のことである。

注1)2)：家庭用圧力鍋は約2気圧（15ポンド）で120°Cぐらいまで温度が上昇するものが市販され，利用されている。形を保つ煮物向きではないが，豆類を軟らかくしたり，肉類の煮込み用に適している。

(1) 媒体の種類

表Ⅵ-1 煮汁に用いる調味料と材料

味の種類	調味（媒体）の種類と材料
旨　味	だし汁（旨味の種類は，Ⅴだしをとるの1・4参照）（かつおぶし・こんぶ・煮干し・その他の魚介類等）
甘　味	砂糖（しょ糖）・水あめ（ブドウ糖・デキストリン）・蜂蜜（果糖・ブドウ糖）・みりん（麦芽糖・ブドウ糖）
塩　味	食塩・しょうゆ（食塩＋アミノ酸類の旨味[1]＋香気成分[2]）・みそ（食塩＋アミノ酸[3]＋香気成分[4]）
酸　味	食酢（酢酸4～5％，米酢は乳酸を含む）・果実酢（りんご酸・クエン酸・酒石酸）・柑橘類の直接利用
辛　味	とうがらし・しょうが・ねぎ類・さんしょう（実・葉）
苦　味	材料の苦味汁を取り分けずに煮汁として利用。ふき・山菜類・酒（使用量多い時）
その他	酒（旨味としてのコハク酸利用のほかに，生臭みの緩和に利用する）

注1) 藤原耕三：調味料・嗜好品，新調理科学講座6，p.81，朝倉書店，1972.
　2) 同 p.85, 86,　　3) 海老根英雄：調味料・嗜好品，p.50, 51，朝倉書店，1972.　　4) 同 p.52, 53.

(2) 調味料の量とその特徴

表Ⅵ-2 主たる調味材料と使用特徴

調味料	特徴と使用法（煮物に調味料を加える順序は p.106 参照）
だし汁	動物性食品には植物性の旨味の付与となり，その逆も味の相乗効果を示す。 また水分と同じ働きをし，次の項の調味料の濃度調節としての役目を持つ。 通常のだし濃度で用いるが，煮物の旨味を強める時は「追いがつお」と称して，煮ている時に布袋にかつおぶしを入れた物を同時に加熱して，だし濃度を高めることがある。
砂　糖	甘味の特性として温度に影響されにくい性質を持つので，加熱調理で甘味度に変化がない。 3％以下の浸透濃度は，材料の味を調整し，いわゆる持ち味を生かす働きをする。 5％はほのかな甘味となり，7％は甘さが明らかとなり，10％は甘さが強く打ち出される。 特殊な砂糖煮は50％以上にすることがある。 浸透速度は分子量の大きさから食塩より遅いので，浸透を均一にする時は食塩より先に使用する。
食　塩	他の物質に置き換えられない味を持つ。 煮物における塩分として，ご飯の副食としては1.5～2.0％（薄味傾向では1.3～1.8％），残り汁利用があれば更に低濃度となる。他の調味料との組み合わせによっても異なり，特殊なつくだ煮等では3～10％にも及ぶ。 分子量が小さく食品への浸透は砂糖より速いので，併用に際しては順序を考慮する*
しょうゆ	食塩濃度は濃口約15％，薄口約16.3％である。1gの食塩と同じ塩分は，比重1.2％の時，濃口しょうゆ5g強（4.2ml強）の使用で得られる。しかし塩分のほかに香り（メチノール，ショウユオール，ショウユアルデヒドなど）と旨味（グルタミン酸など）と赤褐色の濃い色を持つので，長時間加熱は避ける方がよい。**仕上げに用いると効果的である。
	食塩濃度は甘みそ系で6～7％，辛みそ系で12～15％，豆みそ系で10％くらいであるから，1gの食

み そ	塩と同じ塩分はその7〜15倍くらいのみそ量で得られる。その他に原料から生じた旨味（アミノ酸類）[1]や有機酸（乳酸・コハク酸）が付与される。緑色が低下する。また魚貝のトリミチルアミンの生成を抑制する働きがある。[2]

注：食酢・酸については表Ⅳ-4，③（p.68）を参照。＊p.106参照
　＊＊他に食品を硬くする作用がある。表Ⅵ-5参照
1) 山崎清子：家政誌, 4, p.280, 1954.　2) 伊東清枝：家政誌, 18, p.17. 1967.

(3) 調味液の量と調味料の割合

表Ⅵ-3　食品に対する調味液の配合
（煮汁の量，調味料は材料の重量に対する％）

食　品	食品の水分	だし汁または水の量	調味料			
			塩	しょうゆ	砂糖	その他
魚　類	70〜80%	20%		8〜12%	0〜3%	酒 5%
葉菜類	92〜97	0〜10	1%	3	0〜3	
い　も類	70〜80	30〜50	a 0 b 1.5 c 1	8 0 3	0〜5	
根菜類	79〜96	30〜50	a 1.5 b 0 c 1.5	0 8	5〜10 5〜10	酢 10
肉類 {軟/硬}	65〜74	0〜20 30〜50	1.5	8〜12	0〜5	酒 5
豆　類	13〜16	あらかじめ浸漬後 200	0.8	(5)	30〜35	

山崎清子ほか：調理と理論, p.10, 同文書院, 1983.

図Ⅵ-1　しょうゆ，水および食塩水で加熱処理した食品の硬さ

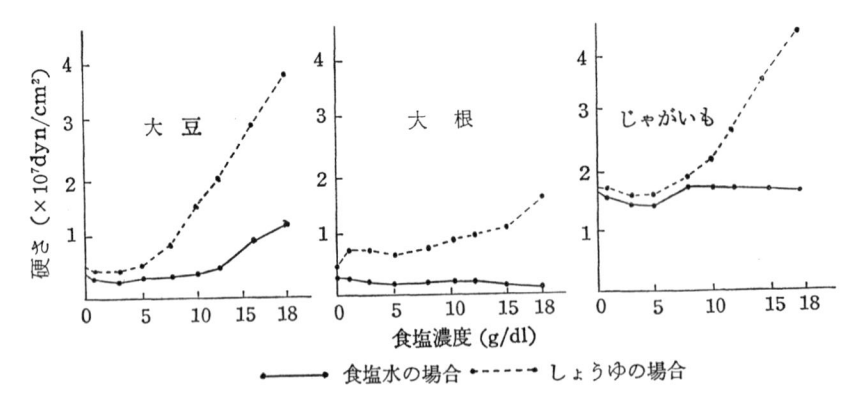

硬さ（×10⁷dyn/cm²）　食塩濃度（g/dl）
大豆　大根　じゃがいも
——— 食塩水の場合　------ しょうゆの場合

中谷圭子ほか：家政誌, 25, p.3, 1974.

3) **煮方の種類と煮物** 煮ることにより食品は変化する。すなわち，①水溶性の水分は溶出し，②煮汁中の調味料は時間の経過に従い浸透し，③煮汁は加熱中蒸発する。

水分の多い葉菜類や魚介類は，食品中の水分が煮汁中に出やすいし，煮えやすいので，煮汁は少なくてよい。

水分の少ない乾物類は，浸漬，吸水後であっても加熱中更に吸水するので煮汁を多くする必要がある。また，味の均一化や，火加減，蒸発等を考慮し，加熱中に裏返したり，落とし蓋・紙蓋[1]を利用[2]するとよい。また，調味の時期によっても，食品の出来上がりの硬さに差を生じる。(表Ⅵ-5参照)

注1)2) 松元文子ほか：家政誌, 12, p.391, 1961.

参考　　表Ⅵ-4　煮汁の食塩濃度の変化（煮汁量は材料の1/3）

経過時間 (min)	蒸発量 (cc)	残汁量 (cc)	食塩濃度 (%)
10	30	100	3.3
15	50	80	3.7
20	85	45	5.5

最初の食塩濃度は3%
松元文子ほか：家政誌 12, p.392, 1961.

図Ⅵ-2　煮汁量の違いによる食塩吸収量

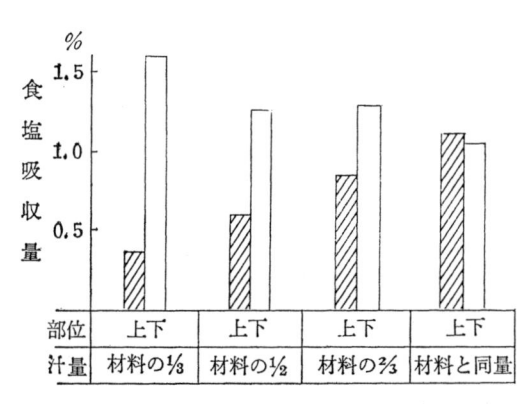

図Ⅵ-3　材料裏返しの効果（煮汁量 1/3）

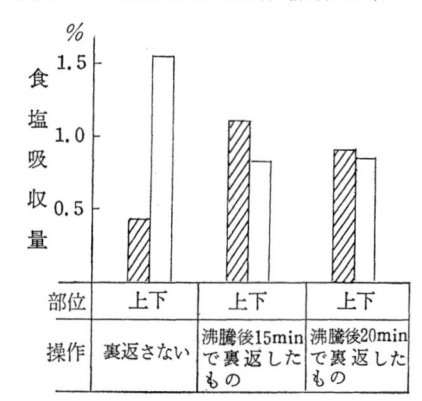

松元文子ほか：家政誌, 12, p.392, 1961.

表Ⅵ-5　調味時期とじゃがいもの硬さ

調味料	硬さ* (R.U.) 最初から調味	湯煮後調味
食　塩	17.3	15.7
砂　糖	15.7	13.2
酢　酸	20.5	16.7
しょうゆ	17.8	15.4

＊硬さはレオロメーターで測定
渋谷歌子ほか：家政誌, 25, p.589, 1974.

表Ⅵ-6 煮方, 煮物の種類と方法

煮　方	煮　物	適応食品	調　理　法
煮汁を少なくして煮つめる	煮しめ	根菜類	味を充分しみこませ, 煮汁が残らないように煮る
	煮つけ	魚（一尾づけ・切身）	煮しめより短時間で煮るので, 煮汁の量を少なくして煮る
	うま煮	野菜・魚・貝・とり肉	甘味をきかせて煮つける
	照り煮	いか・ごまめ	砂糖・みりん・しょうゆ等の煮汁を最初にからめて光沢を出す
煮汁を多くして煮る	含め煮	いも・くり・豆類	食品がひたるくらいの煮汁の中で加熱したあと, 余熱と調味料の拡散を利用して味を浸透させる。煮くずれしやすい食品を加熱後に味の浸透を図るもの
	煮こみ（おでん）	野菜・骨付き肉・練物	比較的大切りにしてたっぷりの煮だし汁で加熱し, 調味料を加えた煮汁中でゆっくり煮込む
調味料の違いによる	みそ煮	青皮魚・脂肪の多い魚・肉	みそを主な調味料として, この中で煮る
	酢煮	れんこん・うど・ごぼう	酢を主な調味料として塩・砂糖を加えて白く煮あげる
	飴煮	ふな・鯉・もろこ	水飴を入れて煮る。砂糖やみりんより身がしまらないで煮える
	甘露煮	くり・ふな・はぜ・鮎	甘味を強くして弱火でゆっくり煮込んだもの。魚の場合は干物をもどして, しょうゆも加えて充分味をしみ込ませる
	佃煮	小魚・貝類・海草	主としてしょうゆをきかせて煮しめるが, 照りを出すために砂糖や水飴も用いる。仕上がりは水分を少なくし保存をきかせる
煮る前に揚げたり炒めたりする	炒め煮（炒りどり）	根菜類・とり肉	材料をあらかじめ油で炒めてから, だし・砂糖・しょうゆ等で短時間煮つける
	揚げ煮	豆腐・魚・なす	油で揚げた後, 煮汁で煮込む
	煮浸し	川魚・（葉菜類）	素焼きした物を煮汁でゆっくり煮て汁を充分含ませる（ゆでた物を煮汁の中でさっと煮て汁ごと用いる時にも煮浸しという）
食品の色を生かす	白煮	ゆり根・れんこん・うど・いか	食品の色を生かすため, 色のついた調味料を使わず, 白い材料を白く仕上げる
	青煮	ふき・さやえんどう	緑色を美しく仕上げるために, 一度煮たったら汁と食品を別々に冷まし, 冷めたら再び煮汁につけて味を含ませる
	べっこう煮	さつまいも	さつまいもをくちなしや焼きみょうばんなどで色素を固定し, 塩・みりん・砂糖で美しい黄色のつやのあるものにする
煮汁に粘度をつけ材料にかける	くず煮（吉野煮）	あわび・えび・とり肉・はも	材料にくず澱粉（またはかたくり粉でもよい）をまぶして煮汁で煮る。または煮汁にくずで粘度をつけて仕上げる（しょうゆで色をつけず透明に仕上げる）
	そぼろあんかけ	かぼちゃ・いも類・豆腐	煮上がった食品をとり分け, 煮汁で鶏（または他の）ひき肉を煮た上で澱粉で粘度をつけ, 煮上がった食品の上からかける
	○○の□□みそかけ	○○＝大根・かぶ・冬瓜・こんにゃく・豆腐	食品はだしで煮たり薄味で煮ておき, 別にみそを土台にした練りみそ（ごま・ゆず・さんしょうなど＝□□）をかける
	おろし煮	魚（甘鯛・さば・いわし・あじ）	煮つけと同じように煮て, 仕上がりぎわにおろし大根を加えてさっとひと煮たちさせる。魚のくせが消える

杉田浩一ほか編：調理科学ハンドブック, p.146, 147, 学建書院, 1981, に一部著者加筆

1・3 煮方の基本的フローチャート

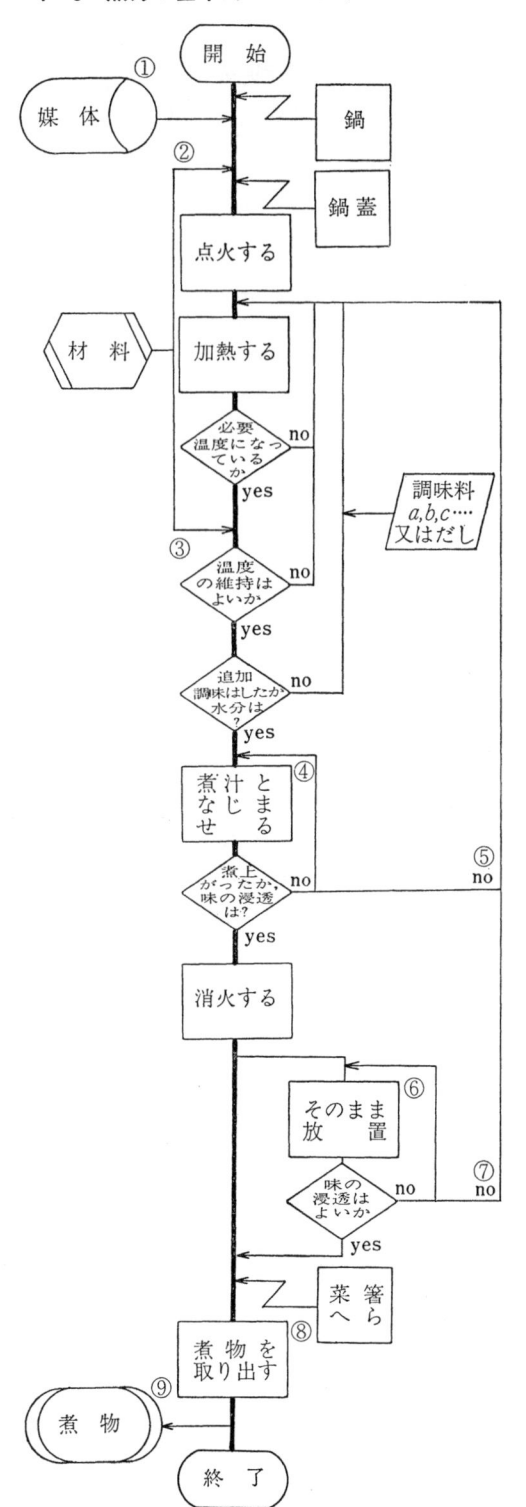

① 煮だし汁。一部または全部の調味料の入ったもの、時には水のこともある。
② 常温から加熱する場合。
③ 高温の煮汁へ材料を入れて加熱する場合。
④ 煮汁の量や材料の形から裏返したり、煮汁を上からかけたり、鍋を動かすこと。
⑤ 加熱不足により材料が硬いような場合。
⑥ 余熱による味の浸透を図る。
⑦ 含め煮のように再加熱を必要とする時。
⑧ 煮汁を煮物と同時に取り出すこともある。
⑨ 通常の煮物はこのあと盛り付けて仕上がる。一部あえ物などの下ごしらえとしての利用もある。

2. 煮物

A 高野豆腐の含め煮

材料	高野豆腐	2個（40g）
	温湯	
	混合だし汁	300ml
	砂糖（汁の5％）	15g
	薄口しょうゆ（汁の2％）	6ml
	塩（汁の1％）	3g
	酒（汁の5％）	15ml

B 亀甲椎茸

材料	もどした椎茸	4枚
	もどし汁	もどした椎茸と同量
	砂糖	（汁の7％）
	みりん	（汁の5％）
	しょうゆ	（汁の7％）

図Ⅵ-4　亀甲椎茸の切り方

C 梅花にんじん

材料	ねじり梅に切ったにんじん	4個
	混合だし汁	かぶるくらい
	砂糖	汁の5％
	塩	汁の1.5～2％

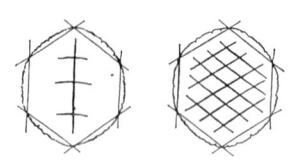

図Ⅵ-5　梅花にんじんの切り方

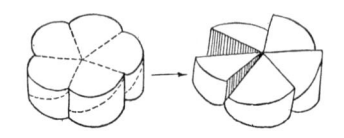

A 高野豆腐の含め煮のポイント

① 高野豆腐（凍り豆腐）は，豆腐を－10～－15℃で冷凍した後，－1～－5℃で20日間くらい熟成し，脱水，乾燥させたものである。もどしを容易にするために，アンモニアガスで膨化加工したものもある。たっぷりの温湯（加工したものは，水だけでももどる）につけて十分吸水させる。吸水量は重量の4～4.5倍である。

② 淡白な味なので，よいだし汁とよい調味の仕方がポイントとなる。薄口しょうゆを用いて色を薄く仕上げる。

③ 煮汁の中にしばらく浸しておくと，中まで味がしみる。また，だし汁に追いがつおをして，旨味をきかせることもある。

B 亀甲椎茸のポイント

① 椎茸は，水で軟らかくもどして石づきをとり，図Ⅵ-4のように形を整える。

②,③ 砂糖は分子量が大きいので，先に入れて浸透させる。煮汁が少々残る程度に鍋をゆり動かしながら，焦げないように注意して煮る。

C 梅花にんじんのポイント

① ねじり梅は，にんじんを図Ⅵ-5のように梅の花に切り，調味液でゆで煮にする。煮上がったら，そのまま放置して味を含ませる。

VI 煮 る 105

A 高野豆腐の含め煮
1) もどす

- 開始
- たっぷりの温湯
- ボール・落とし蓋
- 高野豆腐 ①
- 温湯につける
- 十分吸水したか → no（戻る）
- yes
- 軽く水気をしぼる
- もどした高野豆腐
- 終了

2) 含め煮

- 開始
- 鍋
- 混合だし汁
- 砂糖・しょうゆ・塩・酒 ②
- 加熱し煮たてる
- 煮たったか → no（戻る）
- yes
- もどして包丁した高野豆腐
- 落とし蓋
- 中火で煮る（5〜6分）
- 消火して放置 ③
- 高野豆腐の含め煮
- 終了

B 亀甲椎茸

- 開始
- 鍋
- もどし汁
- もどして切り整えた椎茸 ①
- 煮る（4〜5分）
- 砂糖 ②
- 煮る（2〜3分）
- みりん・しょうゆ
- 煮る（2〜3分）③
- 煮えたか → no（戻る）
- yes
- 亀甲椎茸
- 終了

C 梅花にんじん

- 開始
- 鍋
- 混合だし汁
- 砂糖・塩
- 加熱して煮たてる
- 一煮たちしたか → no（戻る）
- yes
- ねじり梅（厚さ1cm）①
- 煮る（7〜8分）
- 煮えたか → no（戻る）
- yes
- 消火して放置
- 梅花にんじん
- 終了

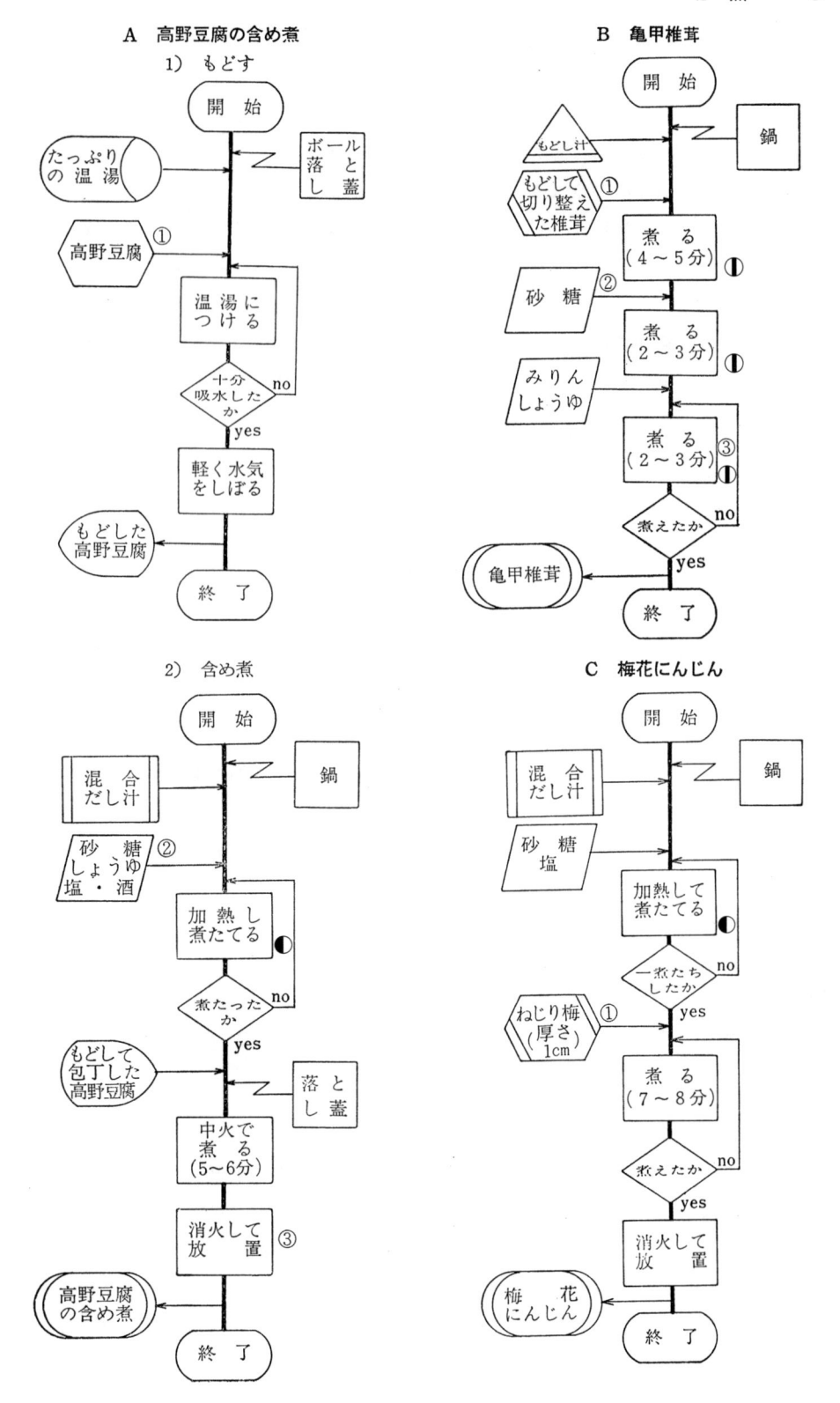

D　さやいんげんの青煮

材料	さやいんげん	40 g
	混合だし汁	100 ml
	砂糖（汁の5％）	5 g
	塩　（汁の1％）	1 g
	みりん（汁の2％）	2 ml
	薄口しょうゆ	少々

E　れんこんの白煮

材料	れんこん	100 g
	酢水	（かぶるくらい）
	水	
	砂糖	（ゆでたれんこんの15％）
	塩	（ゆでたれんこんの2％）
	酢	（ゆでたれんこんの2％）

D　さやいんげんの青煮のポイント

① さやいんげんをゆでる時間は，太さにより加減し，ゆですぎないこと。

② 煮汁につけたまま冷ますと，いんげんの色が悪くなる。これは酸性の調味液の中で長時間加熱されると，クロロフィルがフェオフィチンに変化するためである。ふきの青煮も同様であり，冷ました煮汁につけると，色・形・歯ざわりを保ったまま味が中まで浸透する。

```
 ┌─────────┐ ←加熱・酸── ┌─────────┐ ──アルカリ→ ┌─────────┐
 │フェオフィチン│            │クロロフィル│            │クロロフィリン│
 └─────────┘              └─────────┘              └─────────┘
    褐色                      緑色                     鮮緑色
```

E　れんこんの白煮のポイント

① れんこんやうどなどに含まれるポリフェノール系物質は，皮をむいたり傷をつけたりすると，共存するポリフェノール・オキシダーゼにより酸化されて褐変する。褐変を防止するには，「水につけて酵素を溶かす」「食塩水につける」「酸性の液につける」「短時間加熱する」など，空気を遮断したり，酵素を失活させる方法がある。さらに，野菜などに多く含まれるフラボノイド系色素は，酸性で無色，アルカリ性では褐色になるので，酢を用いると白く仕上げることができる。また，れんこんを酸で煮ると歯切れがよくなるのは，酸性下でペクチン質が安定してその分解が起こらないからである。

炊き合わせ　異なった材料を別々にそれぞれの持ち味を生かした煮方をして，一つの器に盛り合わせたもの。上のA～Eの材料を別々に煮て盛り合わせるなど，その一例である。

参考　煮物に調味料を加える順序

よく「サ行」の順序で加えるとよいといわれる。サは酒，砂糖，シは塩，スは酢，セはしょうゆ，ソはみそ（ソはグルタミン酸ナトリウム〔ソーダ〕とする人もある）。調味料が食品にしみ込む速度は，調味料の分子量の大小・解離性などによって異なる。同重量パーセント溶液の場合は分子量の小さいものほど浸透が速く，また同一分子量の場合は非解離性のものが解離性のものより浸透が速いといわれている。砂糖は分子量が大きいので先に入れて味を含ませ，塩は分子量が小さいので後から加えてもよい。酢は加熱により揮発するので後から入れる。しょうゆは風味を生かすために2～3回に分けて必要量の半分を途中で加え，出来上がる直前に後の半分を加えるのがよい。

D さやいんげんの青煮

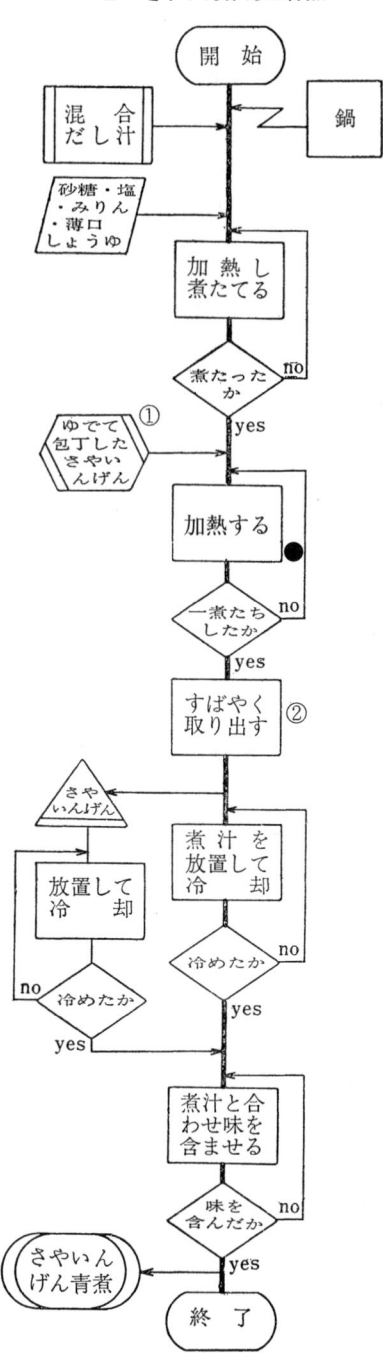

```
開始 ── 鍋
混合だし汁 →
砂糖・塩・みりん・薄口しょうゆ →
  ↓
加熱し煮たてる
  ↓
〈煮たったか〉── no ↺
  ↓ yes
ゆでて包丁したさやいんげん ① →
  ↓
加熱する ●
  ↓
〈一煮たちしたか〉── no ↺
  ↓ yes
すばやく取り出す ②
  ↓
    さやいんげん △
  ↓
煮汁を放置して冷却
  ↓
〈冷めたか〉── no →放置して冷却→〈冷めたか〉no↺/yes
  ↓ yes
煮汁と合わせ味を含ませる
  ↓
〈味を含んだか〉── no ↺
  ↓ yes
さやいんげん青煮
  ↓
終了
```

E れんこんの白煮

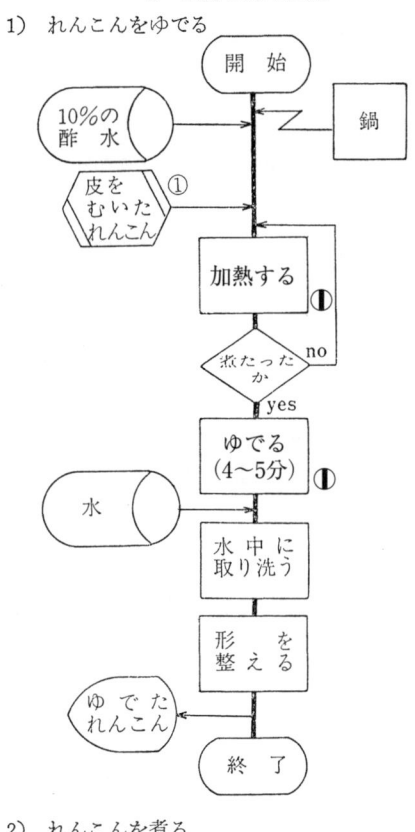

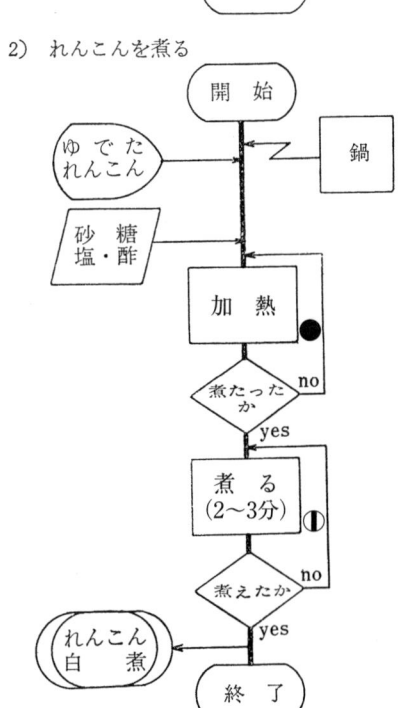

1) れんこんをゆでる

```
開始 ── 鍋
10%の酢水 →
皮をむいたれんこん ① →
  ↓
加熱する ◐
  ↓
〈煮たったか〉── no ↺
  ↓ yes
ゆでる（4〜5分）◐
  ↓
水 →
  ↓
水中に取り洗う
  ↓
形を整える
  ↓
ゆでたれんこん
  ↓
終了
```

2) れんこんを煮る

```
開始 ── 鍋
ゆでたれんこん →
砂糖・塩・酢 →
  ↓
加熱 ●
  ↓
〈煮たったか〉── no ↺
  ↓ yes
煮る（2〜3分）◐
  ↓
〈煮えたか〉── no ↺
  ↓ yes
れんこん白煮
  ↓
終了
```

F 茶せんなす		
材料	なす	240g
	みょうばん水（1％）	
	揚げ油	適量
	かつおのだし汁（なすの60％）	150ml
	砂糖　　（なすの6％）	15g
	しょうゆ（なすの10％）	24ml
	酒　　　（なすの5％）	12ml

G 若竹煮		
材料	新ゆでたけのこ（中部まで）	500g
	わかめ	20g
	だし汁	500ml
	砂糖（だし汁の2％）	10g
	みりん（だし汁の3％）	15ml
	うす口しょうゆ（だし汁の1％）	5ml
	木の芽	4個

F 茶せんなすのポイント

① なすは，図（p.38）のように茶せんに切り，みょうばん水につけてアクをぬき，茶せんなすの水分を除く。なすの皮に含まれるアントシアン系色素ナスニンが，みょうばんから生ずるAlイオンと塩を作り，美しい色に煮上げることができる。

② 油で揚げると，さらに色素が安定し，煮ても変色しにくい。

G 若竹煮のポイント

① たけのこは上部は半分に切って四つ割りに，中部は7mm厚の半月切りにする。

② わかめは水に浸して塩出しをし，一口大に切る。

VI 煮る

F 茶せんなす
1) なすを揚げる

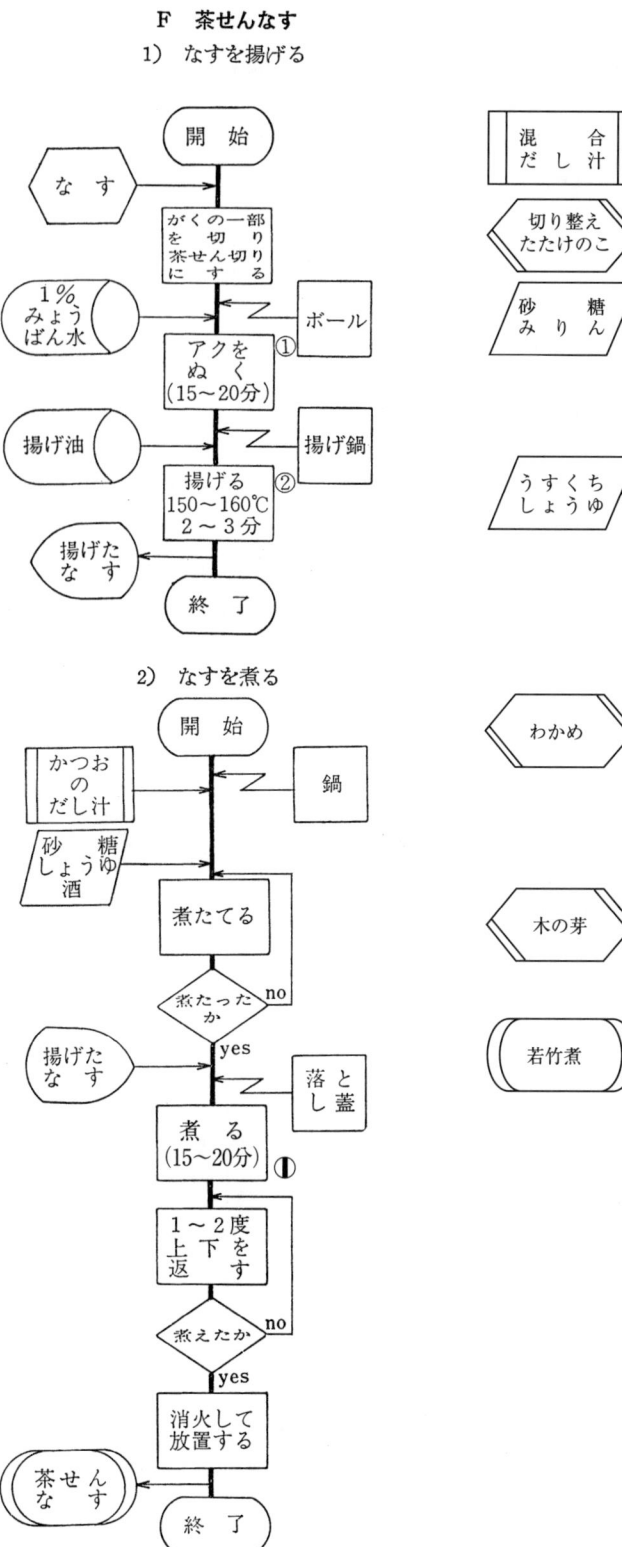

```
なす → 開始
         ↓
    がくの一部を切り
    茶せん切りにする
         ↓
1%みょうばん水 →  ← ボール
         ↓
    アクをぬく①
    (15〜20分)
         ↓
揚げ油 →       ← 揚げ鍋
         ↓
    揚げる②
    150〜160℃
    2〜3分
         ↓
    揚げたなす
         ↓
        終了
```

2) なすを煮る

```
        開始
         ↓
かつおのだし汁 →   ← 鍋
砂糖しょうゆ酒 →
         ↓
      煮たてる
         ↓
    煮たったか → no ↑
         ↓ yes
揚げたなす →      ← 落とし蓋
         ↓
      煮る①
    (15〜20分)
         ↓
    1〜2度
    上下を返す
         ↓
    煮えたか → no ↑
         ↓ yes
    消火して
    放置する
         ↓
  茶せんなす ← 終了
```

G 若竹煮

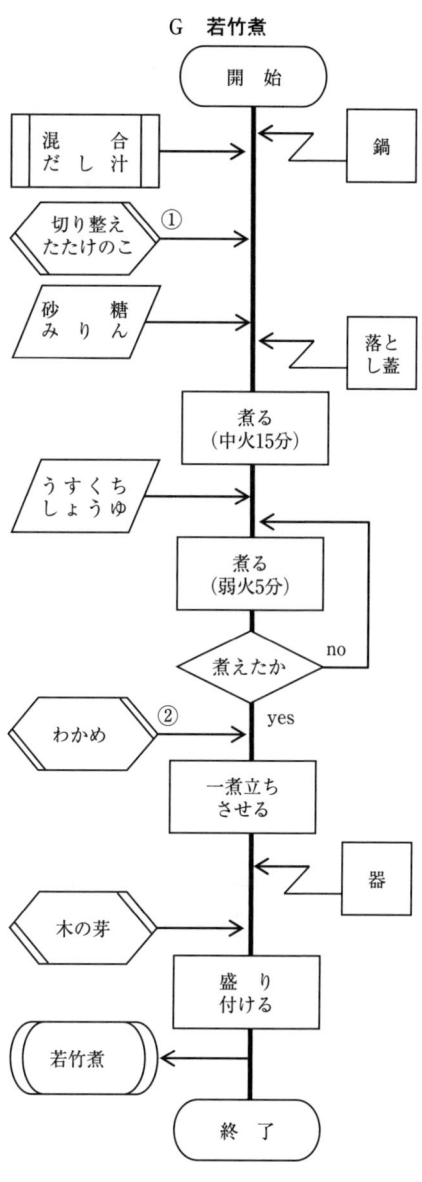

```
        開始
         ↓
混合だし汁 →      ← 鍋
         ↓
切り整えたけのこ①→
         ↓
砂糖みりん →     ← 落とし蓋
         ↓
      煮る
    (中火15分)
         ↓
うすくちしょうゆ →
         ↓
      煮る
    (弱火5分)
         ↓
    煮えたか → no ↑
         ↓ yes
わかめ② →
         ↓
    一煮立ち
    させる
         ↓
              ← 器
         ↓
木の芽 →
         ↓
    盛り付ける
         ↓
    若竹煮
         ↓
       終了
```

H　かぼちゃの肉そぼろかけ

材料		
	かぼちゃ	400g
	だし汁	500ml
	砂　糖（かぼちゃの6％）	25g
	みりん（かぼちゃの3％）	12g
	塩　　（かぼちゃの1％）	4g
	しょうゆ	10ml
	鶏ひき肉	150g
	しょうが	少々

H　かぼちゃの肉そぼろかけのポイント

① かぼちゃは洗って3～4cm角に切り，ところどころ皮をむいておくと味がしみ込みやすい。また，煮くずれを防ぐために面とりをしておくとよい。

② 紙蓋は，煮くずれを防ぐためと，味を含ませやすくするために用いる。紙蓋をすれば煮汁が少なくても，材料を混ぜたり返したりせずに煮上がり，形のくずれやすい材料に適する。

表Ⅵ-7　煮物用調味料の割合

種類＼調味料	砂糖	塩	しょうゆ	みりん	酒	だし汁
八方味（濃）	1		1	1	だし汁の代わりに用いる	3
八方味（中）	1	ごく少量	1	1	同　上	6～8
八方味（薄）	1	同　上	1	1	同　上	15
塩　八　方		1～2		1	10	100
白　煮　用	1	0.5			1	10
つくだ煮用	1		1	1	1	

全国調理師養成施設協会編，細谷憲政監修：最新食品標準成分表，p.255, 1983.

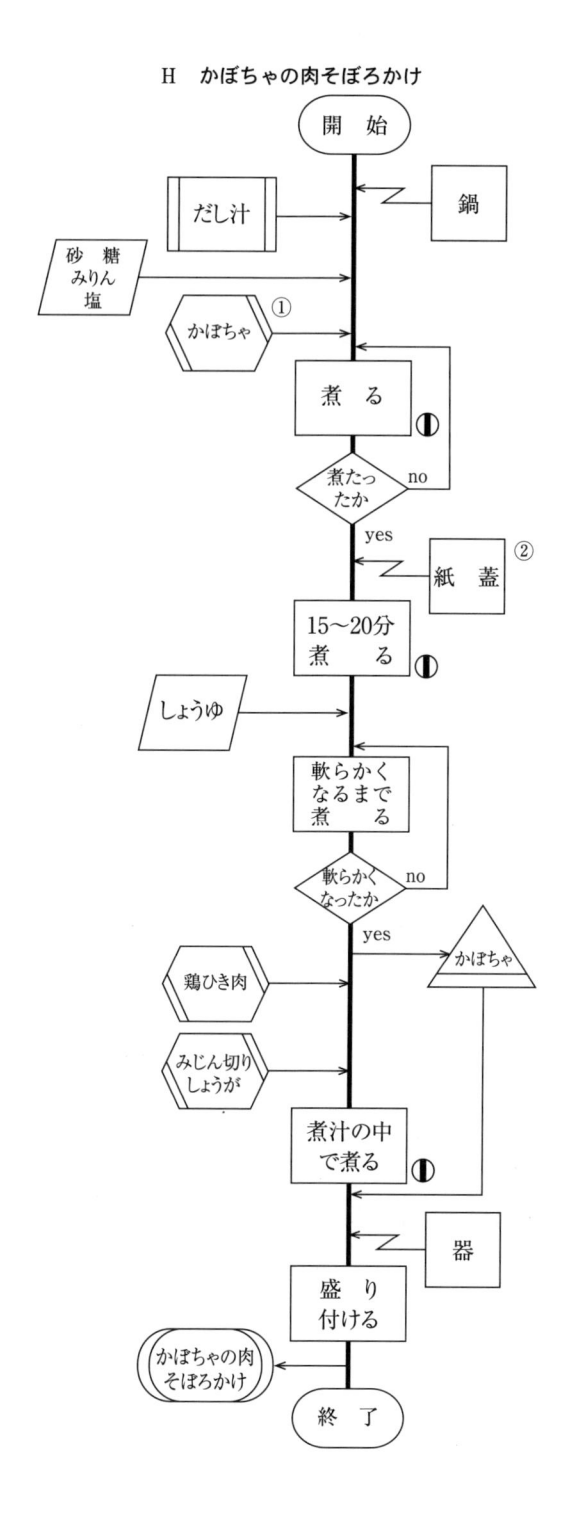

Ⅵ 煮る

H かぼちゃの肉そぼろかけ

```
                    開 始
                      │
        ┌─────┐      │      ┌─────┐
        │だし汁│─────▶├◀─────│ 鍋 │
        └─────┘      │      └─────┘
       ╱砂糖  ╱       │
      ╱みりん╱───────▶│
     ╱ 塩  ╱          │
    ⬡かぼちゃ⬡ ①─────▶│
                      ▼
                   ┌─────┐
                   │煮 る│ ◐
                   └─────┘
                      │
                   ◇煮たっ◇── no
                    たか
                      │ yes
                      │            ┌─────┐ ②
                      ├◀───────────│紙 蓋│
                      ▼            └─────┘
                  ┌───────┐
                  │15〜20分│ ◐
                  │ 煮 る │
                  └───────┘
       ╱しょうゆ╱────▶│
                      ▼
                  ┌───────┐
                  │軟らかく│
                  │なるまで│
                  │ 煮 る │
                  └───────┘
                      │
                   ◇軟らかく◇── no
                   なったか
                      │ yes         △
                      │           ╱かぼちゃ╲
      ⬡鶏ひき肉⬡────▶├──────────▶△△△△△△
                      │              │
     ⬡みじん切り⬡───▶│              │
       しょうが        │              │
                      ▼              │
                  ┌───────┐          │
                  │煮汁の中│ ◐◀──────┘
                  │で煮る │
                  └───────┘
                      │            ┌─────┐
                      ├◀───────────│ 器 │
                      ▼            └─────┘
                  ┌───────┐
                  │盛 り │
                  │付ける│
                  └───────┘
                      │
   ╭─────────╮       │
   │かぼちゃの肉│◀─────┤
   │そぼろかけ │       │
   ╰─────────╯       ▼
                    終 了
```

I　筑前煮（いりどり）

材料	鶏肉	200g
	ごぼう	80g
	こんにゃく	60g
	干ししいたけ	4枚
	にんじん	120g
	れんこん	120g
	さやえんどう	8枚
	サラダ油	18ml
	煮汁	
	だし汁	500ml
	砂糖	27g
	酒	30ml
	しょうゆ	18ml
	みりん	30ml

I　筑前煮のポイント

① 鶏肉は，余分な皮と脂を取り除いて，4cm角に切る。

② ごぼうは，乱切りにし，水にさらす。しいたけは戻して，1/2にそぎ切りにする。

③ こんにゃくはあくを除き，スプーン等で一口大にちぎる。にんじんは，皮をむき乱切りにする。れんこんは乱切りにして水にさらしておく。

④ だし汁には，干ししいたけのもどし汁も合わせる。

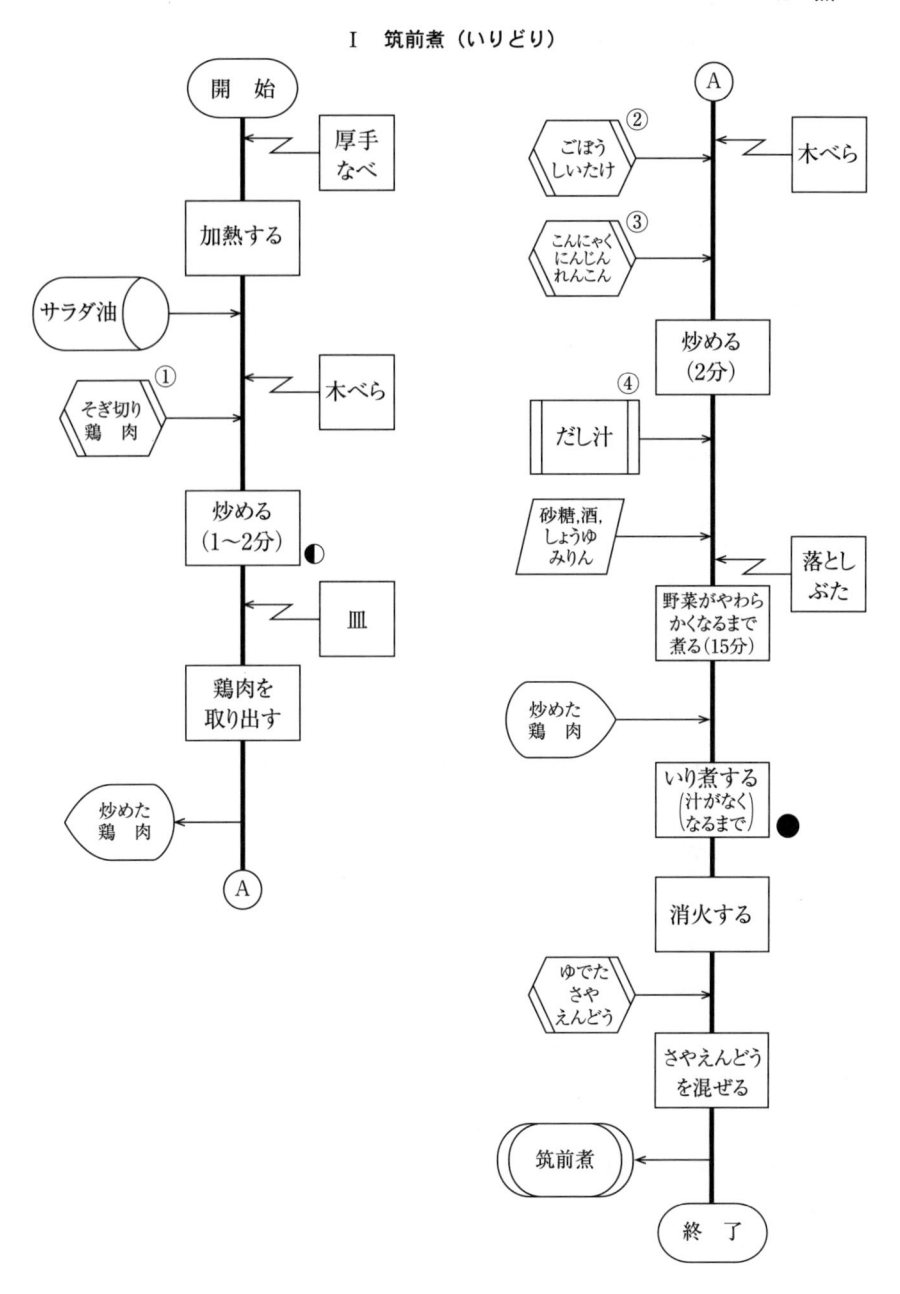

Ⅰ 筑前煮（いりどり）

```
開始
 │←── 厚手なべ
加熱する
 │←── サラダ油
 │←── ① そぎ切り鶏肉
 │←── 木べら
炒める
(1～2分) ◐
 │←── 皿
鶏肉を
取り出す
 │──→ 炒めた鶏肉
 Ⓐ

 Ⓐ
 │←── ② ごぼう・しいたけ
 │←── 木べら
 │←── ③ こんにゃく・にんじん・れんこん
炒める
(2分)
 │←── ④ だし汁
 │←── 砂糖, 酒, しょうゆ, みりん
 │←── 落としぶた
野菜がやわら
かくなるまで
煮る(15分)
 │←── 炒めた鶏肉
いり煮する
(汁がなくなるまで) ●
消火する
 │←── ゆでたさやえんどう
さやえんどう
を混ぜる
 │──→ 筑前煮
終了
```

J　さばのみそ煮		
材料	さば　600〜700g	1尾
	だし汁	1 1/2cup
	酒	16ml
	砂糖（みそにより異なる）	8〜12g
	赤みそ	100g
	しょうが	15g

K　かれいの煮つけ		
材料	かれい（切り身）	320g
	水（かれいの30%）	100ml
	酒（かれいの10%）	30ml
	しょうゆ（かれいの10%）	30ml
	みりん（かれいの10%）	30ml
	根深ねぎ	100g
	しょうが	20g

J　さばのみそ煮のポイント

① 調味液が煮たってから三枚におろし，腹骨をすき取り，二切れに切ったさばを皮を上にしてひと並べにして入れる。

② ひと煮たちしたら，みそ・砂糖を加え，表返しをしないで時々鍋を動かしながら煮続け，煮汁が全体にゆきわたるまで火を弱めて12〜13分煮る。

参考　下ごしらえした魚を，沸騰している調味液に入れて煮るのがポイントである。調味液が温まらないうちに入れると，浸透圧のために魚肉の水分が外へ出てしまい，身がしまってまずくなる。

　みそ煮は，さば・いわし・鯉など生臭味の強い魚に適する。みそが魚臭を吸着し，風味を増す。みそは焦げやすいので，鍋を動かしながら煮る。

K　かれいの煮つけのポイント

① かれいの切り身は，皮に切り目を入れる。かれいに熱湯をかけた後水洗いし，ぬめりを取る。

② 広口の浅い鍋を使い落としぶたをすることで，切り身の浮き踊りを抑え，煮汁が全体にゆきわたるようにする。

③ ねぎは4cm長さに切って焦げ色がつくまで焼く。

Ⅵ 煮　る　115

J　さばのみそ煮

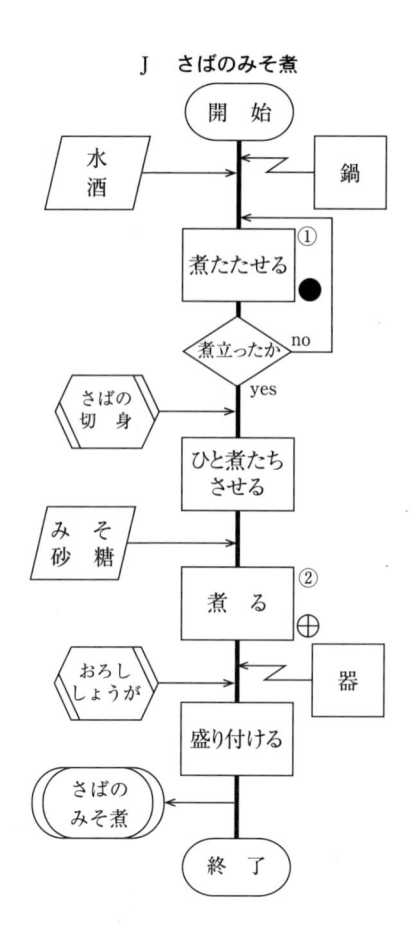

- 開始
- 水、酒 → / 鍋
- 煮たたせる ①●
- 煮立ったか（no で戻る／yes で進む）
- さばの切身 →
- ひと煮たちさせる
- みそ、砂糖 →
- 煮る ② ⊕
- おろししょうが → / 器
- 盛り付ける
- さばのみそ煮
- 終了

K　かれいの煮つけ

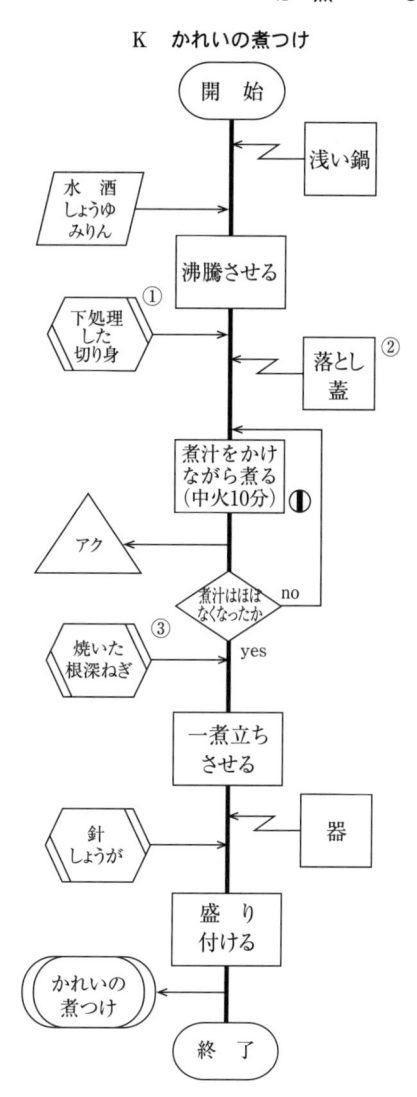

- 開始
- / 浅い鍋
- 水、酒、しょうゆ、みりん →
- 沸騰させる
- 下処理した切り身 → ①
- / 落とし蓋 ②
- 煮汁をかけながら煮る（中火10分）◐
- アク
- 煮汁はほぼなくなったか（no で戻る／yes で進む）
- 焼いた根深ねぎ → ③
- 一煮立ちさせる
- 針しょうが → / 器
- 盛り付ける
- かれいの煮つけ
- 終了

L 卯の花

材料		
	おから	200g
	干ししいたけ	4枚
	にんじん	80g
	細ねぎ	1本
	サラダ油	8ml
	だし汁	200ml
	砂糖（おからの10％）	20g
	酒（おからの10％）	
	みりん（おからの10％）	
	うすくちしょうゆ（おからの10％）	

L 卯の花のポイント

① にんじんの千切りは，しいたけの薄切りと長さを揃えることで，食感が良くなる。

② 汁気がなくなるまで徐々に煮詰めるため，鍋から目を離さずに時折かき混ぜる。

③ 汁気がとんだ頃合いは，おからがしっとりとした状態までとする。

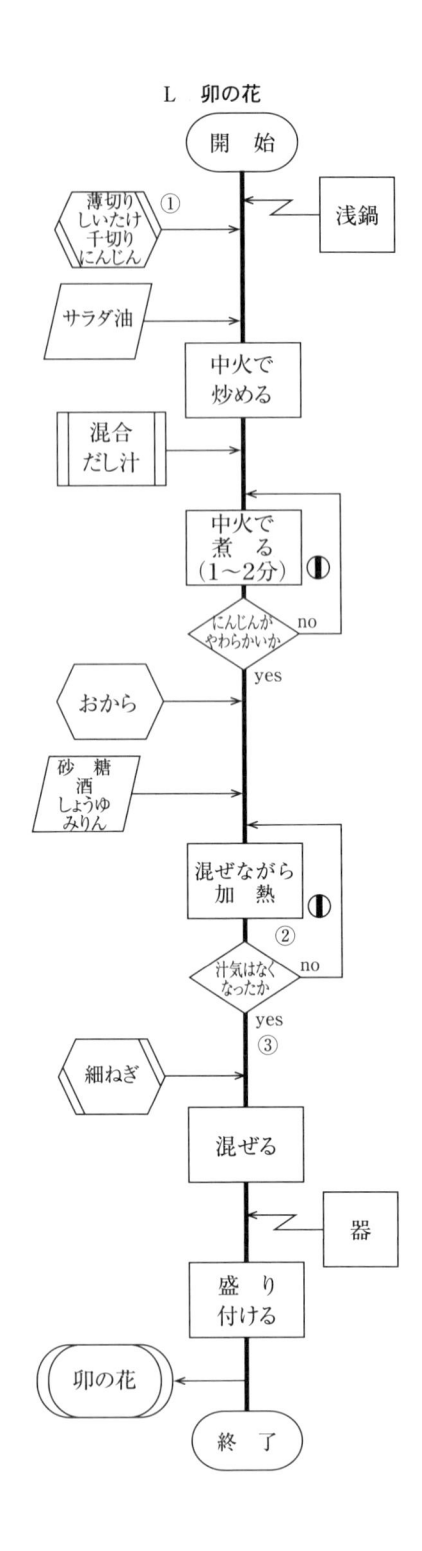

L 卯の花

```
開始
 ↓
[薄切りしいたけ・千切りにんじん ①] → ● ← [浅鍋]
[サラダ油] → ●
 ↓
中火で炒める
 ↓
[混合だし汁] → ●
 ↓
中火で煮る（1～2分）◐
 ↓
＜にんじんがやわらかいか＞ — no →
 ↓ yes
[おから] → ●
[砂糖・酒・しょうゆ・みりん] → ●
 ↓
混ぜながら加熱 ◐
 ②
 ↓
＜汁気はなくなったか＞ — no →
 ↓ yes
 ③
[細ねぎ] → ●
 ↓
混ぜる
 ↓
[器] → ●
 ↓
盛り付ける
 ↓
(卯の花)
 ↓
終了
```

VI 煮る

M 黒豆甘露煮

材料	黒大豆	150g
	水（黒大豆の10倍）	1.5 L
	砂糖（黒大豆と同量）	150g
	しょうゆ	15ml

M 黒豆甘露煮のポイント

① 黒大豆は 4～6cup の水に 8～10時間浸漬し吸水させる。(p.25豆類の吸水参照)

② つけ汁ごと火にかけ，指でつまんでつぶれるくらいまで煮る。煮汁がひたひた程度保つようにさし水をして 3～4時間煮る。

③ 軟らかくなったら 2～3回に分けて砂糖を加える。一度に加えると，浸透圧のために豆の水分が出て，シワができて硬くなる。

④ しょうゆをおろしぎわに加え，火をとめて翌日まで浸しておく。

参 考

別法として，豆を洗ってざるにあげ，大きめの鍋に 12cup の水を入れて沸騰させ，火からおろして重そう（5 g），砂糖（500 g），塩（15 g），しょうゆ（1/2cup）を加え 4～5時間浸しておく。

次に，強火にかけアクをとりながら煮て，1/2 cupずつ 2回さし水をし，ごく弱火で落とし蓋をして 7～8時間以上煮る。軟らかく煮えたら，そのまま翌日まで浸しておく。煮えている間に冷たい空気に触れるとシワがよるので注意する。

また，黒大豆の色素はアントシアン系色素クリサンテミンで，鉄やスズイオンと結合して黒色になるので，鉄鍋で煮たり，釘などを入れて煮ることがある。アルカリ（重そう）を加えると煮上がりが速くなるが，色は赤紫に変化する。

M 黒豆甘露煮

[フローチャート: 開始 → 黒大豆・水(4～6cup)・鍋を入れる① → 8～10時間浸しておく → 弱火で煮る② → さし水 → ひたひた程度に煮汁を保つ → 軟らかくなったか(no→弱火で煮るに戻る, yes→) → 砂糖を2～3回に分けて砂糖を加える③ → しょうゆ → 翌日まで浸しておく④ → 黒豆・煮汁だけ2/3に煮つめて冷ます → 浸しておく → 黒豆甘露煮 → 終了]

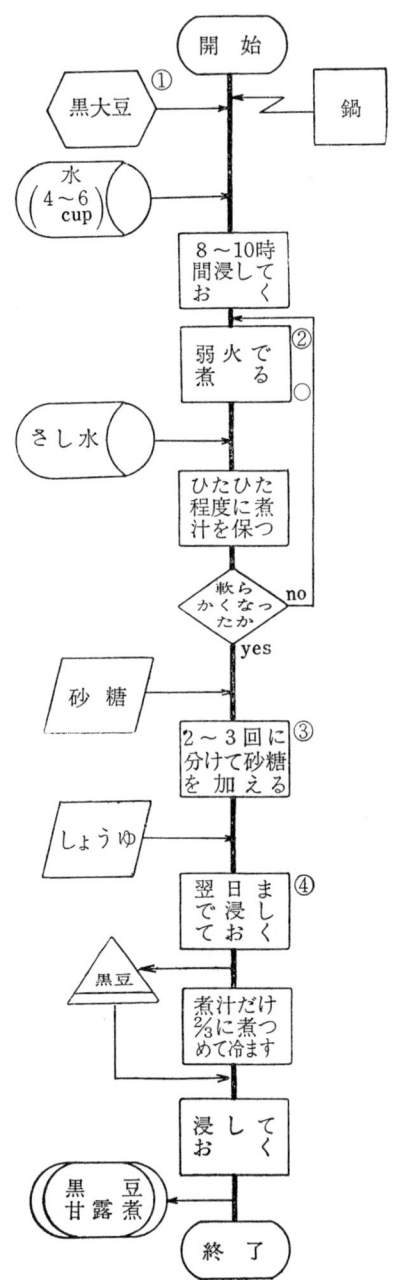

Ⅶ 蒸 す

1. 蒸し方の基本

1・1 蒸すとは

　水を沸騰させた高温蒸気の潜熱（1g当たり 539 cal）により食品を加熱することをいう。この湿熱の利用温度は常圧で85～100°Cである。

1) **目的**　①蛋白質性食品（魚介類・肉類・卵類）の蛋白質を熱凝固させ，食感と風味に変化を与える。②澱粉質性食品の糊化と組織の軟化を図る。ゆでることと異なる点は，蒸気中の水分のみであるため水っぽさが少ないことであるが，一面，水分補給は加熱中の振水操作で行わねばならない。③混入空気の熱膨張，膨化剤添加の際高温蒸気によるガス発生を起こし，食品を膨化させる。④食品を動かすことなく，また変形させずに加熱する。未加熱時の形状をそのまま保持できる。⑤脂肪を抜きながら軟化を図る。ゆでた時の水っぽさや，焼き臭みをつけずに加熱による脱脂ができる。

2) **器具と蒸し方**　蒸す器具は，下部に蒸気発生のための蒸し水部，上部は食品を載せる中敷部分が蓋で覆われるようになっていて，一つでこの役目を果たすもの（ご飯蒸し器）と，鍋や釜を利用しその上にせいろう（蒸籠＝木わくの底がすのこになっている）を重ねて載せるもの，竹製の編み込み蓋の蒸しわく等がある。

　加熱の温度は蒸し器によっても若干異なるが，蓋の密閉や，ずらし方，火力の強弱によって温度の調節を図り，次の三大別の蒸し方のいずれかで行う。

表Ⅶ-1　加熱の方法，蒸気温度による蒸し方の分類

加熱温度	方　　　　法	例
a．高温持続 （100°C）	火力は強く，沸騰したら中火または強火持続。密閉して蒸気がもれにくいようにする。	いも類・まんじゅう類・冷や飯・魚介類・肉類・スープ蒸し等
b．高温持続 （100°C） 補水を考慮する	aと同様にし，最初にきりを吹いたり，途中で打ち水を2～3回実施する。	こわ飯・脱水して固くなったまんじゅうや冷や飯・もち類等
c．低温持続 （80～90°C）	火力を極力弱め，沸騰直前位の温度を維持又は僅かに蓋をずらす。	稀釈卵液の料理（卵豆腐・茶碗蒸し類）膨張しすぎるもの（山かけや糝薯蒸し）

1・2 蒸し方の実際

蒸し方は他の調理法に比べ，材料の持ち味や香りを保つ利点と同時に，好ましくない匂いを残すので，使用材料は比較的淡白な白身魚・鶏肉・卵や匂いにあまり関係のない穀類・いも類に向く。

注意　①蒸し器の水（湯）はすの下6分目位までにし，沸騰水が材料にかからないように。②さし湯は端の方から静かに熱湯を注ぐ。③材料を入れる前に蒸気を出しておく。④金属中敷き（ご飯蒸し器）で金属流し箱利用の際（稀釈卵液）は間にぬれぶきん又は箸をわたしてから置く。⑤しずくの落下を防ぐ時は，乾いたふきんを蓋の下にはさんだり，器の上に箸を置いて紙を載せる。⑥蒸し加減を試すには，さわって弾力があるか，竹串をさした時すっと抜けるか，米粒なら指でつぶしてみる。

蒸し方には表Ⅶ-1のように蒸気温度で区別する方法のほかに，材料の性質や調理の形態から分類することもある。更に調味料・器・材料による分類もある。

表Ⅶ-2　蒸し方の種類と利用食品・加熱時間の目安

方法	内　容	食　品	例	時　間（分）
直接蒸し	材料原形または大切り，あるいは成型品に，中敷きを通して直接蒸気をあてる。時間超過により水っぽくなる。さつまいもは糊化以外に麦芽糖の増量（4倍強）がある（松元文子ほか：家政誌，16(5)，1965）	穀類 ｛米類 / 粉	強飯・赤飯	30～50
			かしわ餅・まんじゅう・団子・蒸し羊羹	10～60
		野菜 ｛いも / その他	さつまいも・きぬかつぎ・じゃがいも・山いも	20～40
			かぼちゃ（型蒸し）・にんじん（飾り切り）	10～20
		魚介類	かまぼこ	15～30
間接蒸し	材料を調味したり，他の材料と混ぜ，器に入れて容器ごと蒸す（型蒸し・器蒸し）。卵・魚介類・肉類を用いる時は，表Ⅶ-1のように火力に注意する。更に皮付き魚介類は肉質との収縮率の差があるので，沸騰が維持できる程度の中火が望ましい。	穀　類	蒸しずし	10～15
		卵　類	茶碗蒸し・卵豆腐・小田巻き蒸し・二色卵・空也蒸し	25～35
		魚介類 肉　類 野菜類	はまぐりやあわびの酒蒸し・さくら蒸し・けんちん蒸し・かぶら蒸し・木の葉蒸し・信州蒸し・蒸し鶏・薯蕷蒸し	7～20 / 13～16 / 10～13
			かぼちゃの宝蒸し（下蒸し後）	20～25
			あわびの塩蒸し（殻付き）	2～3（時間）
汁蒸し	くせの少ない材料を，吸い味をつけた煮出汁と共に器蒸しにする。汁も食べる。	魚介類 肉　類 野菜類	骨付き鶏肉と白菜（キャベツ）の蒸し煮・松茸と白身魚（または鶏ささ身・えび・かまぼこ）・ぎんなん・みつばの土びん蒸し	20～40 / 12～15

1・3 蒸し方の基本的フローチャート

① 水または温湯を用いる。材料 a で(A)の流れ図にする時は水の場合が多い。

② 単品材料または一度で蒸し上げる時，材料 a が根菜類や，大切り丸ごと長時間蒸したい材料の場合は(A)の流れ図で実施する。

　一定低温度，または高温で蒸したいものは(B)の流れ図で実施する。

③ 材料の性質により，低温(85〜90°C)か高温(100°C)〔但し通常の蒸器において〕かの蒸気温度を考える(継続の熱温度となる)。

　低温は卵類，高温は澱粉質性食品，乾物もどし用に用いる。

　魚介類は100°Cではあるが，火力を中にして過度の蒸気量を出さないで行う。

④ 蒸し器の形式により，湯の容器の小さいものや，長時間を要する時の補給である。熱湯が望ましい。

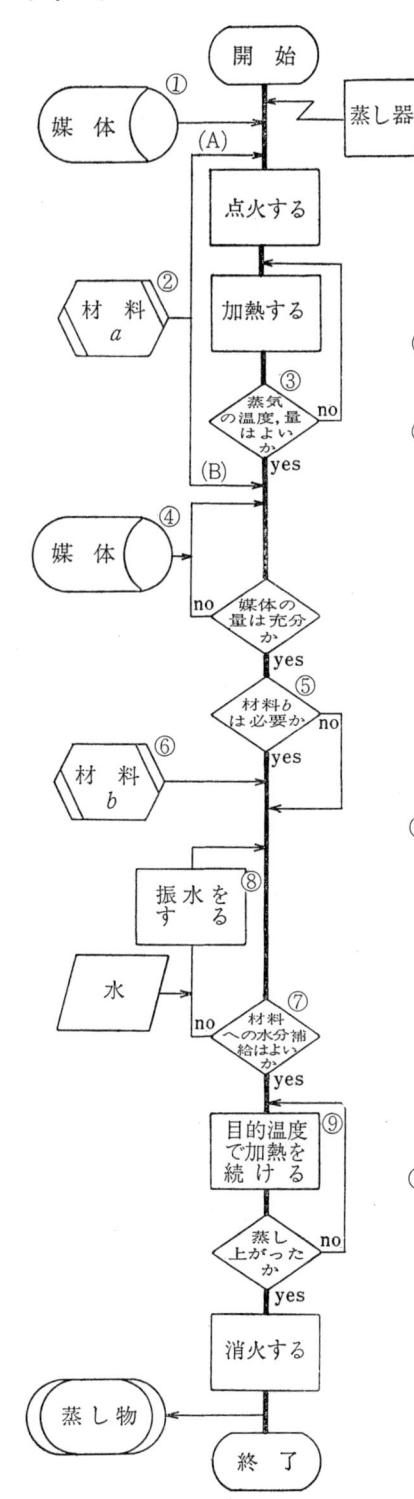

⑤ 材料（副材料）を途中で加えるか否かの確認をする。

⑥ 途中で加える副材料は，主材料と蒸し時間の異なる材料（色彩や香りを生かしたい材料なども含む）である。

　これらの副材料を用いる場合は，調理の途中で，それぞれにふさわしい時期に逐次追加する。

⑦⑧ 材料の水分補給が，準備中や蒸気からだけでは不足な場合，上からふりかけて材料が吸水できるように処理する手段のために判断を必要とし，時には水以外の食塩水やスープが用いられることもある。

⑨ 加熱途中で材料を入れたり，蒸し器をあけた時は温度が低下するが，以後は目的温度とし，時には途中で火力を弱めて温度を下げることもある。

2. 蒸し物

A 赤飯（こわ飯）

材料	もち米	560 g
	水	
	ささげ（又はあずき）	80 g
	塩	8～12 g
	黒ごま	8 g

A 赤飯（こわ飯）のポイント

1) ささげをゆでる

　ささげの6～7倍の水を加え，一度煮こぼして渋切りをし，20分煮て，煮汁と分離して冷ましておく。

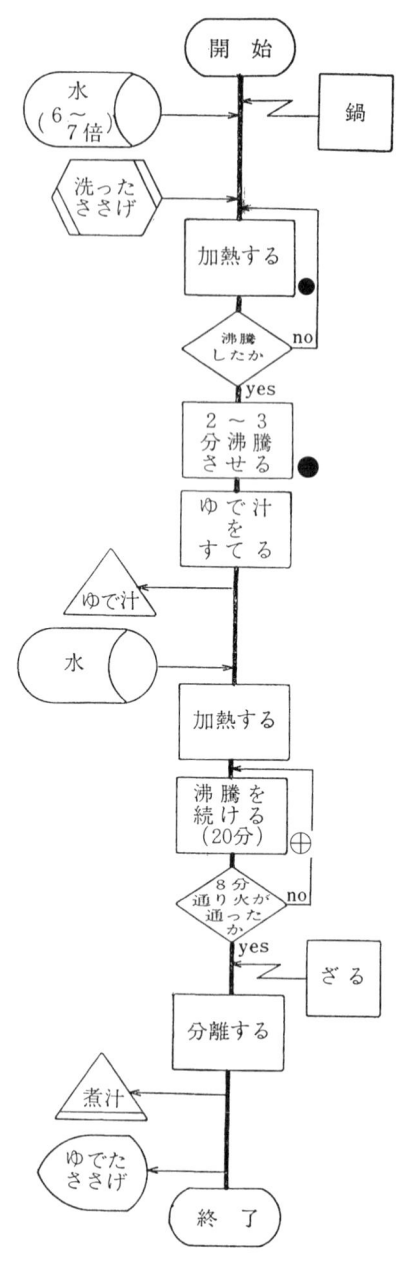

2) 赤飯の下準備

　洗ったもち米に1)の煮汁を加え浸漬して色をつける。つけ汁を分離し，ゆでたささげを混ぜておく。つけ汁は振り水に用いる。

3) 赤飯を蒸す

　① 蒸気が上がったら，もち米とささげの混合物を入れ，中央を少し低めにして広げ，強火で蒸す。

　② 振り水をするのは，もち米の吸水率は浸漬2時間で約40％であるが，蒸し上がり時に約60％の水分量が望ましい硬さで，水蒸気の吸収だけでは不充分なので途中で2，3回振り水して水分を補う必要がある。振り水の回数は好みによって決める。

　③ 急冷するとつやがよくなる。これは膨潤糊化したもち米澱粉粒の表面が冷却されて収縮し，光線が反射してつやが出るからである。

A 赤飯を蒸す

1) ささげをゆでる

参考

　炊きおこわの場合は，まず，ささげをAの1)のようにする。次に米を煮汁につけて水加減をした中で2時間浸漬し，ざるにあげて水きりし，その水を沸騰させた中にもち米を加え，煮たささげを混ぜて，再び沸騰したら火を弱めて，普通の炊飯よりも5分くらい長く炊く。米はもち米にうるち米を1～2割加えるのがよい。

　ささげは，あずきより腹切れしにくく，色は美しいが味は劣る。

2) 赤飯の下準備

3) 赤飯を蒸す

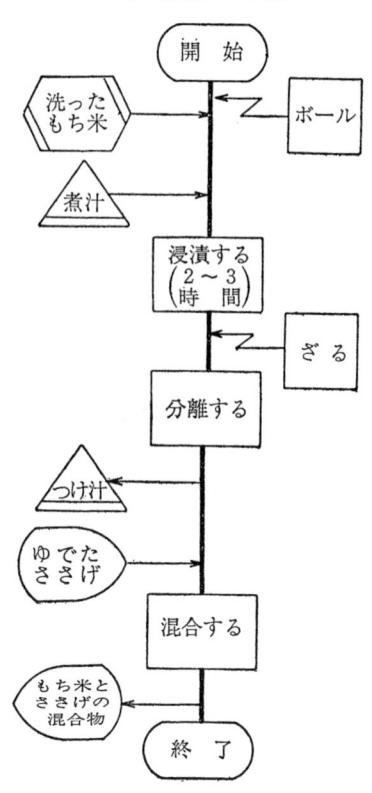

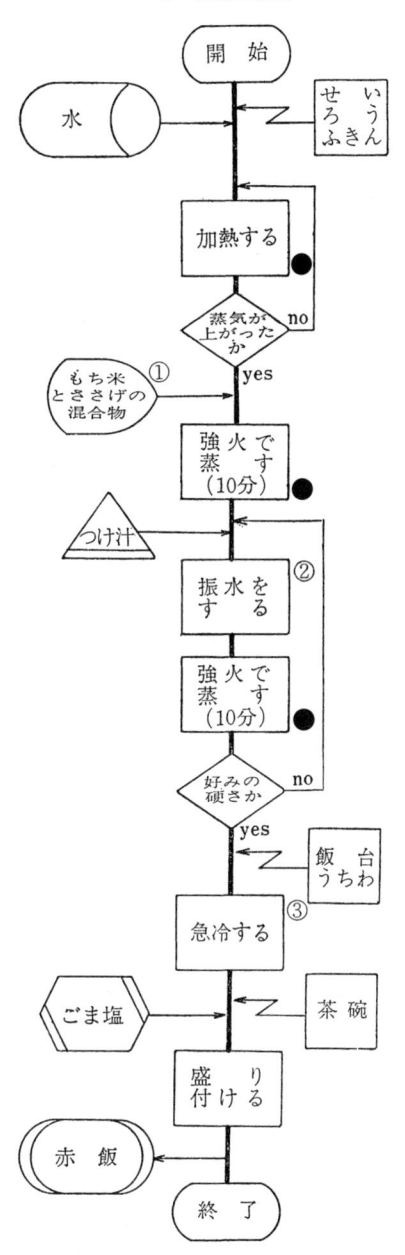

図Ⅶ-1 蒸しもち米（実験結果の一例，水温 19〜20°C）

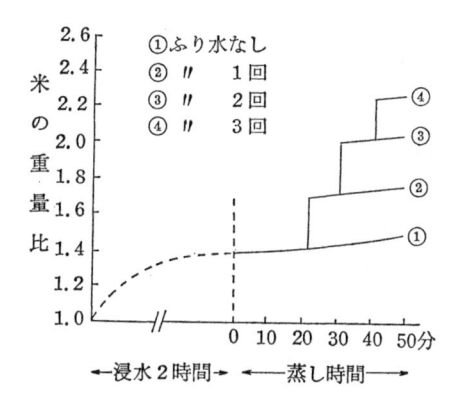

① ふり水なし
② 〃 1回
③ 〃 2回
④ 〃 3回

松元文子：調理実験，p.14，柴田書店，1979．

B 茶碗蒸し

材料				
卵（大2個）	120g	大正えび	4尾
だし汁（卵の重量の3倍）	360ml	鶏ささ身	60g
塩（卵＋だし汁の0.8％）	4g	干し椎茸（小）	4枚
薄口しょうゆ（〃 1％）	5g	ぎんなん	8個
みりん （〃 2％）	10ml	みつば	少々
		（表Ⅶ-4参照）	

B 茶碗蒸しのポイント

1) 卵液を作る

だし汁は冷ましておく。卵を泡立てぬようほぐし，だし汁と調味料を混合し，うらごしするか堅く絞ったふきんでこす。だし汁の量は卵の重量の3倍が基本である。

2) 具の準備

表Ⅶ-4参照。堅く絞ったふきんの端で泡にさわり，泡切りをすると蒸し上がりがきれいである。

3) 茶碗を蒸す

① 蒸気の上がった蒸し器に茶碗を入れ，85～90℃を保つように弱火，または蒸し器の蓋をずらして約15～20分蒸す。蓋をずらさないと，蒸気が充満してすがたちやすい。

② 卵液が凝固したかどうかは，竹串をさしてみて，濁り汁が出なければよい。

参考 卵豆腐

卵にだし汁を加えて薄口しょうゆと塩・砂糖で調味し，型に入れて豆腐状に蒸したものである。卵とだし汁，調味料の割合を次の表に示す。

表Ⅶ-3 卵とだし汁，調味料の割合

材料	卵	だし汁	塩*	薄口しょうゆ*	砂糖*
硬いもの	50g（1個）	50～75ml	0.8％	1％	3％
軟らかいもの	50g（1個）	100～125ml	0.8％	1％	3％

＊：いずれも卵＋だし汁の重量に対する％

茶碗蒸しも卵豆腐も，卵の蛋白質が熱によって凝固する性質を利用したものであり，全体が豆腐のように固まっていて，しかも軟らかく，なめらかであるのが望ましい。したがって卵液の卵の濃度と蒸し温度・時間が仕上がりに影響する。卵豆腐を蒸す型は，金属の流し箱を用いるが，金属性の蒸し器の中板に直接載っているので，蒸し器内温度が90℃以下であっても，中板の温度はそれ以上になって流し箱に熱が伝導する。すがたちやすいので流し箱の下に木製の割り箸を置いて，蒸し器と直接に触れるのを防ぐとよい。蒸し上がったら冷ましてから，更に冷蔵庫でよく冷やしておく。型から抜き，形よく切って冷たいだしを張り，吸い口にゆずの皮のそぎ切りを載せてすすめる。応用として，小さく切って吸い物・スープの浮き身にしたり，大きく切って冷ややっことともに金銀豆腐にして盛り付ける。温かい蒸し上がりにそぼろあんをかけて，煮物代わりにしてもよい。

Ⅶ 蒸す

B 茶碗蒸し

1) 卵液をつくる

開始 → ボール
卵
冷めただし汁
塩・薄口しょうゆ みりん
泡立たぬよう混合する
こす ← うらごし又はふきん
卵液、残渣
終了

2) 具の準備

開始 → 蒸し茶碗
ゆでたえび
そぎ切り鶏ささみ
いちょう切り椎茸
ぎんなん みつば
具を入れる
卵液 → 卵液を加え、泡切りする
具入り蒸し茶碗
終了

3) 茶碗を蒸す

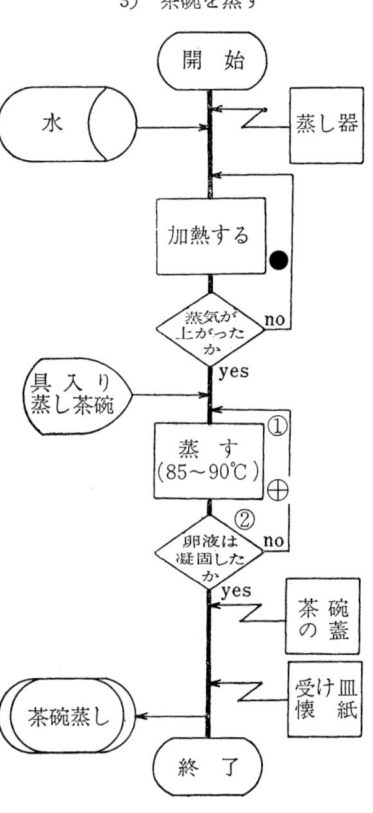

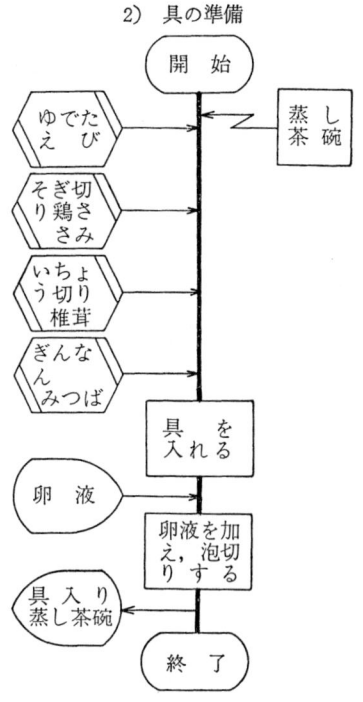

開始
水 → 蒸し器
加熱する ●
蒸気が上がったか no / yes
具入り蒸し茶碗 → ①
蒸す (85～90℃) ⊕
② 卵液は凝固したか no / yes
茶碗の蓋
受け皿 懐紙
茶碗蒸し
終了

表Ⅶ-4 茶碗蒸しの具と下ごしらえ

材　料	下ごしらえ	分量
鶏　　肉	そぎ切りにして，しょうゆ・酒をふりかける	15 g
白 身 魚	そぎ切りにして，薄塩をする	10 g
え　　び	頭と背わたを取り，塩ゆでにして殻をむく	10 g
あ な ご は　　も	照り焼きにし，一口くらいに切る	10 g
かまぼこ なると巻き	厚さ 0.3cm くらいに切る	10 g
く　　り	鬼皮を取ってゆでる。または焼いて渋皮を取る	6～10 g
ぎ ん な ん	鬼皮を取って，煎るかゆでる	3～5個 (6～10 g)
ゆ り 根 く わ い	ゆでて薄味をつけて下煮する	5～10 g
椎　　茸	水にもどして，そぎ切りにして，しょうゆ・砂糖で薄味をつけて煮る	1～2 g
たけのこ	ゆでていちょう型に薄く切り，しょうゆ・砂糖で薄味をつけて煮る	10 g
に ん じ ん	適宜に薄く切って，塩・砂糖で味をつけて煮る	5 g
さやえんどう ほうれんそう しゅんぎく	ゆでて菜は長さ3～4cmに切る	10～15 g
み つ ば	そのまま，または熱湯を通して長さ2～3cmに切る	5 g

山崎清子ほか：調理と理論, p.290, 同文書院, 1983.

VIII 炊 く

1. 炊き方の基本

1・1 炊くとは

　米に水を加え，加熱しながら吸水させ，組織の軟化を図り，沸騰継続により澱粉の糊化を行い，蒸らしにより完全に遊離水をなくすようにして飯に仕上げることである。この操作において，蒸らしても遊離水がなくならないよう，多量の水を加えて加熱し仕上げたものは粥と称している。

　また，水や汁の中で米以外の材料の加熱法に「炊く」と称することもあるが（水炊き，炊き合わせ），この項では，米を炊くことを主に述べる。通常は米の調理法として独特のものとされ，日本人の長い歴史によって培われた調理操作である。

1・2 炊き方の実際

1) 米の品質と飯の食味について

　飯の評価は，粘り・硬さ・外観・香り・旨味等が官能検査項目として挙げられている。図VIII-1に示したのは，飯の食味評価と理化学的要素の関係である。すなわち，食味の70％くらいは理化学要素で推定できるし，実際にもこの要素に係数を掛けて良否が決められている。しかし飯の旨さを左右するのは，何と言っても米の品質と炊飯方法である。

　図VIII-2は米の性質（硬軟）を示したものであるが，①は関東・北陸以西で生産される準軟質種（日本では硬質米と称す），②は①より軟らかい軟質種で，東北・北海道で生産されるもの，③は酒造米である。

　外米を飯にしたとき芯が硬いのは，この図から見ると，中心部に硬い部分が集中していることに原因する。またこのことは，中心部が煮えにくいこととも関連する。

　更に30分加熱における米の膨潤率（飯：米）との関係で見ると，図VIII-3のように膨潤率の小さいものは硬い，大きいものは軟らかい評価になっている（●印は硬質米）。しかし軟質米（○印）は膨潤率が小さいが，軟らかい評価になっている。これ

図VIII-1　飯の食味評価と理化学的要素の関係

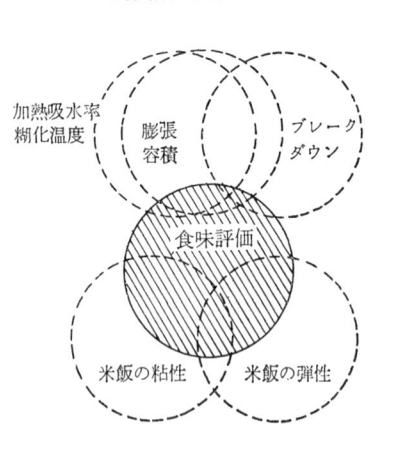

図VIII-2　米の横断面で見た質の硬軟

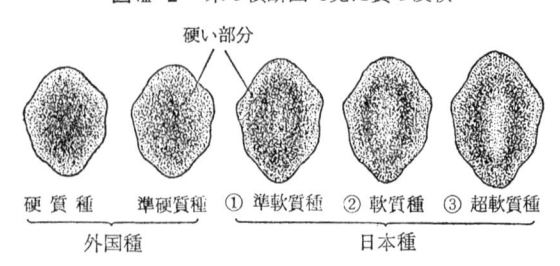

硬質種　準硬質種　①準軟質種　②軟質種　③超軟質種
　外国種　　　　　　　　日本種

長戸一雄：食の科学1, p. 52, 1971.

は，米の品質を考慮した吸水・加熱方法を行わねばならないことを示し，同一方法で扱ってはいけないことを意味する。

図Ⅷ-4は，飯の粘りと炊飯液中の固形物（主として澱粉）の関係を見たものであるが，日本人の飯への嗜好性は粘りのあるものに高い。

図Ⅷ-3　膨潤率と飯の硬さとの関係

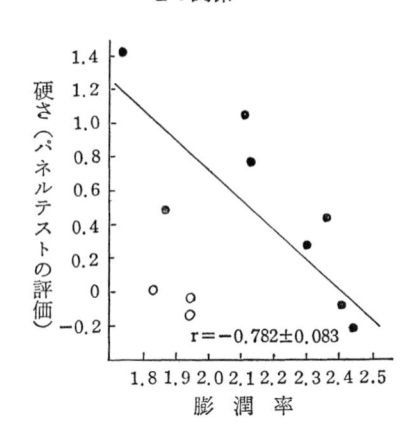

図Ⅷ-4　溶出固形物％と飯の粘りとの関係

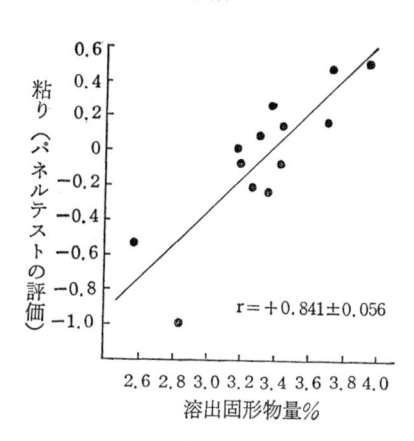

長戸一雄：食の科学1, p. 53, 1971.

近年は籾の乾燥が火力（60°C—40分）使用による加熱で行われている。これらの米は胴割れを生じやすく，溶出物の増加でべたついた飯になったり，過度に乾燥されて含水率12％以下になり，膨潤率も低下して粘りの少ない飯になりやすい。（古米に粘りの少ないのも，この含水率が関係する。）

表Ⅷ-1　米の産地・含水率と炊飯の特性

品　　種	産　地	含水率％	膨潤率％	溶出固形物％
レイメイ	青　森	12.4 15.6	1.88 1.98	3.06 3.46
	秋　田	11.5 14.0	1.82 1.87	2.88 3.29
	福　井	12.0 14.6	1.73 1.66	2.58 2.71
トヨニシキ	秋　田	11.7 13.6	2.04 2.08	3.02 3.44
	福　井	11.6 14.4	1.73 1.76	2.23 2.51
コシヒカリ	福　井	11.4 14.7	1.81 1.80	2.89 3.15
	鹿児島	11.5 14.4	1.70 1.71	2.45 2.67
キンマゼ	愛　知	11.0 14.5	1.82 1.86	2.96 3.18

長戸一雄：食の科学1, p. 56, 1971.

2）炊き方のポイント

飯の食味は，同じ品質の米なら炊き方に左右される。

米に対しての調理手順は，予備操作＝洗米・浸漬（汚れ除きと吸水）と，加熱操作＝煮る・蒸す・焼く（吸水，糊化し，遊離水がなくなる）および，そのまま放置しておく＝蒸らし（加熱操作の不足を補う）の3段階である。

① 水加減と浸漬時間

　a．米の品種・新古・水温によって吸水速度・吸水完了時間・吸水量が異なる（図Ⅷ-5）。

米食の歴史・嗜好性から見ると，米から飯への重量増は2.3〜2.4倍になっており，炊いている時の蒸発は5〜30*％（*＝普通鍋）であることや，洗米時の吸水が10％前後であることから，

加水量は米の1.3～1.6重量倍（平均1.5），または米の1.2容積倍を，水洗・水切りした米に加える。

水分15.5%の米（乾物）を，吸水と加熱で水分65%の飯に仕上げる。すなわち，水と火の加減にほかならない。

図Ⅷ-5　浸水時間と吸水量

	始め	終わり
① 水温	81°C	～19°C
② 〃	30°C	
③ 〃	16°C	
④ 〃	5°C	

松元文子ほか：お茶の水女子大学家政学講座，調理学 p.100, 光生館, 1972.

b．吸水のための浸漬時間は，通常少なくとも30分以上といわれている。これは米の組織が緻密な乾物であるため，加熱当初の吸水のみでは芯までの吸水に至らず，澱粉糊化や組織に必要な水分が芯部で不足した状態で周囲が糊化してしまう。また内部に入りきらない水分のため表面が水っぽくなる。芯までの吸水完了による飽和に達しなくても，加熱時の吸水可能量から見て30～60分，飽和で90分までの浸漬時間が望ましい。

c．味つけ飯における調味料の影響は，図Ⅷ-6に見られるように，しょうゆ・塩ともに吸水が阻害される。充分な吸水を考えるならば，水のみで浸漬吸水後，調味料を添加し加熱初期に調味料の浸透を図るのがよい。

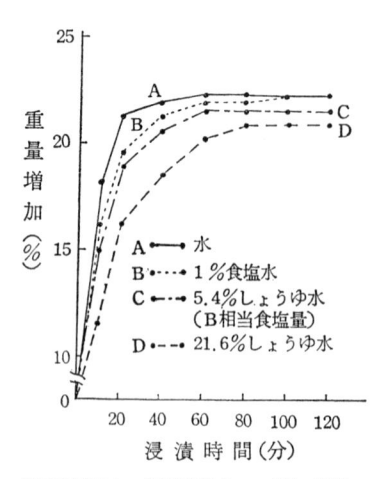

図Ⅷ-6　浸漬水別による米の重量増加

A———水
B······1%食塩水
C—·—5.4%しょうゆ水（B相当食塩量）
D—··—21.6%しょうゆ水

関千恵子ほか：調理科学 8, p.191, 1975.

② 火加減と加熱時間

米粒が軟化しすぎず，過度の溶出物を出さないで米澱粉を糊化させる温度と時間であればよい。表Ⅷ-2は米粒の糊化実験であるが，経験的炊飯で従来行われている蒸らし時間と温度維持の必要性（諺にあるブツブツ言ったら火をひいて，赤子が泣くとも蓋とるな）とあわせて，通常の炊き方においては100°C（実験時の沸騰点=98°C）で20〜30分加熱により飯に仕上げることができる。

表Ⅷ-2 飯米*1の糊化に要する温度と時間

温度	時間
65 °C	16 時間
70 °C	6 時間
90 °C	2〜3 時間
98 °C	25 (20〜30)*2 分

*1＝四訂成分表の半つき米（歩留り95〜96％）にあたる。現在の精白米（歩留り90〜92％）では表中時間より短縮されると推定できる。
*2＝（ ）内は前後の幅を示す時間である。なお玄米の実験では40分を要す。
　　桜田一郎ほか：理化学研究所彙報14輯，1935.

熱源がガスの場合は，コックの開閉で火力の調節ができるし，コンロや鍋の大きさ，米の量によっても炊飯時の温度を調節することが必要となる。参考として表Ⅷ-3に湯わかしに要する時間とコックの開閉調節の関係を示した。また図Ⅷ-7にガスの流速で火力調節をした炊き方を示す。これは火力を3段階とし，更に消火後の放置も含めて鍋中の米が100°C，20分加熱により糊化し，併せて自由水が完全に米に吸収されて飯になる方法である。

表Ⅷ-3 湯わき速度と所要ガス，所要時間

コック開度	所要ガス量 (l)	所要時間 (分) (秒)
全　　開	138	6　14
2/3 開	115	7　 7
1/2 開	100	10　44
1/4 開	104	24　35

（水量 1.8 l　初温 12°C　終温 100°C）
奥田富子：基礎調理学（調理科学講座Ⅰ）p.143，朝倉書店，1961.

図Ⅷ-7 火力調節による上手な飯炊き

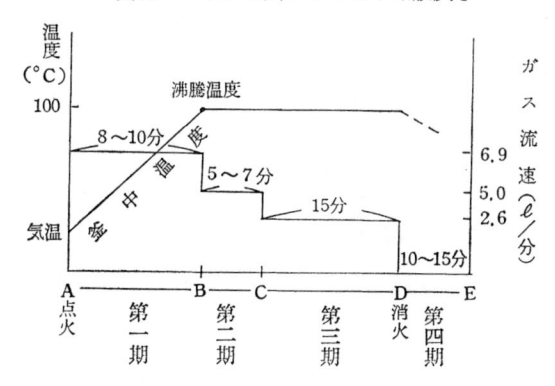

次にこれを具体的に説明しよう。

a．第一期（A－B）　鍋中温度が常温から沸騰までの上昇期を示す。この時間の短縮は，吸水不足と水分蒸発の速いことから焦げの原因になる。時間の長さは，米粒の崩壊をまねき，水っぽく仕上がる。炊飯時の水を温（熱）湯にし，そこへ洗米を入れ攪拌して加熱する湯炊き法は，低水温や大量米によるA－Bの時間超過を防ぐための方法である。A－Bが10分くらいのものが望ましく，この時の火力を強火と表現する。（コック全開とは限らない。）

b．第二期（B－C）　高温による水分吸収と糊化の時期である。米粒は沸騰水中で上下に移動し，活発に動いている。強火の2/3くらいのガス流量とし，5～7分かけるようにした時の火力で中火と表現する。

c．第三期（C－D）　加熱における仕上げ期である。水分の吸収と膨潤，糊化により米粒の動きは少なく，やがて動かなくなる。しかし温度の維持（100℃）を図るため中火の1/2のガス量とする。弱火と称している。遊離水不足による焦げ（火力大）や，保温性の低下による水っぽさ（火力小）を防ぐには，火力調節上充分な注意を払う時期である。底にだけ熱源のあるガス火や低温の時期には，Dの消火時に瞬間的な強火にして，いわゆる焼きの操作を施し，過剰蒸気が残ることを防止する。

d．第四期（D－E）　蒸らし期である。消火時Dの温度を維持させて糊化時間の不足を補い，また水蒸気になっている遊離水を充分米（＝飯）に吸収させる。周囲の温度を低くしない方が望ましい。

e．その後の処理　炊く操作はA－Dで終了するが，従来は一連の手順として蒸らし後に，木製のおひつに飯を移しながら水蒸気の発散を図り，同時におひつに水滴を吸収させることをしていた。現在ではこの工程を省きがちであるが，茶碗に盛り付ける前に，鍋中の飯をへらで上下に攪拌し，水蒸気を発散させると同時に飯の周辺に空気層を作ると，ふんわりした飯に仕立てられる。鍋中で攪拌後乾いたふきんをかぶせると水滴吸収ができる。

3）　炊き込み，味付け飯のポイント

白飯の水分65％と，添加材料の水分含量で考慮する。

① 飯に近い水分を含む材料を米に添加する時は，米の水加減のみで炊く……さつまいも・えんどう・枝豆・栗・たけのこ（生，ゆで）・松茸・鶏肉・かつお・生がき等。（米の30～70％）

② 飯より水分を多く含む材料を15％前後添加する時は，米の水加減を3～5％減らすとよい……大根とその葉，かぶとその葉，春菊，よめ菜等。

③ 乾物豆を米の添加する時は，八分どおり下煮してから米の水加減のままでよい……あずき・ささげ・大豆・黒豆類。（米の10～15％）

④ 塩味付け……炊き水の1％，甘味材料添加の時は1.5％まで。

⑤ しょうゆ味付け……炊き水の5％（濃い色になるので塩で一部置換）。しょうゆ量だけ水を差し引く。

⑥ 酒を用いる時……炊き水の5％くらい。その分水を差し引く。

1・3 炊き方の基本的フローチャート

① 計量（重量，容量）した米（通常は精白米）。

② 洗米用の水。1回の量は米の3～5倍とする。

③ ぬか，ごみを除く。手早く行い，汚れ水（白水）を捨てる。

④ 夏はぬかによる腐敗を防止するため洗米回数を増やすことがある。

⑤ ざるから自然に落ちる水。

⑥ 吸水させる時期を，決めることになる。

⑦ 古くは羽釜を用いた。現在は厚手の鍋が多い。

⑧ 計量した炊飯用の水（本文2)―①参照）。

⑨ 水温により時間を決める（図Ⅷ-5参照）。

⑩ 放置中に付着した水が浸透，吸水される（品質にかかわらず含水量が一定になる）。

⑪ ⑩により最初の米の含水量に影響されるので，必ず計量する。

⑫ 量は⑧と異なり，吸水した分を⑧の量から差し引いた量である。

⑬ 媒体とよく混ぜて，全体液を均一にする。

⑭ 加熱時間を長く必要とするものは，(A)による。短時間の加熱がよいものは，(B)法で添加。

⑮ 混ぜ方は上下手早く混ぜる。⑭(B)は⑰⑱の間でよく混ぜる操作が必要。

⑯ ⑰⑱⑲は図Ⅷ-7参照，玄米の場合は⑱～⑲の間を40分にする。

⑳ 気温が低い時は，夏期よりやや長めにするとよい（40秒）。

㉑ 保温を工夫し水滴防止を図る。ふきんを蓋の下にあてると，落下水滴が飯に入らないですむ。

㉒ おひつに移す操作を省いた場合である。（よく攪拌することが望ましい）

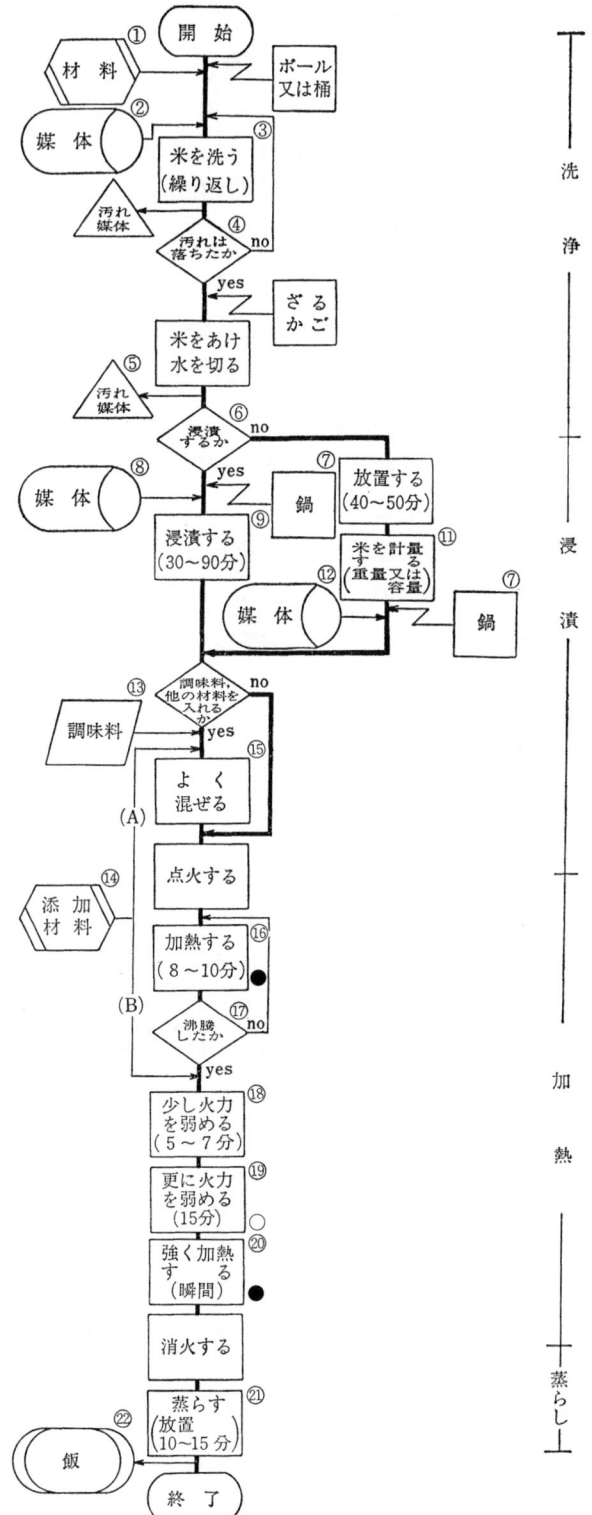

2. 米の調理

A 白米飯

材料　白米　400g（490ml）
　　　水　　590ml ｛米の重量の1.5倍
　　　　　　　　　　米の体積の1.2倍

B おかゆ

材料　　　白米　：　水
　5分がゆ　　1　　　10
　7分がゆ　　1　　　 7
　　　　　（塩　少々）

A 白米飯のポイント

① 米は、ざっと洗うと栄養成分の損失が少ないが、ぬか臭が残り、飯の腐敗が速い。
② 分量の水を加えて吸水させるが、別法として、洗米後ざるにあげ、30〜40分放置して付着水を吸水させ、米の容量を計り、それと同量の水を加える方法もある。
③ 加熱により吸水が進み、米粒が膨潤し糊化が始まるが、8〜10分ぐらいの間に、ちょうど沸騰する程度の火加減にする。
④⑤ 沸騰が続く程度に火力を調節し、5〜7分持続する。更に火力を弱め蒸し煮にするが、④⑤を合わせて20〜25分の加熱時間が米粒の完全糊化に必要である。
⑥ 飯粒の周りの過剰な水分を蒸散させるため瞬間、強火にし遊離の水がほとんどなくなるころ消火する。
⑦ 消火後10〜15分は、高温を保つことにより飯粒表面のわずかな水分が吸収され、水分が均一になりふっくらと蒸らし上がる。

参考

自動炊飯器は、繁雑な火加減を自動的に調節するように作られているが、炊飯の原理は同じである。電気釜の底部に熱源があり、外釜に水を入れて間接的に加熱する方式と、直接ヒーターの熱で加熱する直熱式がある。内部の水がなくなるに伴い、釜底部の温度が上昇し、一定温度になると温度自動調節器（サーモスタット）が働き、自動的にスイッチが切れる。タイムスイッチ付き、蒸らし完了ブザー付き、保温装置付き、圧力式などの機種がある。ガス炊飯器は、ガスの炎を熱源にし、炊き上がると自動的に消火する。炊飯の初期の火力は電気釜よりも強く、沸騰までの時間が短い。

B おかゆのポイント

① 米は、ぬか臭がなくなるまでよく洗う。
② 土鍋のような熱容量の大きな鍋がよい。
③ 水の量は、仕上がりのかゆの状態により変える。表Ⅷ-4に米と水の割合を示した。
④⑤ 沸騰するまでは強火で、沸騰したら米粒がおどらない程度の弱火にする。
⑥ 1時間以上かけて、ゆっくりと炊き上げるのがよい。途中で蓋をとったり、かき混ぜたりすると、粘りが出て焦げやすくなる。
⑦ 5分程度蒸らし、場合によっては塩を少々加えることがある。
⑧ おかゆの食べごろは60〜70℃なので、時間をおいたり、温め直すとまずくなる。

Ⅷ 炊く

A 白米飯

```
開始 ①
洗って水切りした米 →  ← 文化釜
水 ②→
↓
浸漬する ②
(30〜90分)
↓
強火で加熱する ③ ●
↓
沸騰したか ─no→ (戻る)
↓yes
火力を弱め,沸騰を続ける ④
↓
更に火力を弱め蒸し煮にする ⑤ ○
↓
強火にする(瞬間) ⑥
↓
消火して蒸らす ⑦
↓
白米飯
↓
終了
```

B おかゆ

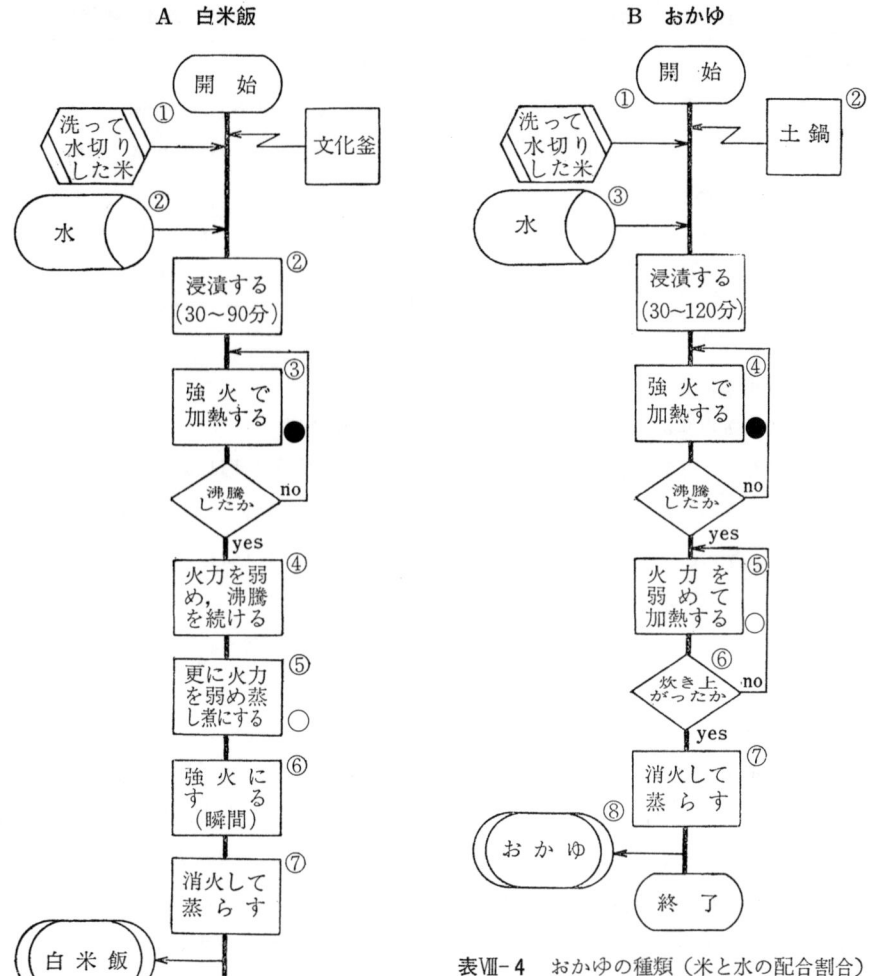

```
開始 ①
洗って水切りした米 →  ← 土鍋 ②
水 ③→
↓
浸漬する
(30〜120分)
↓
強火で加熱する ④ ●
↓
沸騰したか ─no→ (戻る)
↓yes
火力を弱めて加熱する ⑤ ○
↓
炊き上がったか ⑥ ─no→ (戻る)
↓yes
消火して蒸らす ⑦
↓
おかゆ ⑧
↓
終了
```

表Ⅷ-4 おかゆの種類(米と水の配合割合)

	全がゆ(20%がゆ)	7分がゆ(15%がゆ)	5分がゆ(10%がゆ)	3分がゆ(6%がゆ)
米	1	1	1	1
水	5	7	10	15

表Ⅷ-5 かわりがゆ

卵黄がゆ	蒸らしたおかゆを茶碗に盛り,卵黄を落とし,しょうゆまたは塩で味を付ける。
刺し身がゆ	新鮮な白身魚(鯛・ひらめなど)をそぎ切り,しょうゆをまぶして15分ほどおく。茶碗におかゆを半分ほど盛り,刺し身を載せ,おかゆを盛る。
茶がゆ	米1カップに対し,番茶を10g袋に入れ,弱火にするときに入れ,香りと色が付くころ取り出す。
牛乳がゆ	40分ほど炊いて,米粒が表面に出てきたころ,温めておいた牛乳(米1カップに対して牛乳2カップ)を加え,あと20分ほど炊く。
七草がゆ	春の七草(せり・なずな・ごぎょう・はこべ・ほとけのざ・すずな・すずしろ)を細く刻んで,かゆの出来上がりぎわに加え5分ほど蒸す。

<table>
<tr><td colspan="2">C えんどう飯</td></tr>
<tr><td>材料</td><td>米　　　　　　　　360g
こんぶのだし汁　480ml ┐ 米の体積の
酒　　　　　　　　30ml ┘ 約15%増
塩（炊き水の1％）　5g
むきえんどう　　　100g</td></tr>
</table>

<table>
<tr><td colspan="2">D 鶏飯（炊き込み法）</td></tr>
<tr><td>材料</td><td>米　　　　400g　　しょうゆ　25ml
かつおのだし汁530ml　酒　　　　15ml
鶏ささ身　95g　　塩　　　　2g
しょうゆ　5ml　　もみのり　少々
椎茸　　　4枚
にんじん　30g</td></tr>
</table>

C　えんどう飯のポイント

① 米は，洗米後ざるにあげ水切りして放置する（40～50分）。
② 炊き水は，だし汁と酒を合計して米の体積の15～20％増とし，塩加減は炊き水の1％とする。塩の分量の算出法……飯の出来上がり重量＝（520g×2.3倍※）＋むきえんどう（160g）＝1,356g，適当な塩加減は飯の0.55％とすると，1,356g×0.0055≒7.5g（炊き水の約1％）

　　＊ p.127の2）・①・a参照

③ むきえんどうは，洗って水切りし，沸騰したら加えて軽く混ぜる。

D　鶏飯のポイント

① 米は，洗米後ざるにあげ水切りしてから放置する（40～50分）。②③を加える。
② 鶏ささ身は，そぎ切りにし，2cm角に切ってから，しょうゆをまぶしておく。椎茸はもどしてせん切り，にんじんもせん切りにする。
③ だし汁と液体調味料を合計して，米の体積の15％増とする。
④ しょうゆが入っているから焦げつきやすいので，弱火にして幾分長く炊き上げる。

参考

炊き込みご飯は，味付け・色により分類して，塩味系としょうゆ味系（桜めし系）とがある。野菜などで色を美しく出し，季節感を楽しむときは塩味にし，飯に旨味をつけたいときはしょうゆ味がよい。

具を2種類以上入れるときは，味・色・形の取り合わせに注意することと，切り方をそろえるとよい。

炊き方のコツは，①水加減……調味料は，米粒の吸水・膨潤に影響するので，あらかじめ吸水させておき，炊飯直前に加えて水加減する。水分の多い材料は，炊き水をやや控えて調味料を多めにする。②火加減……調味料により焦げつきやすくなったり，生煮えになることがあるので火加減に注意する。また，だし汁と調味料を沸騰させてから米を入れることもある。一般に，酒を少量加えて蒸らしを長くすると，ふっくらと炊き上がる。貝類・松茸などは7分どおり炊けたところへ加えると，風味も損なわれず硬くならない。

VIII 炊く 135

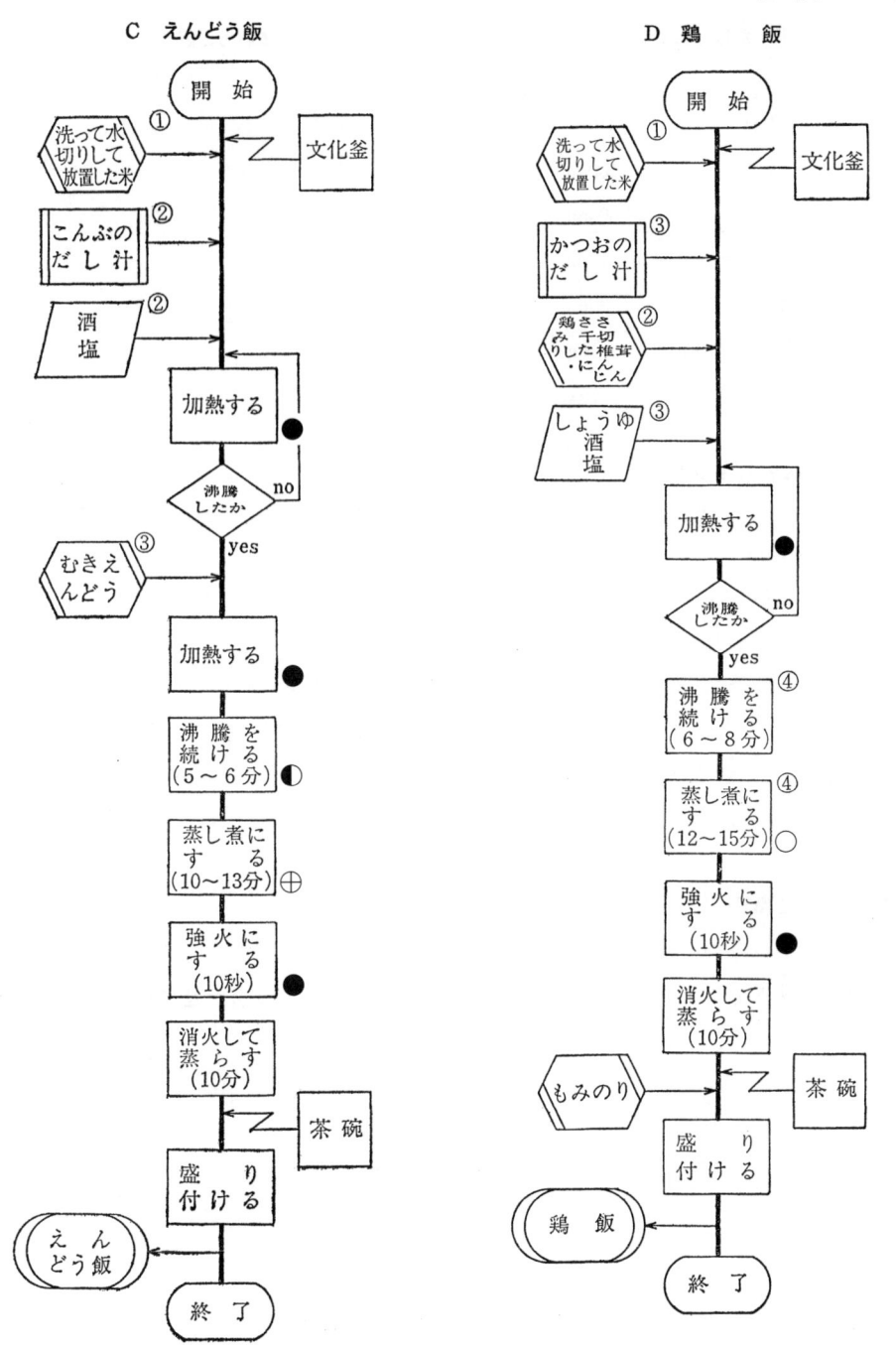

C えんどう飯

- 開始
- ① 洗って水切りして放置した米 → / 文化釜
- ② こんぶのだし汁 →
- ② 酒・塩 →
- 加熱する ●
- 沸騰したか（no で戻る／yes へ）
- ③ むきえんどう →
- 加熱する ●
- 沸騰を続ける（5〜6分）◐
- 蒸し煮にす（10〜13分）⊕
- 強火にする（10秒）●
- 消火して蒸らす（10分）
- / 茶碗
- 盛り付ける
- えんどう飯
- 終了

D 鶏飯

- 開始
- ① 洗って水切りして放置した米 → / 文化釜
- ③ かつおのだし汁 →
- ② 鶏ささみ・千切りした椎茸・にんじん →
- ③ しょうゆ・酒・塩 →
- 加熱する ●
- 沸騰したか（no で戻る／yes へ）
- ④ 沸騰を続ける（6〜8分）
- ④ 蒸し煮にする（12〜15分）○
- 強火にする（10秒）●
- 消火して蒸らす（10分）
- もみのり → / 茶碗
- 盛り付ける
- 鶏飯
- 終了

E　たけのこご飯

材料		
	米	360g
	だし汁	340ml
	ゆでたけのこ	100ml
	だし汁	500ml
	しょうゆ（米の3％）	10ml
	酒（米の5％）	20ml
	塩（米の0.5％）	2g
	木の芽	4枚

F　さつまいもご飯

材料		
	米	320g
	水	450ml
	酒	30ml
	さつまいも	150g

E　たけのこご飯のポイント

① 米は，洗米後ざるにあげ，水切りして放置し（40～50分），だし汁と下煮したたけのこ・たけのこの煮汁を加える。

② たけのこのゆで方は p.72 を参照する。長さ2cm の薄い短冊切りにし，調味液が約半量になるまで下煮しておく。だし汁と煮汁を合わせて水加減する。

③ しょうゆが入っているため焦げつきやすので，やや弱火で幾分長めに炊き上げる。

④ 蒸らし終わったら，さっくり混ぜて盛り付けた上に木の芽を軽くたたいて飾る。

別法　掘りたての新しいたけのこなら，薄い短冊切りにして米と一緒に入れ，水加減は普通よりやや控え目にし，だし汁・しょうゆ・酒を加えて同様に炊き上げる。

F　さつまいもご飯のポイント

① さつまいもは厚めに皮をむいて一口大に切り，水にさらしてあくを抜く。

② 米は洗米後30分以上分量の水に浸し，塩，①のさつまいもを合わせて炊きあげる。

Ⅷ 炊 く 137

E たけのこご飯

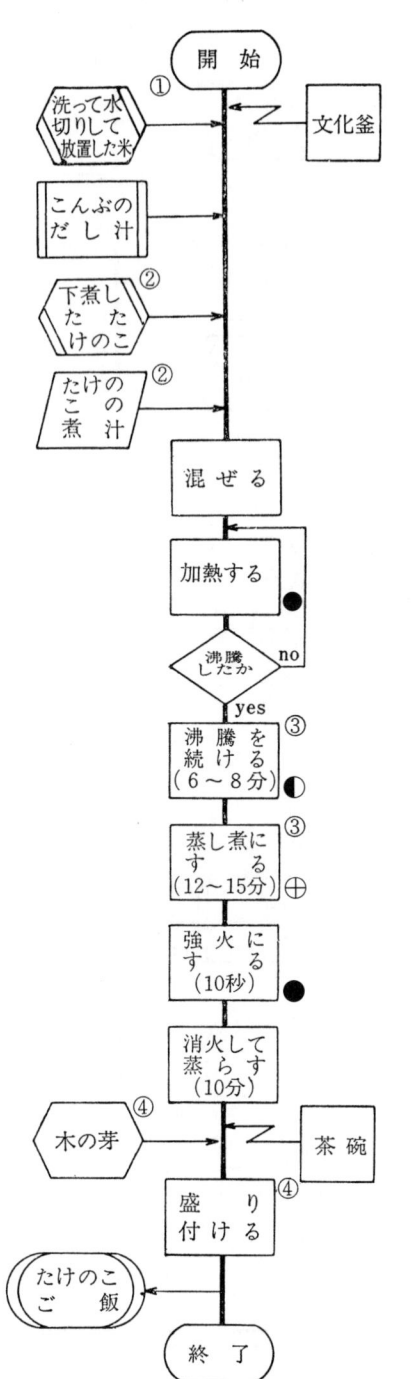

```
         ┌─ 開 始
  ①      │
洗って水 ──→│←── 文化釜
切りして　│
放置した米│
         │
こんぶの ──→│
だし汁   │
         ②
下煮した ──→│
たけのこ │
         ②
たけのこ ──→│
の煮汁   │
         │
      混ぜる
         │
      加熱する ●
         │
      沸騰したか ── no
         │ yes
      沸騰を続ける ③
      (6〜8分) ◐
         │
      蒸し煮にする ③
      (12〜15分) ⊕
         │
      強火にする
      (10秒) ●
         │
      消火して
      蒸らす
      (10分)
         │          ④
木の芽 ──→│←── 茶碗
         │ ④
      盛り付ける
         │
   たけのこご飯
         │
       終 了
```

F さつまいもご飯

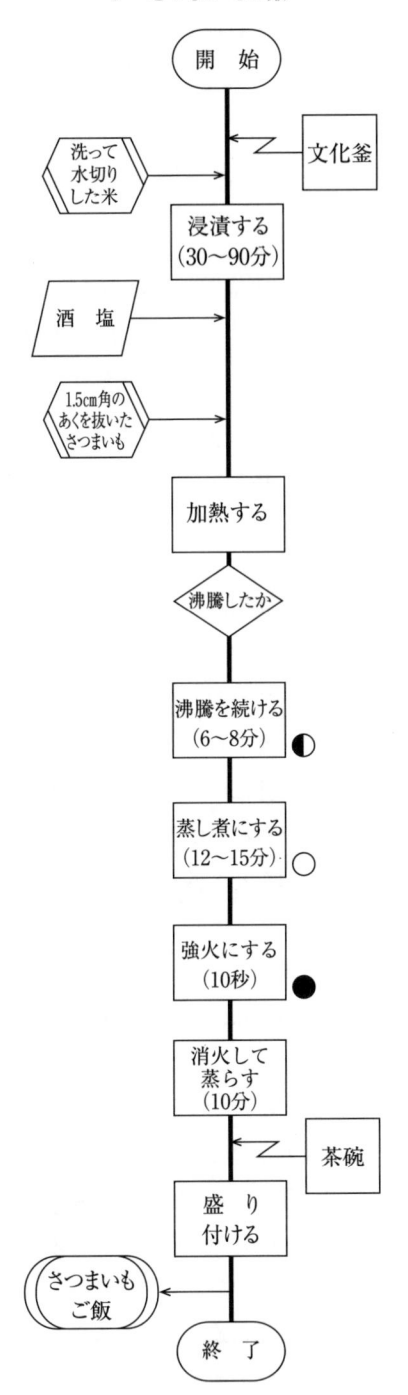

```
       開 始
        │
洗って ──→│←── 文化釜
水切り  │
した米  │
        │
     浸漬する
     (30〜90分)
        │
酒 塩 ──→│
        │
1.5cm角の│
あくを抜いた ──→│
さつまいも│
        │
     加熱する
        │
     沸騰したか
        │
     沸騰を続ける
     (6〜8分) ◐
        │
     蒸し煮にする
     (12〜15分) ○
        │
     強火にする
     (10秒) ●
        │
     消火して
     蒸らす
     (10分)
        │
        │←── 茶碗
        │
     盛り付ける
        │
   さつまいもご飯
        │
      終 了
```

G 親子丼（1人分）

材料		
	白米飯	250g
	鶏肉	25g
	玉ねぎ	35g
	だし汁	50ml
	しょうゆ	13ml
	みりん	8ml
	卵	40g
	みつば	2本
	もみのり	1/6枚分

G 親子丼のポイント

① 親子丼用の小鍋（図Ⅷ-8）または小さなフライパンに合わせだし汁を入れて，ひと煮たちさせる。

② 鶏肉は，ひと口大にそぎ切る。玉ねぎはせん切りにし，みつばは4cmくらいに切っておく。

③ アクがあれば，すくい取る。

④ 蓋をして20～30秒ぐらいで卵が半熟になる。

⑤ 丼には7分目ぐらいの白米飯を盛り付け，上を平らにしておく。煮えた具をくずさないようにすべらせて盛り付ける。

参 考

丼物の味付けは，煮物であるから約2％くらいの塩味にすると，白米飯と具を合わせて約0.7％の塩味に仕上がる。

親子丼の応用

月 見 丼（鶏肉・松茸・ねぎ・卵）

木の葉丼（かまぼこ・みつば・卵）

柳 川 丼（どじょう・ごぼう・卵）

深 川 丼（貝のむき身・ねぎ・卵）

か つ 丼（豚のカツレツ・卵）

牛　　丼（牛肉・ねぎ・卵）

きつね丼（油揚げ・ねぎ・卵・のり）

他 人 丼（豚または牛肉・ねぎ・卵）

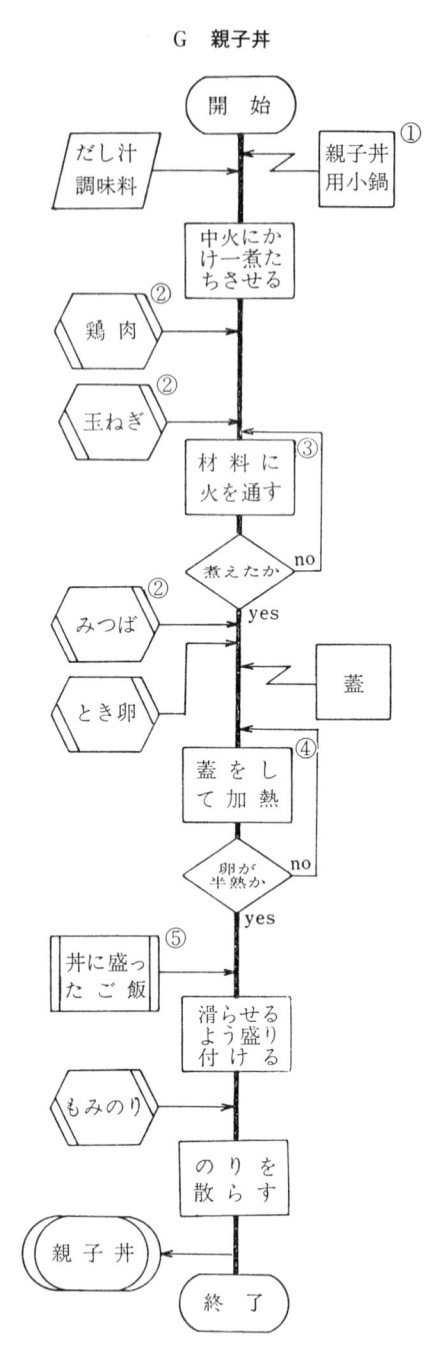

G 親子丼

図Ⅷ-8 親子丼用の小鍋

Ⅷ 炊く　139

H　すしご飯

材料	米	400g　(490cc)
	水	520ml ｛米の重量の1.3倍／米の体積の1.1倍｝
	合わせ酢	酢　（米の15%）　60ml
		塩　（米の1.8%）　7.2g
		砂糖（米の5%）　20g

J　巻きずし（太巻き一本分）

材料	すしご飯	180～190g
	かんぴょう	5g
	椎茸	4g
	厚焼き卵	25g
	みつば	5本
	のり	1枚

I　ちらしずし

材料　すしご飯（Hで作ったもの）

椎茸の含め煮	干し椎茸	小4枚
	砂糖	8g
	しょうゆ	8ml
	だし汁（もどし汁）	24～40ml
かんぴょうの含め煮	かんぴょう	16g
	砂糖	16g
	しょうゆ	16ml
	だし汁（ゆで汁）	50ml
酢魚	あじ（正味）	65g
	塩（魚の3%）	2.0g
	酢（魚の20%）	13ml

そぼろ	白身の魚	70g
	塩（魚の1%）	0.7g
	砂糖	1.5g
	酒	7.5ml
	食紅	少々
酢れんこん	れんこん	65g
	酢	10ml
	だし汁	10ml
	塩	1.2g
	砂糖	10g
にんじんの色煮	にんじん	30g
	塩	0.6g
	砂糖	1.5g

さやえんどうの青煮	さやえんどう	30g
	塩	0.6g
	砂糖	1.0g
金糸卵	卵	80g
	砂糖	6.5g
	塩	1.0g
のり		1/2枚
紅しょうが		16g

H　すしご飯のポイント　白米飯とは水加減が違うことと，最後の蒸らしを7～8分にとどめることに注意する。関西ではこんぶだし汁で炊くことがある。合わせ酢は塩・砂糖をよく溶かしておく。炊き上がった飯をすし桶（はんだい・はんぎり）に手早くあけ，合わせ酢を満遍なく振りかけて1～2分おく。木杓子を水または酢水（酢1：水10）でぬらして四方に向けて切り込むように混ぜた後，底からすくうように何回も返しながら，うちわで強くあおぎ，飯粒表面につやが出るまで冷ます。飯粒をつぶさないように注意する。使用するまで，硬く絞ったふきんをかけ乾燥を防ぐ。

I　ちらしずしのポイント　酢魚は塩と酢で身をしめ，そぎ切りにする。そぼろは，白身魚をゆで，ふきんに包んでもみほぐし，調味料を加えて湯せんにし，攪拌しながら煎り上げる。酢れんこんは，ゆでて甘酢につける。にんじんはせん切り，さやえんどうは斜め切りにしてそれぞれ調味液で煮る。具は適量をご飯と混ぜ，残りをその上に美しくちらすように飾る。

J　巻きずしのポイント　かんぴょうは塩もみしてから洗い，ちらしずしの分量で汁気がなくなるまで煮て冷まし，のりの長さより2cm短く切っておく。椎茸は水にもどして石づきをとり，ちらしずしの分量で汁気がなくなるまで煮て，せん切りにする。厚焼き卵はp.150を参考にして焼き，1cm角に切る。みつばはさっとゆでておく。図Ⅷ—9のように具を並べて巻く。

参考 すしの種類

握りずし	生きのよい魚介類をたねに，ほとんど甘味をきかせないすしめしを合わせて握った，関東を代表するすし。
箱ずし（押しずし）	木製の箱形の押し枠を使って，甘味の勝ったすしめしと味つけしたたね（小鯛・厚焼き卵・あなごなど）を押しつけるようにして作る，関西を代表するすし。
さばずし	関西風すしめしに，しめさばを載せて棒状に作ったすし。大阪では"ばってら"という。
五目ずし	ばらずし，まぜずしともいい，何種類かの野菜や魚をそれぞれに味つけしてすしめしに加えたもの。地方により，季節によりそれぞれの味がある。
ちらしずし	関東では，すしめしの上に様々に味つけした具を色・形よく盛り付けたもの。 関西では，様々に味つけした具をせん切りか細く刻み，すしめしに混ぜて器に盛り，金糸卵・紅しょうがのせん切り・もみのりなどで飾ったもの。
いなりずし	油揚げに味をつけて煮，袋状にしてすしめしや具をつめ，煮たかんぴょうで結ぶ。
巻きずし	のりまたは厚焼き卵ですしめしを巻いたもの。のりの扱いやしんの材料により，太巻き・細巻き・だて巻きなどに変化する。
蒸しずし（ぬくずし）	関西風すしめしに具を混ぜ，丼や小型のせいろにのせ，そぼろやグリンピース・金糸卵・紅しょうがなどを飾り，温まるまで蒸したもの。
なれずし	酢を用いず，魚介類とめしなどを発酵させて，自然の酸味で食べる。現在のすしの元祖である。
その他	魚の姿をそのまま生かした姿ずし，薄焼き卵で包む茶きんずし，笹で巻く笹ずし，技巧にこった細工ずしなどがある。

図Ⅷ-9 巻きずしの巻き方

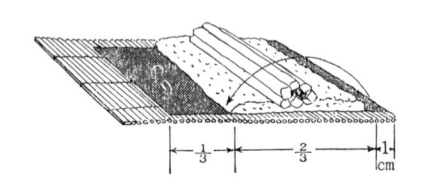

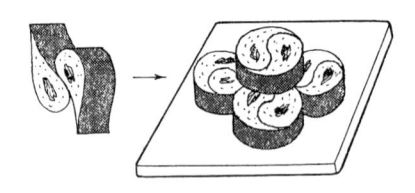

図Ⅷ-10 巴ずし

図Ⅷ-11 藤ずし

IX 焼　く

1. 焼き方の基本

1・1　焼くとは

　　熱源からの放射熱を食品に直接あてて加熱すること（直火焼き法），または金属板等を通した間接熱を伝導・放射・対流によって食品を加熱すること（間接焼き法）である。食品の形状や水分含量によっても異なるが，温度は150～200℃，時には250℃で加熱をするので食品の表面は焦げるが，この焦げ方は炭化せずに風味が良くなる程度にする。内部は熱伝導度（p.64 表III-7参照）により異なるが，60～80℃くらいの食べられる状態となる。加熱調理法として最も古いものである。

1) **目　的**　大きく分類して，Ⓐ組織を加熱して軟化させる……野菜類，Ⓑ蛋白質を凝固させる……魚介類・獣鳥肉類・卵類，Ⓒ澱粉を糊化させる……餅・いも類・栗・ぎんなん類，になるが，このことと併せて次の項目を付加することである。すなわち，①表面の水分を急激に減少させる，②乾燥させる，③適当な焦がし方を行い風味を加える，④揮発性の悪臭を放散させる，⑤表面の高温殺菌を行う，⑥脂質の融解や溶出を図る，⑦味を濃縮させる，⑧重量減少を起こす，⑨テクスチャーの変化を生じる，等である。

2) **種　類**

表IX-1　焼き方の分類

分　類	直　火　焼　き	間　接　焼　き
熱　　　源	炭火・電気・赤外線・ガス火（放射熱に変換できる熱源の上に載せる）を用いて，食品に直接熱を与える。	熱源は直火焼きと同じであるが，金属板や鍋・石・砂・焙烙等に伝えられた高温の伝導熱，放射熱，対流熱で食品を加熱する。
器　具　別（支持体，媒体）	串（金・竹），網，かぎ（つるし用），トースター	鉄板・鉄鍋・石・天火・灰・砂・焙烙・竹筒・杉板・（油）・アルミ箔・和紙・硫酸紙
食　品　別	魚類，貝類，野菜類（なす，いも）獣鳥肉類（骨付き，切身），餅，栗	魚類・野菜類・卵類・きのこ類・小麦粉類・獣鳥肉類・果物類
形　態　別	丸ごと，姿，開き，切身，殻付き，厚（薄）切り，田楽，つくね，松笠	

調味料別	素焼き（調味料は用いない） 塩焼き，みそ焼き しょうゆ焼き（照り焼き，つけ焼き，かば焼き）	バター焼き，ムニエル，カレー焼き，塩・こしょう焼き，ステーキ，しょうが焼き，さんしょう焼き
		従来は直火焼きであったが煙の出るのを避けるため，近年は，フライパン等で間接焼きにすることが多くなりつつある。

1・2 焼き方の実際

1) 火力の強弱から見た焼き方

① 比較的強火で焼くもの……蛋白質性食品である魚介類・獣鳥肉類・卵類で，水分を75〜80％前後含有しているものは，強火短時間で表面の蛋白質を凝固させ，内部の旨味エキス分の流出を防ぐことが必要である。すなわち，蛋白質の凝固を焼き加減の目安とする。

② 比較的弱火で焼くもの……澱粉質性食品であるいも類・小麦粉類や，海苔・わかめのように水分の少ない食品は，組織内にある澱粉と水，多糖類またはあとから加えた水の存在下で一定時間加熱して糊化乾燥させることが大切である。澱粉の糊化，多糖類の乾燥に必要な時間と，好ましい焦げ方を目安とする。

○いずれにしても，火力の一定を原則とし，炎の上がらない強火（200〜250℃）で10cm前後離した距離を基本にし，弱火は熱源から距離を遠ざけることによって得られる。

2) 材料の種類から見た焼き方

① 魚介類……盛り付けたとき表になる方から焼き始める。焦げめを大切にして適度なところで裏返して，内部はこの裏側から中火でじっくり焼く。厚み・大きさに応じて火力は調節する。肉基質が少なく軟らかで身くずれしやすいので，網・串等はあらかじめ熱して蛋白質の凝固を図る。時間をかけると身が硬くなり不味となるので，蛋白質のゾル状がゲル化した直後くらいまでを限度とする。

② 獣鳥肉類……肉特有の透明感は40℃くらいに加熱されると失われ白濁する。50℃くらいで灰色となる。加熱温度を高め60℃になると肉基質蛋白質が収縮を起こす。また脂肪分が溶けだし（牛脂 40〜50℃，豚脂 28〜48℃，鶏脂 30〜32℃）重量減少を起こすことがあるが，脂肪は内部への熱伝導を遅らせ，ゆっくりした加熱ともなる。表面は高温で蛋白質を凝固させ，内部は中火で焼くのがよい。（牛肉は生焼きステーキ〔rare〕もある。）

③ 鶏卵……厚焼き，薄焼き，具入りいずれの場合も，卵を入れる鍋は160〜200℃くらいの高温とし，調理の種類によって水をさした蒸し焼き状や，全体を撹拌して内部を半熟状にすることが多い。煮だし汁や牛乳・砂糖を加えると卵の加熱凝固温度を調節することができる。

1・3 焼き方の基本的フローチャート

① 熱源により焼き器具の形式は異なる。
② 焼き器具を熱してから用いると，焼きつきやくずれが防げるので，よく熱しておく。
③ 形を整えるための補助器具。
④ 下処理した材料は，あらかじめ漬け込みや塩振りなども施しておく場合がある。
⑤ 味つけ用塩振りではなく，形・姿を整えるため，または重ね塗りをしたいたれを最初から用いる場合。
⑥ 水分の多い材料の時は高温に，たれの場合はやや低めにする。熱源からの距離によって温度調節をするとよい。
⑦ 焦げめは，表側の状態の判断による。
⑧ 太さのある丸形材料の時は，単に裏側だけではなく，全体を回し焼きのようにする。
⑨ 通常は裏側より6分の火通りとする。照り焼き，つけ焼きの時は控え目の火通り(5分)でよい。
⑩ ⑤のたれより，表面に塗るようなたれの場合。
⑪ はけで塗るだけでなく，たれに漬け込むこともある。
⑫ ⑥の火より距離をとるか，やや弱める。(A)は重ね塗りをする場合，2～3回繰り返しとなる。
⑬ 焼き物に形くずれを起こさぬよう，静かに取りはずす。特に串をさしたものは，粗熱がとれるまで，落ち着くのを待ってはずす。

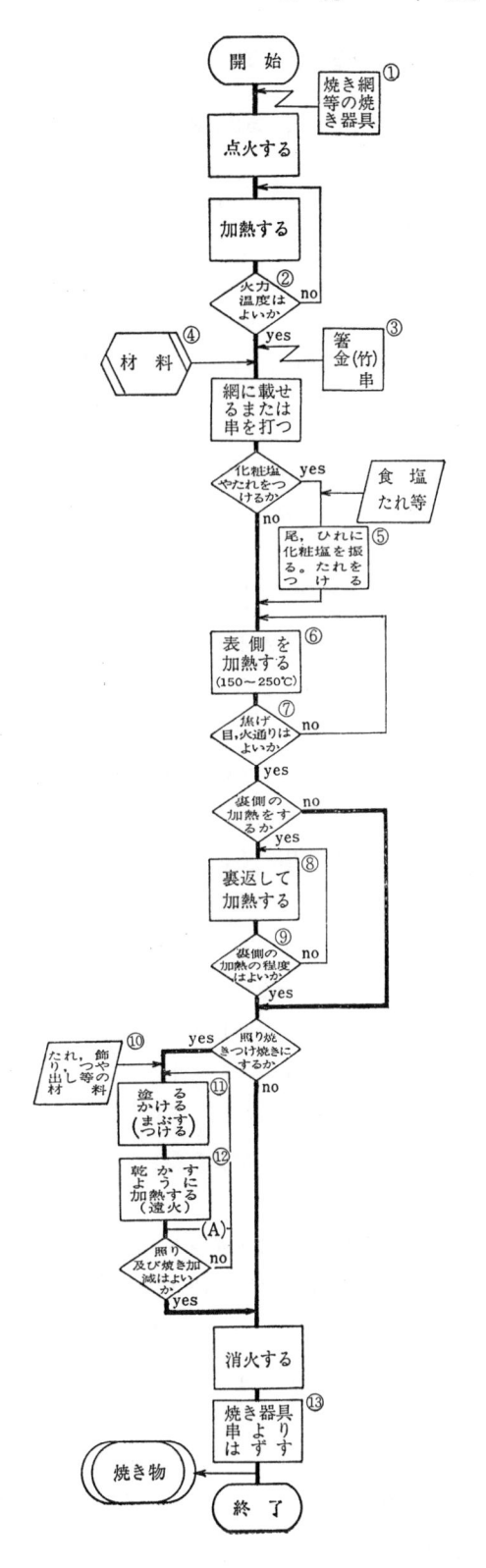

2. 焼 き 物

A あじの姿焼き

材料	あじ	4尾
	塩（魚の重量の2％）	
	酢どりしょうが	
	新しょうが	4本
	酢	45ml
	砂糖	15g
	塩	1.5g
	たで酢	
	青たでの葉	少々
	だし汁	45ml
	酢	45ml
	水溶きかたくり粉	少々

B ぶりの照り焼き

材料	ぶりの切身（80g）	4枚
	照りじょうゆ（魚の重量の20％）	
	しょうゆ	45ml
	みりん	45ml
	菊花かぶ	
	小かぶ	4個
	塩	少々
	三杯酢	1/4cup
	赤とうがらし	1本

A あじの姿焼きのポイント

① 新鮮なあじのうろこ・ぜんご・えらを取り，盛り付けたとき裏側になる面の腹部に切れ目を入れ，内臓を除き洗う。ざるにあげて塩を振り20～30分おく。

② 表面の水気を拭い図Ⅸ-1のようにうねり串を打つ。

③ 尾とひれを広げるようにして塩を多めにすり込み，表側に更に化粧塩を振る。

④ 炎の上がらない強火（200～230℃で約13cm離れた位置）で，上身の方から4分通り焼く。

⑤ 串は熱いうちに回しながら，形をくずさぬよう抜く。

⑥ たで酢は，小鍋にだし汁と酢，水溶きかたくり粉を加え，木べらでかき混ぜながら加熱して，とろみがついたら冷ましておく。たでの葉をすり混合する。あじの姿焼きに欠かせない。

B ぶりの照り焼きのポイント

① 切り身は照りじょうゆ（しょうゆに同量のみりんを混ぜたもの）に15～20分つけておく。

② 筋繊維に直角にして串を2本末広になるように打つ。

③ 上身から3分，裏から6分通り火を通しておく。

④ 照りじょうゆは焦げると苦味が出るので，乾かす程度に2～3回繰り返し，焼け色と照りを出す（この間に残りの1分に火が通る）。

⑤ 菊花かぶは，p.37の切り方をしたかぶを塩でもみ三杯酢につけておき，しぼってから赤とうがらしの小口切りを添える。

IX 焼く　145

A　あじの姿焼き

開始 → ① あじ、金串
② 串を打つ ← 塩
③ 化粧塩をする ← 焼き網・鉄弓
④ 表になる方を4分通り焼く
　↓
裏から6分通り焼く
　↓
焼き具合はよいか
　yes ↓　no → (戻る)
⑤ 金串を回しながら抜く ← 焼き皿
　← 酢どりしょうが
⑥ たで酢
盛り付ける → あじの姿焼き
終了

図IX-1　あじの串の打ち方

B　ぶりの照り焼き

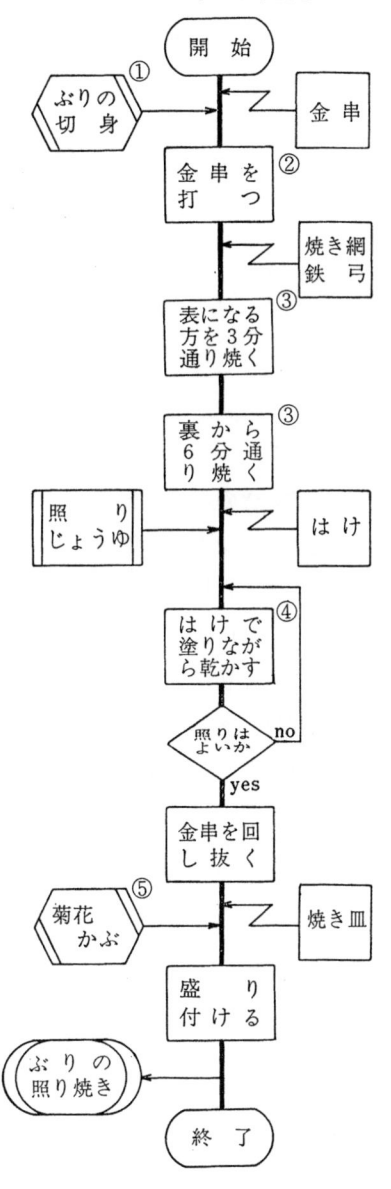

開始 → ① ぶりの切身、金串
② 金串を打つ ← 焼き網・鉄弓
③ 表になる方を3分通り焼く
③ 裏から6分通り焼く
← 照りじょうゆ、はけ
④ はけで塗りながら乾かす
照りはよいか
　yes ↓　no → (戻る)
金串を回し抜く
← 菊花かぶ、焼き皿
⑤ 盛り付ける → ぶりの照り焼き
終了

参考　照りじょうゆ

本照り……みりんと酒を同割りにして半量に煮つめ，それと同量のしょうゆを加えて3割ほど煮つめたもの。

かけじょうゆ……標準はみりん・酒・しょうゆの同割り，またはしょうゆ：みりんが7：3。

C　牛肉の八幡巻き

材料	牛もも薄切り肉	200g
	みりん（牛肉の15％）	30ml
	しょうゆ（牛肉の10％）	30ml
	ごぼう	150g
	だし汁	150ml
	しょうゆ（ごぼうの6％）	9 ml
	砂糖（ごぼうの3％）	5 g
	薄力粉	3 g
	サラダ油	15ml

C　牛肉の八幡巻きのポイント

① 八幡巻きは，身の長い魚（あなご，はも等）を開きごぼうに巻きつけて焼いたもの。ごぼうの産地である京都府八幡市で作られたことから名づけられた。
② ごぼうの太い箇所は縦半分に切る。
③ 牛肉はらせん状に巻くことで太さを揃えられる。
④ 焼く際には，巻き終わりを下にする。
⑤ 焦げ付きを防ぐため菜箸でよく回し，煮汁がなくなる前に表面に煮汁をかける。

C　牛肉の八幡巻き

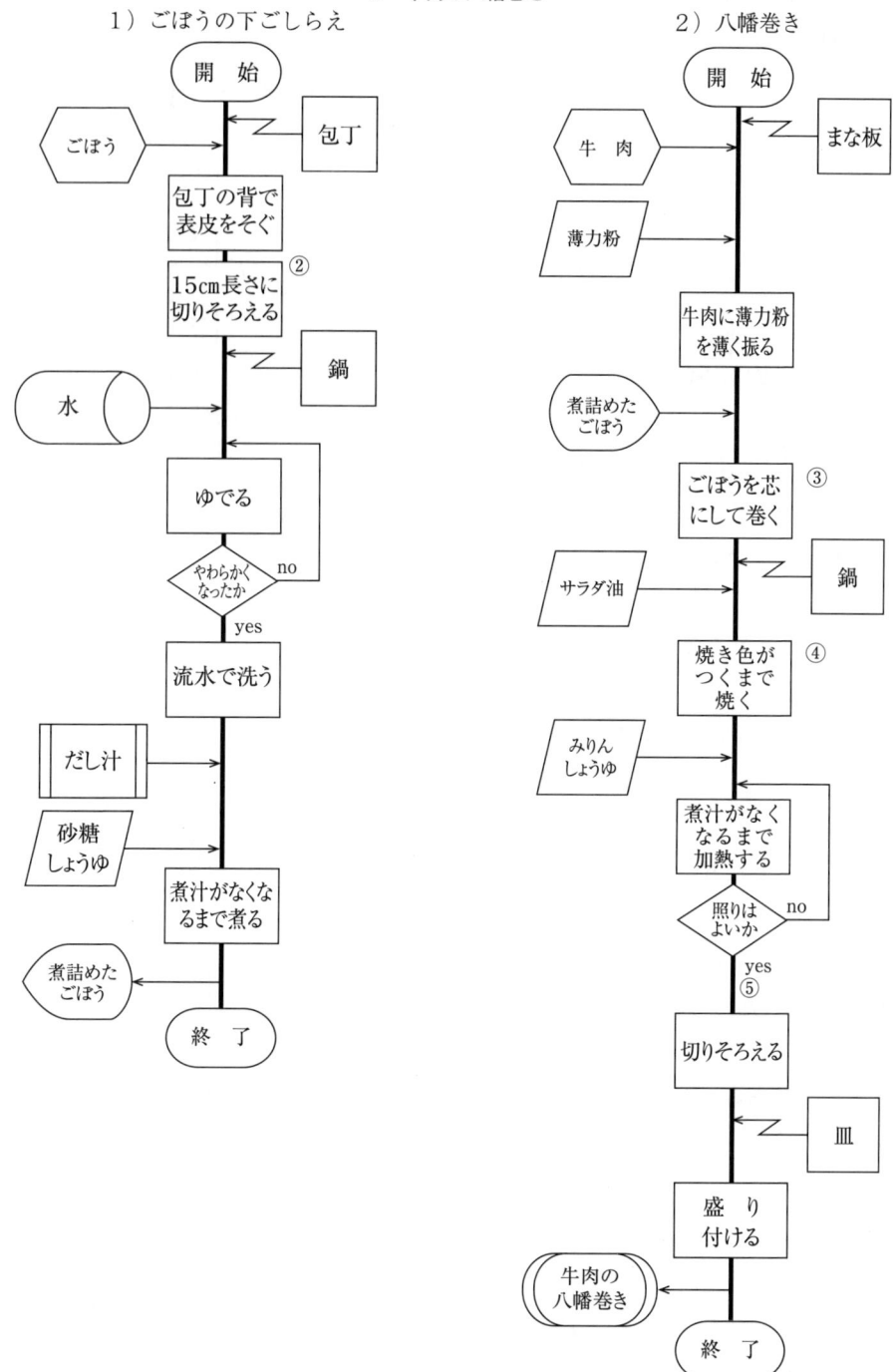

1）ごぼうの下ごしらえ

```
開始
 ← ごぼう
 ← 包丁
包丁の背で表皮をそぐ
15cm長さに切りそろえる　②
 ← 鍋
 ← 水
ゆでる
やわらかくなったか → no（戻る）
 yes
流水で洗う
 ← だし汁
 ← 砂糖 しょうゆ
煮汁がなくなるまで煮る
→ 煮詰めたごぼう
終了
```

2）八幡巻き

```
開始
 ← 牛肉
 ← まな板
 ← 薄力粉
牛肉に薄力粉を薄く振る
 ← 煮詰めたごぼう
ごぼうを芯にして巻く　③
 ← サラダ油
 ← 鍋
焼き色がつくまで焼く　④
 ← みりん しょうゆ
煮汁がなくなるまで加熱する
照りはよいか → no（戻る）
 yes　⑤
切りそろえる
 ← 皿
盛り付ける
→ 牛肉の八幡巻き
終了
```

D　いかの黄金焼き

材料	いか（上身）	150g
	塩	少々
	酒	15ml
	卵黄	1個
	みりん	5ml
	塩	1g
	酢どりしょうが	4本

D　いかの黄金焼きのポイント

下ごしらえ

① 胴をおさえて足の部分を下に引くと内臓が取れる。胴を包丁で開いて残りの内臓と軟骨を除き，耳の部分をはぎながら薄皮をむく。

② 図IX-2のように松かさいかになるよう包丁目を入れる。

③ 図IX-3のように身をすくうようにして串を打つ。

黄金焼き

① 包丁目を入れた方から遠火の強火で焼き始め，ボールや鍋の蓋をかぶせて火の通りをよくする。白くなったら裏返して，表，裏あわせて8分通り火を通す。

② 卵黄のたれは，卵黄にみりんと塩をよく混ぜたものである。

図IX-2　松かさいかの包丁の入れ方

図IX-3　松かさいかの串の打ち方

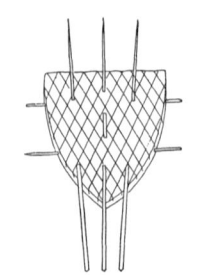

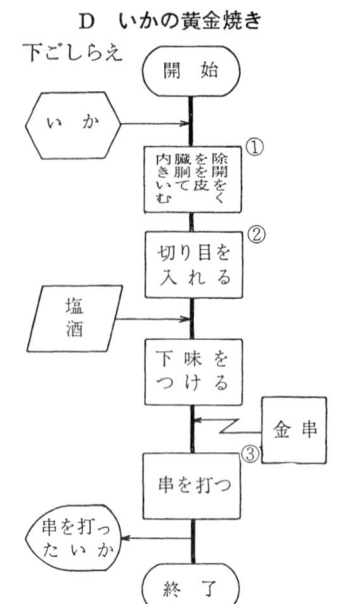

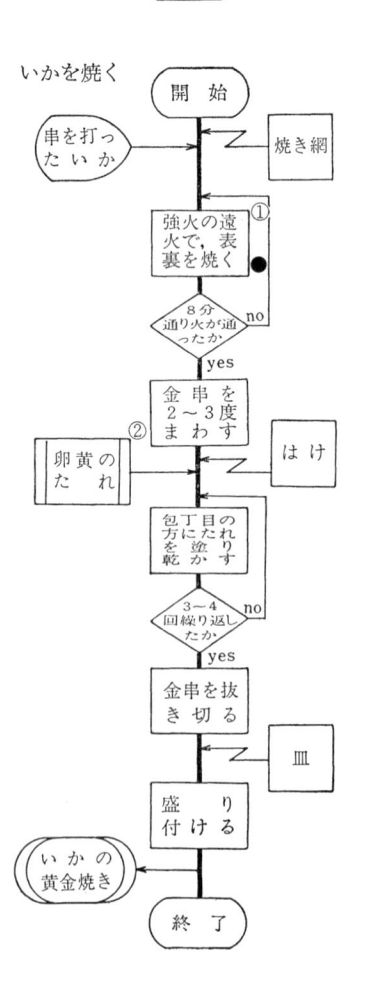

E 魚田

材料		
あゆ（1尾60g）	8尾	田楽みそ
酢どりしょうが	8本	白みそ　70g
たでの葉	少々	砂糖　15g
けしの実	少々	みりん　20ml
		だし汁　45ml
		卵黄(小)　1個
		塩　少々

F だし巻き卵

材料	
卵（大）	6個
だし汁（卵の30～50％）	
塩　（卵+だし汁の0.8％）	
薄口しょうゆ（〃　1％）	
みりん　　　（〃　3％）	
大根おろし	1/2cup

E 魚田のポイント

① あゆに限らずあじ・きす・にじますなどを p.144 の要領で塩焼きにして串は抜かない。

② 田楽みそは，小鍋で弱火にかけて気長に練る。卵黄は火からおろしてから加え，卵黄に火が通らないよう注意する。卵黄を入れることで粘性が増し，みそのつきがよくなり落ちない。田楽みその白みそは，魚によっては赤みそでもよい（にじますなど）。

③ 焼いているうちに尾が焦げ落ちやすいので，アルミ箔や野菜のくずを載せて防ぐ。

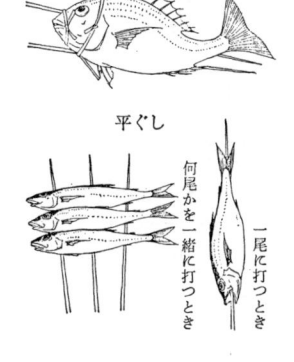

参考　　　　　図IX-4　魚の串の打ち方

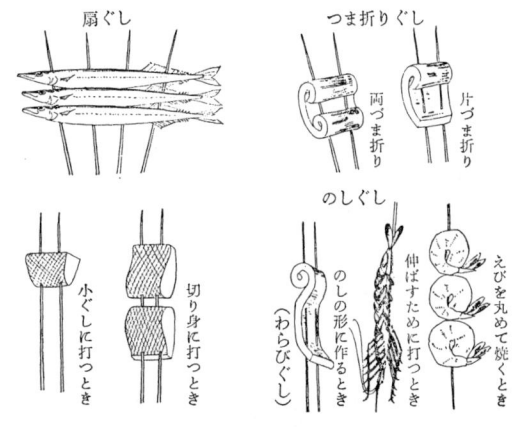

おどりぐし　　扇ぐし　　つま折りぐし
　　　　　　　　　　　両づま折り　片づま折り

平ぐし　　　　　　　　　　　　　　のしぐし
何尾かを一緒に打つとき　一尾に打つとき　小ぐしに打つとき　切り身に打つとき　のしの形に作るとき（わらびぐし）　伸ばすために打つとき　えびを丸めて焼くとき

F だし巻き卵のポイント

① 卵を割りほぐし，調味料を加えて泡立たないよう混ぜる。

② 卵焼き器はよく焼いて油じませ，余分な油をあける。

③ 卵液を1/2～1/3くらい流し入れ，下の方が固まりかけたら，箸で軽く混ぜて全体を6分通り焼く。

④ 向こう側に二つ～三つ折りにして寄せる。あいたすきまに油をひき，残りの卵液の1/2を流し入れ，焼いた卵の下側にも流し入れて焼く。卵液が半熟になったら，向こう側から手前に巻く。最後は鍋を傾けて周囲も焼く。

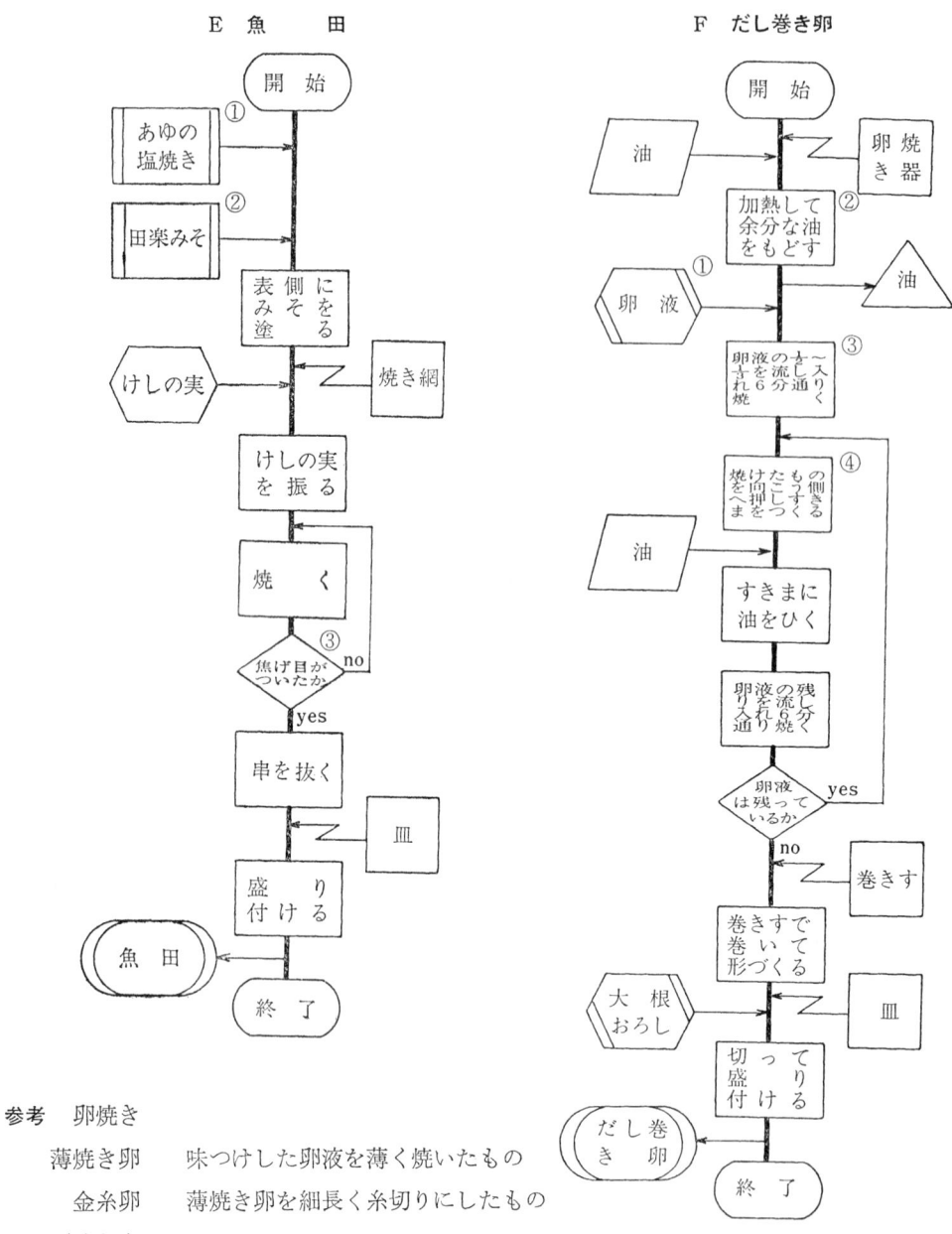

E 魚田

開始 → ①あゆの塩焼き → ②田楽みそ → 表側にみそを塗る ← 焼き網、けしの実 → けしの実を振る → 焼く → ③焦げ目がついたか（no→焼くへ戻る／yes）→ 串を抜く ← 皿 → 盛り付ける → 魚田 → 終了

F だし巻き卵

開始 → 油、卵焼き器 → ②加熱して余分な油をもどす → 油（三角へ）、①卵液 → ③卵液の $\frac{1}{5}$～$\frac{1}{6}$ 入り分を流し通く焼 → ④むこう側からこちらへ向けて押しつける → 油 → すきまに油をひく → 卵液の残り $\frac{1}{5}$～$\frac{1}{6}$分を流し入れ焼く → 卵液は残っているか（yes→戻る／no）→ 巻きす → 巻きすで巻いて形づくる ← 大根おろし、皿 → 切って盛り付け → だし巻き卵 → 終了

参考　卵焼き

　薄焼き卵　　味つけした卵液を薄く焼いたもの
　金糸卵　　　薄焼き卵を細長く糸切りにしたもの
厚焼き卵
　だし巻き卵　味つけした卵液を焼きながら厚く巻いたもの
　だて巻き卵　味つけした卵液に，魚のすり身や，おろしたやまといもなどを加え，厚く巻いたもの
　う巻き卵　　だし巻き卵の芯にうなぎのかば焼きを入れて焼いたもの
　ふくさ卵　　白身魚を焼いてほぐしたものを混ぜて焼いたもの
　さらさ卵　　下煮したにんじん・椎茸・さやいんげん・グリンピースなどを卵に混ぜ合わせて，さらさ風に焼いたもの

G 若鶏のさんしょう焼き

材料	若鶏もも肉	500g
	サラダ油	15ml
	照りじょうゆ	
	しょうゆ	50ml
	砂糖	10g
	みりん	30ml
	酒	25ml
	粉さんしょう	少々

G 若鶏のさんしょう焼きのポイント

① 鶏肉は皮の方に金串かフォークで一面に穴をあけておくと，皮が縮んでそらず，また火通りがよい。

② フライパンで皮の方を先に焼き焼き色をつけ，返して7分通り焼く。

③ 油を除くと鶏臭が除けるし，味の含みがよくなる。

④ ほとんど煮汁がなくなるまで味を含ませるが，焦げやすいので注意する。

⑤ 皿などに載せると水っぽくなるので，網の上に載せて切る。

G 若鶏のさんしょう焼き

```
           開始
  サラダ油 ─→│←─ フライパン
           │
          加熱する
           │
    鶏肉 ─→│ ①
           │
        焼き色をつけて ②
        返して焼く
           │
        ◇焼き色が◇ no
         ついたか ──┐
           │yes    │
           │←──────┘
          油を除く ③
           │
  照り   ─→│─→ 油
  じょうゆ  │
          蓋 ─→│
           │
        蒸し焼き
        にする
           │
        肉を返して ④
        味を含ませる
           │
        ◇煮汁は◇ no
         ないか ──┐
           │yes   │
           │←─────┘
        網の上に ⑤
        取り出して切る
           │
  盛り付け用皿 ─→│
           │
          盛り付ける
           │
   粉さん  ─→│
   しょう    │
          粉さんしょ
          うを振る
           │
  若鶏の  ←─│
  さんしょ   │
  う焼き    │
          終了
```

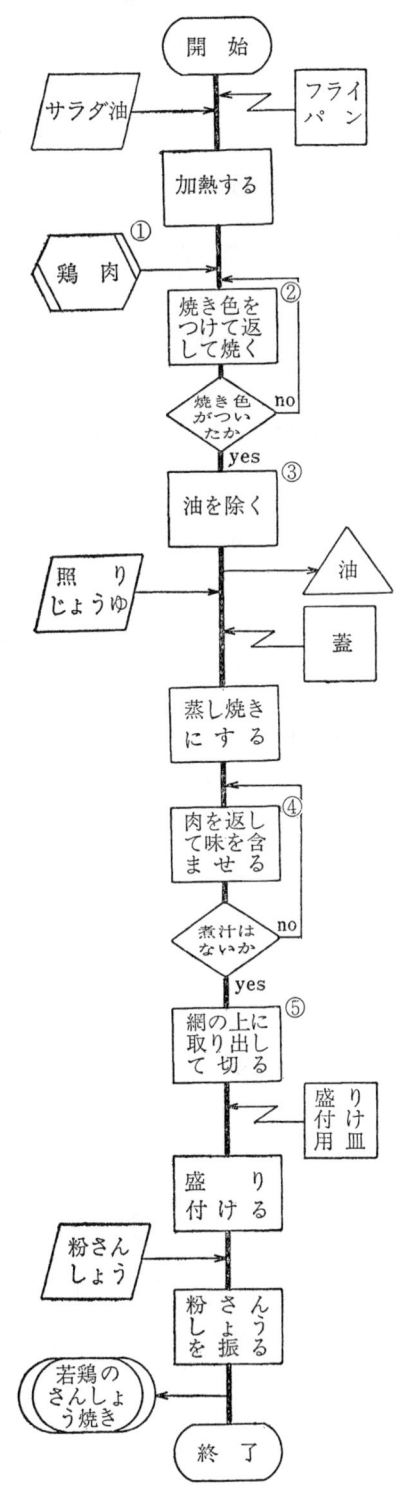

X 揚げる

1. 揚げ方の基本

1・1 揚げるとは

　高温の油の中で，油の対流熱により食品を加熱することである。伝熱形式は水におけるゆで方と同様であるが，油の比熱は0.47cal/g·deg，同一熱量で水の約2倍の温度上昇が可能であり，食品を短時間で加熱することができる。焼き物と同様食品の外部と内部の温度勾配は大きい。また，加熱以外に油は食品に付着し吸収されるので，栄養価の増加となり，併せて食味の変化，向上が見られる。

1) **目　的**　①高温調理（120〜190℃）により時間を短縮する，②食品中の水分を急速に脱水する，③油脂の摂取ができる，等である。その結果，澱粉性食品は糊化し，蛋白質性食品は熱変性を起こして凝固し，水溶性ビタミンの溶出は少なく，適度な油脂温度による焦げの風味と色彩の変化，油脂によるなめらかな舌ざわりなど，味と共にテクスチャーや外観が変化し，水を媒体とした場合と異なったものにすることができる。

2) **種　類**　広義に分類すると，食品に，何（広義の衣）をつけるか，つけないかである。

表 X-1　揚げ方の分類と種類

揚げ方
- 素揚げ……何もつけずに食品をそのまま揚げる。食品の水分は充分蒸発しからりと揚がる。色は鮮やかとなり，テクスチャーも好ましくなるが，水分含量が多く組織の軟らかい時は形くずれがおきやすい。何もつけないことからから揚げ（＝空揚げ，下記のものと同分類）と称することがある。
- 衣揚げ（広義）
  - 空揚げ……特に衣という表現は用いないが，過剰の水分を吸着させるために，食品の表面に小麦粉や澱粉類を薄くまぶして揚げる。粉が食品の保護膜となり，成分を溶出させない。下味をつけ粉類をまぶして揚げる唐揚げもこの分類に入る。
  - 衣揚げ（狭義）
    - 天ぷら[1]……卵・水・小麦粉を混ぜ水分65〜70％くらいのとろりとしたものを食品につけて揚げる。食品の水分蒸発は少なく，風味が保たれる。和風揚げ物の代表とされる。青のりやごま等を入れた変わり衣もある。
    - 変わり揚げ……道明寺粉・切った春雨や細い麺類・あられ・パン粉（洋風）等を表面につけて揚げる。これらの材料が食品によくつくように，最初小麦粉（または澱粉）・卵（卵黄・卵白を分けることもある。または水・牛乳）をつけてから，これらの材料をつけるとよい。やや低温で色よく揚げる。

注1）：江戸時代は揚げ物全部を天ぷらと称しており，衣の有無による名称区別はなかった。

1・2 揚げ方の実際

1) 揚げ油の種類

大部分植物性液体油を用いる。原料で区別すると，大豆油・菜種油・ごま油・とうもろこし油・落花生油・棉実油・サフラワー油・椿油・米糠油・オリーブ油等数多い。

単品で用いることのほかに，香りや揚がり具合の嗜好から適宜配合することもある。業者は次の条件を満たす内容と，独自の特徴を出すよう工夫した揚げ物専用油を市販している。

高温での調理時間から，①熱安定性が高いこと，②保存安定性が高いこと，③使いやすいこと，④油の風味と食品の風味が調和するものであること，等が欠けてはならない。

洋風のドレッシング向きに作られている種々の原料のサラダ油も，くせがなく使える。

図X-1 各種揚げ物による揚げ油の温度変化

大鹿淳子：家政誌9，p.224，1958，に著者加筆。

図X-2 表面積の相違による温度変化

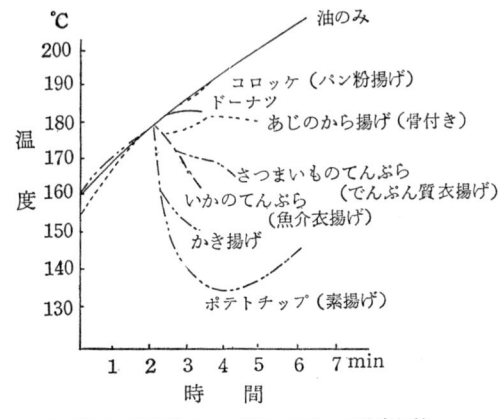

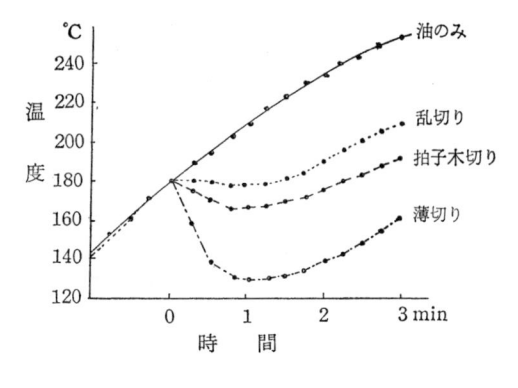

大鹿淳子：家政誌9，p.227，1958．

図X-3 投入温度および分量の相違による揚げ油の温度変化

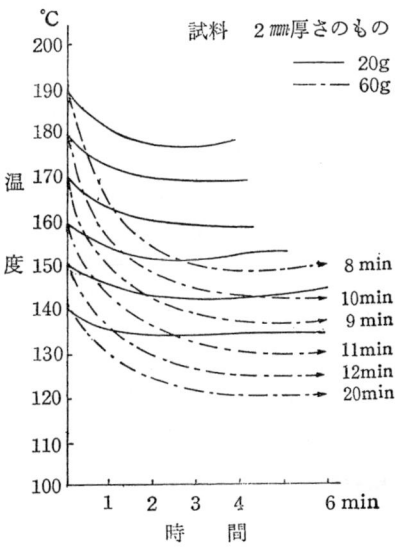

大鹿淳子ほか：家政研究3，p.6，1956．

2) 揚げ油の温度と時間

高温での調理適温は，温度計で管理できるし，天ぷら衣による揚げ温度の見方によってもよい（図Ⅹ-4参照）。

揚げ油は，食品の種類や衣の有無（図Ⅹ-1），一回の分量の相違（図Ⅹ-3），大きさ，切り方による表面積の差（図Ⅹ-2）等により，油の温度低下が起こり，材料を取り出す油の適温に戻る時間と食品の加熱の良否が一致しにくくなり，揚げ物を不味にする。そこで，基本的には次のような点に留意する。

① 澱粉質性食品

糊化のためと脱水のため，いずれも比較的低温でやや時間をかける。

② 蛋白質性食品

水分が多いが，生でも食べられるので高温短時間が好ましい。

③ 火通りの悪い形態の食品

二度揚げの工夫がよい。一度目は低温で火通しを主に，二度目は高温で油切れをよくする。

④ 低温材料や大量の食品

揚げ開始油度を高めにする。

表Ⅹ-2　揚げ物の適温と時間

揚げ物の種類	温度（℃）	時間(分)	揚げ物の種類	温　度（℃）	時間(分)
素揚げ			唐揚げ		
ししとう・みつば・青じそ	140～160	0.5～1	鶏　骨なし	160～170	3～4
さつまいも・れんこん・かぼちゃ（0.7cm厚さ）	160～170	2～3	〃　骨つき	160～170 そのあと180（二度揚げ）	5～7 0.5
なす（切り込み）・椎茸	180	1～2	天ぷら 　野菜類	160～180	1～3
			魚介類	180～190	1～2
そうめんつと揚げ（えび）	160～170	2～3	パン粉揚げ		
			豚肉(1cm厚さ)	160～170	3～5
春雨揚げ（挽肉芯）	180→150	2～3	魚介	180	2～3

図Ⅹ-4　衣による揚げ温度の見方

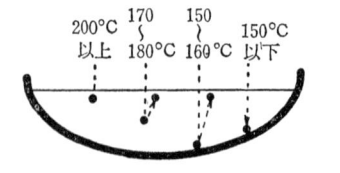

注：
150℃以下　　衣種は沈み，なかなか浮上しない。
150～160℃　衣種は一度底に沈み，ゆっくり浮上する。
170～180℃　衣種は途中まで沈み，脱水のため軽くなり浮上する。
200℃以上　　衣種をおとすと同時に脱水し，そのまま油面に浮く。

1・3　揚げ方の基本的フローチャート

① 材質は厚手の金属鍋，容量は媒体の表面積が大きくなるものがよい。深すぎると媒体を多量に必要とし，無駄となる。

② 食用油脂のうち植物油と一部の動物脂が用いられる。各々特徴がある。

③ 温度計を使用しない場合は，天ぷら用衣を油中に落としその浮き上がりで見る方法もある。

④ 材料の種類，大きさ，量等により異なる。ここでは材料投入時の媒体温度であり，⑦の揚げている時の適温と異なることがある。

⑤ 材料をはさむには太めの菜箸，揚げている時は金箸，かき揚げ等にはへらや玉杓子がよい。

⑥ 衣の種類は数多くあり，各々下準備が異なり材料へのつけ方も異なる。本文及び調理例参照。

⑦ 材料により異なる。目安は表X-2参照。

⑧ 材料自身が回転せず片面のみ熱が伝わる場合に裏返しを行う。

⑨ かす取りはこの時期ばかりではなく，手まめに行う。

⑩ 材料の加熱状態での判定のほかに，揚げ色や目安時間で決める。

⑪ 消火を先にしてから揚げ物を取り出すこともあるが，加熱時間の短い操作のため，消火をあとにすることが多い。

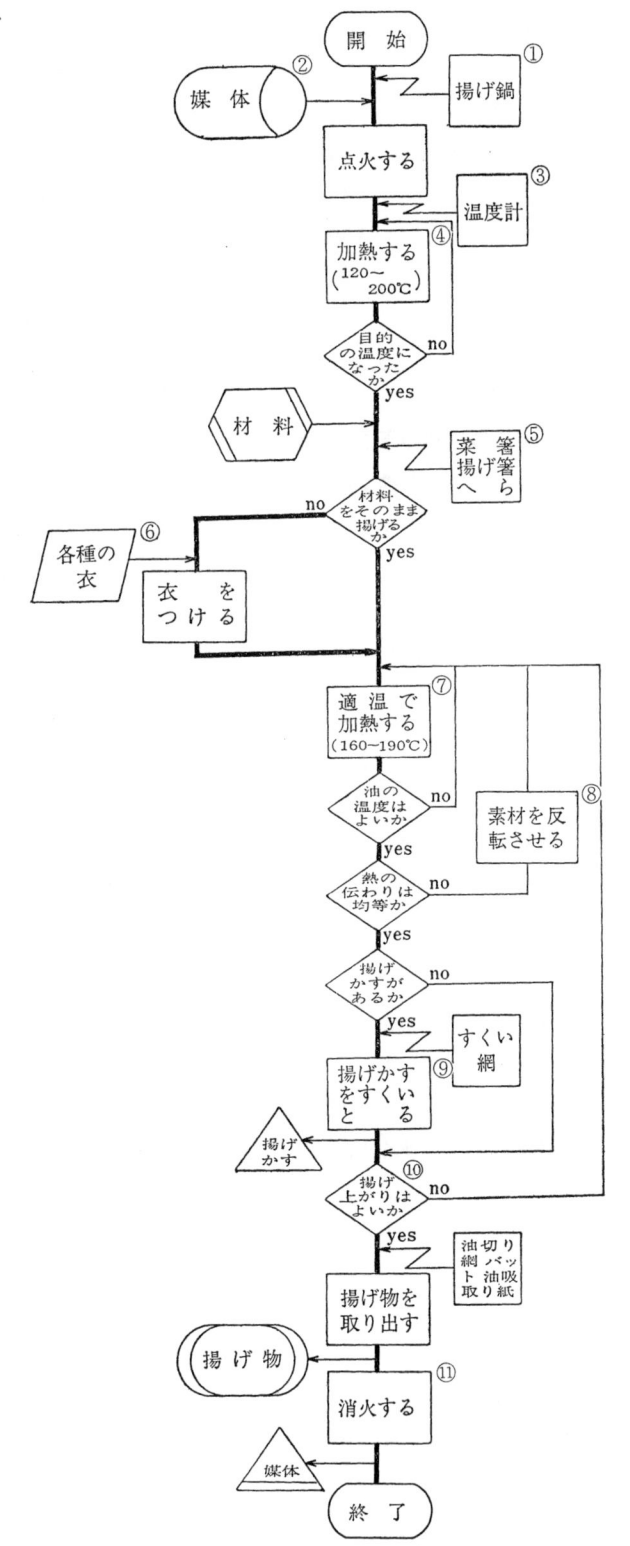

2. 揚げ物

A 天ぷら

材料			衣			天つゆ		
えび	8尾		小麦粉	100g (1 cup)		だし汁	120ml	3
きす	4尾		卵	1個	(1 cup)	しょうゆ	40ml	1
さつまいも	100g		水（氷水）			みりん	40ml	1
小なす	4個		大根おろし	100g		揚げ油		
ししとう	8本		おろししょうが	少々		半紙		

天ぷらの材料の下ごしらえ

えび……尾のひと節を残して頭・殻・背わた・尾のけんをとり，尾先を少し切り包丁でしごいて水を出す。腹側に浅く切り込みを入れて曲がるのを防ぐ。

きす……大きさにより3枚おろしか背開きにし，軽く塩をしておく。

さつまいも……皮をむいて厚さ7mmの輪切りにし，水でさらしておく。

小なす……がくの部分を切り，茶せん切りにする。

ししとう……切り込みを入れ，破裂しないようにする。

A 天ぷらのポイント

① 衣は揚げる直前に作る。冷たい水を用いると小麦粉中のグルテンによる粘りが出ない。混ぜ過ぎると粘りが出て，さっくりと揚がらない。一度に作らず，使う分だけ作る。

② 動物性食品は揚げ時間が短いから衣を薄くつけ，植物性食品は揚げ時間が長いから衣を厚くつけて水分の蒸発を防ぐ。衣の配合割合を表X-3に示す。

③ 衣を一滴油の中に落としてみて，鍋底につくかつかないうちに浮き上がってくると約180°Cの温度である。からりと揚げるには，初めから終わりまで油の温度を一定に保つことが大切である。材料を一度に多く入れると温度が低くなり，衣が油を吸ってべとつくので，油の表面積の 1/2～1/3 程度を目安に入れる。材料により揚げ温度と時間が異なることに注意する。

④ 天つゆは材料を合わせてひと煮たちさせておく。

表X-3 衣の配合割合

衣		材料	小麦粉	卵[1]	水
薄い衣		白身魚	100g	50g	卵＋水＝1 cup
厚い衣	a	魚介類	100g	50g	卵＋水＝0.8cup
	b	野菜類	100g	50g	卵＋水＝0.7cup
その他		春雨・あられ・道明寺粉・黒ごま・そうめん・湯葉			

[1]：卵を加えると，水だけよりも材料中の水分と油の置換がよく行われて，からっと揚がる。

A 天ぷら

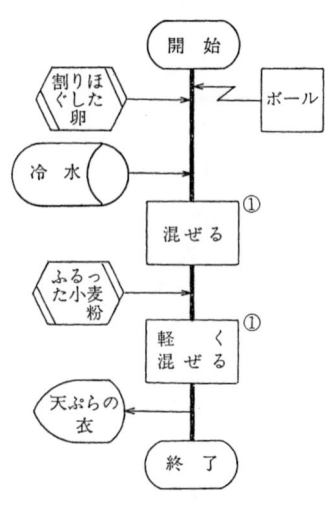

衣の準備

```
開始
 ├← ボール
 ←─ 割りほぐした卵
 ←─ 冷水
 ↓
混ぜる ①
 ←─ ふるった小麦粉
 ↓
軽く混ぜる ①
 → 天ぷらの衣
 ↓
終了
```

天ぷらを揚げる

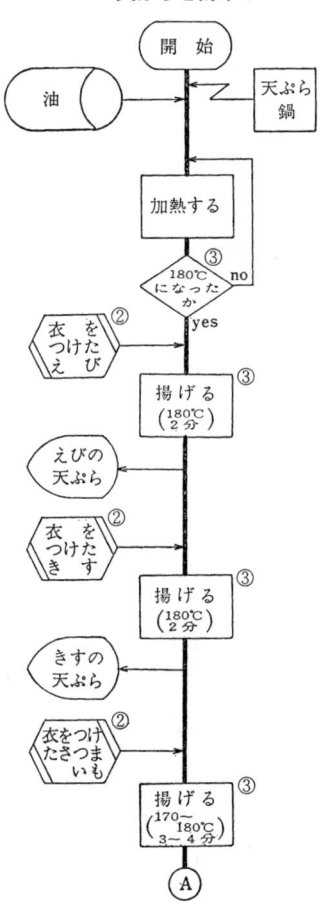

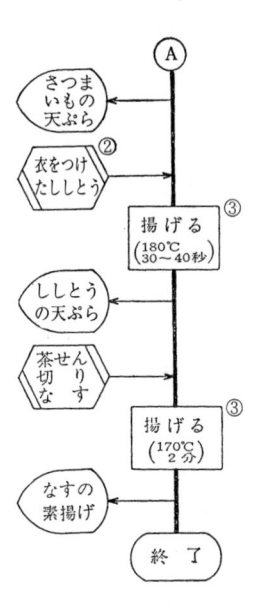

```
開始
 ├← 天ぷら鍋
 ←─ 油
 ↓
加熱する
 ↓
180℃になったか ③ ─no─┐
 ↓yes              │
 ←─ 衣をつけたえび  │
 ↓
揚げる(180℃ 2分) ③
 → えびの天ぷら
 ←─ 衣をつけたきす ②
 ↓
揚げる(180℃ 2分) ③
 → きすの天ぷら
 ←─ 衣をつけたさつまいも ②
 ↓
揚げる(170～180℃ 3～4分) ③
 ↓
 A
```

```
A
 ←─ さつまいもの天ぷら
 ←─ 衣をつけたししとう ②
 ↓
揚げる(180℃ 30～40秒) ③
 → ししとうの天ぷら
 ←─ 茶せん切りなす
 ↓
揚げる(170℃ 2分) ③
 → なすの素揚げ
 ↓
終了
```

天ぷらの盛り付け

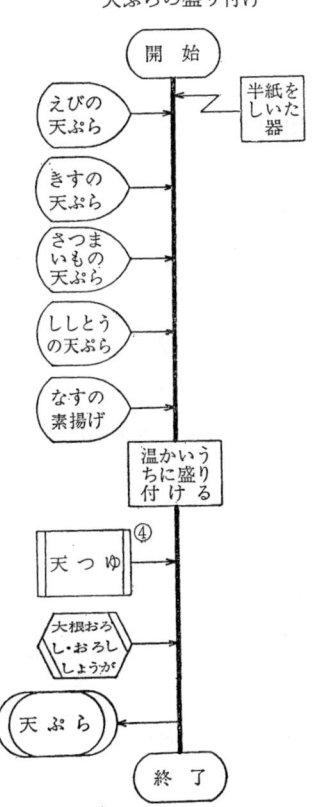

```
開始
 ├← 半紙をしいた器
 ←─ えびの天ぷら
 ←─ きすの天ぷら
 ←─ さつまいもの天ぷら
 ←─ ししとうの天ぷら
 ←─ なすの素揚げ
 ↓
温かいうちに盛り付ける
 ←─ 天つゆ ④
 ←─ 大根おろし・おろししょうが
 → 天ぷら
 ↓
終了
```

B　かれいのから揚げ

材料	かれい（20cm長さ）	4尾
	小麦粉	少々
	塩	少々
	揚げ油	
	もみじおろし	100g
	レモン	1個

C　鶏肉の竜田揚げ

材料	鶏骨付き肉	500g
	しょうゆ	45ml
	酒	35～45ml
	かたくり粉	40～60g
	ししとう	8本
	揚げ油	
	レモン汁	少々

B　かれいのから揚げのポイント

① かれいはうろこをこそげ落とし，盛り付けた時下になる側の頭のつけ根に包丁を入れてわたをひき出す。水洗い後，皮にあらく格子状に飾り包丁を入れておく。大きいものは頭3：尾7の割に2つ切りにし，中央の神経線にそって縦に切り込みを入れ観音開きにして中骨をはずすかまたは5枚におろす。軽く塩をし，小麦粉をまぶして1～2分おき，粉を落ち着かせる。

② 姿のまま揚げる時は盛り付ける方を上にして揚げる。裏返して揚げにくいので深めの鍋（中華鍋など）の方がよい。油の上に浮くようであったら，玉杓子で油をすくってかけながら揚げる。骨付きの場合は，低めの温度（165℃くらい）から気長に揚げると，骨ごと食べられる。

C　鶏肉の竜田揚げのポイント

① 骨付きの肉がおいしいが，骨なし鶏肉や豚肉・鯨肉・魚類（あじ・さば・いわし・わかさぎ・はぜ・ふななど）にも応用される。

② 充分下味をつけ，応用としておろししょうがやねぎのみじん切りを加えてもよい。

③ 余分にかたくり粉がつかないよう，表面の水気をぬぐってからまぶす。余分な粉は，はたいて取れば油の汚れを防ぐことになる。

④ 骨付き肉なので，少し気長に160℃ぐらいから返しながら揚げる。揚げ温度が高すぎると衣が散り，はがれやすく，表面ばかり焦げて内まで火が通らない。

参考　揚げ物の応用

1) かき揚げ……細い材料を数種とりまぜて衣でまとめて揚げる。貝柱・小えび・むき身・かにの身・小魚類・野菜類。

2) 揚げ出し豆腐……水気を切った豆腐にかたくり粉をまぶし，180℃くらいの油で気長に揚げる。大根おろしを入れたつゆ（ときには，かたくり粉でとろみをつける）をかける。

3) がんもどき……豆腐の水気を切り，やまといもや卵白のつなぎを加えてにんじん・椎茸・ぎんなん・きくらげ・麻の実などを混ぜ，適当な大きさに丸めて180℃くらいの油で揚げる。

X 揚げる　159

B　かれいのから揚げ

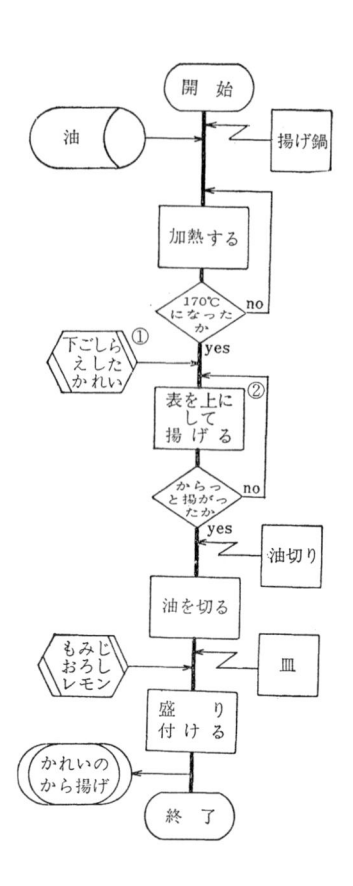

（フローチャート：開始 → 油／揚げ鍋 → 加熱する → 170℃になったか → ① 下ごしらえしたかれい → ② 表を上にして揚げる → からっと揚がったか → 油切り → 油を切る → もみじおろし／レモン／皿 → 盛り付ける → かれいのから揚げ → 終了）

図X-4　かれいの切り方と揚げ方

姿揚げ

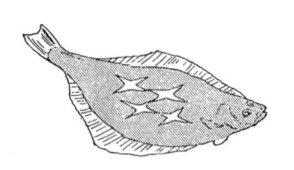

切り身揚げ

C　鶏肉の竜田揚げ

鶏肉の下ごしらえ

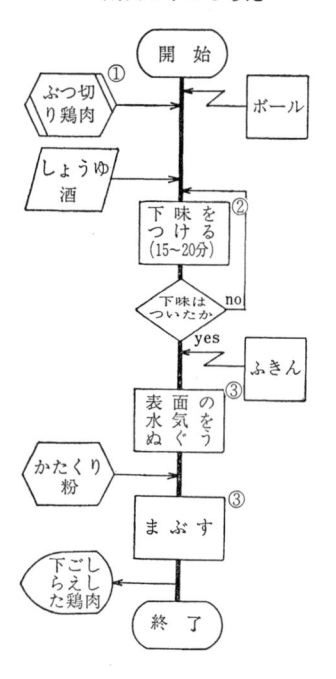

（フローチャート：開始 → ① ぶつ切り鶏肉／ボール → しょうゆ／酒 → ② 下味をつける（15〜20分）→ 下味はついたか → ふきん → ③ 表面の水気をぬぐう → かたくり粉 → ③ まぶす → 下ごしらえした鶏肉 → 終了）

鶏肉を揚げる

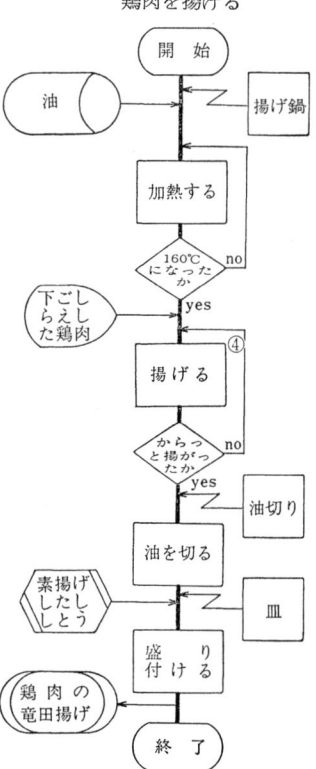

（フローチャート：開始 → 油／揚げ鍋 → 加熱する → 160℃になったか → 下ごしらえした鶏肉 → ④ 揚げる → からっと揚がったか → 油切り → 油を切る → 素揚げしたししとう／皿 → 盛り付ける → 鶏肉の竜田揚げ → 終了）

D　飛龍頭（がんもどき）

材料	豆腐	400g	かけ汁	
	卵白	30g	だし汁	400ml
	人参	20g	砂糖	8g
	きくらげ	5枚	みりん	24ml
	枝豆又はぎんなん	50g（可食）	しょう油	30ml
	食塩	1.0g	酒	40ml
	小麦粉	少量		
	揚げ油			

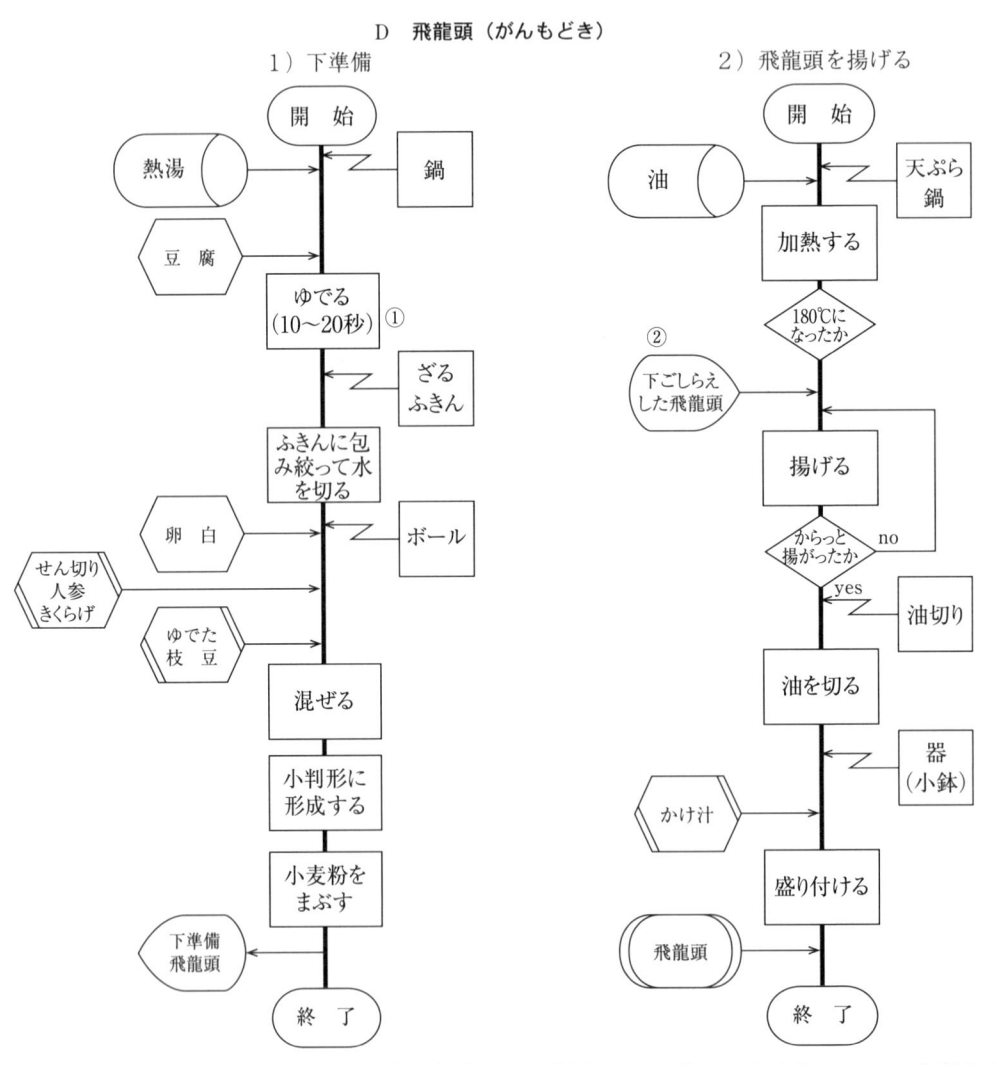

D　飛龍頭（がんもどき）

1）下準備

開始 → 鍋（熱湯）→ 豆腐 → ゆでる（10〜20秒）① → ざる・ふきん → ふきんに包み絞って水を切る → ボール → 卵白・せん切り人参・きくらげ・ゆでた枝豆 → 混ぜる → 小判形に形成する → 小麦粉をまぶす → 下準備飛龍頭 → 終了

2）飛龍頭を揚げる

開始 → 天ぷら鍋・油 → 加熱する → 180℃になったか → ② 下ごしらえした飛龍頭 → 揚げる → からっと揚がったか（no→揚げる, yes→）→ 油切り → 油を切る → 器（小鉢）・かけ汁 → 盛り付ける → 飛龍頭 → 終了

① 豆腐をゆでることは，衛生的な点と加熱により脱水されて絞りやすくなる。ゆですぎると旨味も流出するので注意する。絞り加減は豆腐の重量の70％くらいが良い。（※白和えのポイントと同様）

② 飛龍頭の表面に油を塗り油が跳ねないようにする。

E　揚げ出し豆腐

材料		
	木綿豆腐	700g（2丁）
	片栗粉	大3
	揚げ油	
	添え汁	
	だし汁	120ml
	みりん	40ml
	しょう油	40ml
	薬味	
	大根	150g
	あさつき（または万能ねぎ）3～4本	

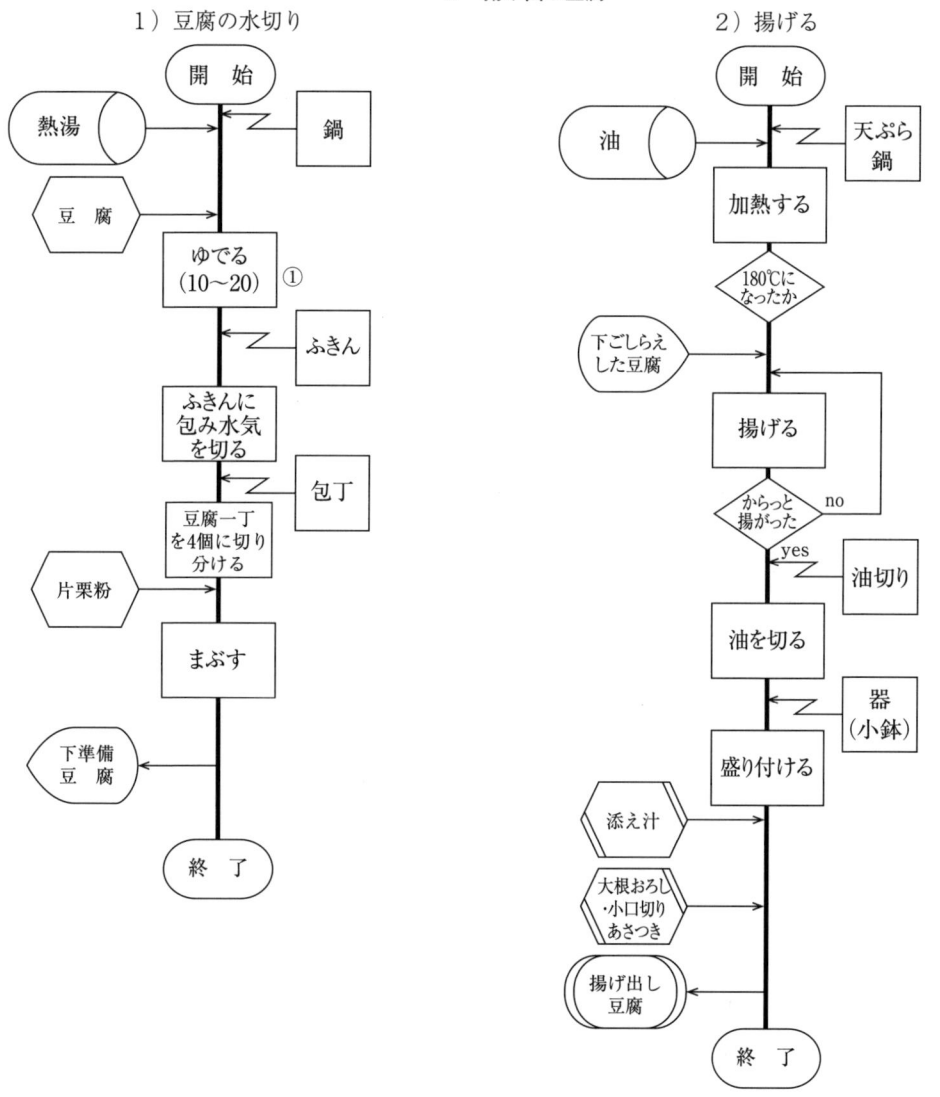

E　揚げ出し豆腐

1）豆腐の水切り

開始 ← 鍋
熱湯 →
豆腐 →
ゆでる（10～20）①
← ふきん
ふきんに包み水気を切る
← 包丁
豆腐一丁を4個に切り分ける
片栗粉 →
まぶす
→ 下準備豆腐
終了

2）揚げる

開始 ← 天ぷら鍋
油 →
加熱する
180℃になったか
下ごしらえした豆腐 →
揚げる
からっと揚がった（no ループ／yes）
← 油切り
油を切る
← 器（小鉢）
盛り付ける
添え汁 →
大根おろし・小口切りあさつき →
→ 揚げ出し豆腐
終了

① 豆腐の絞り加減は，豆腐の重量の90％くらいが良い。

XI 練る・寄せる

1. 練り方・寄せ方の基本

1・1 練るとは

　粘性のあるペースト状の材料を鍋で加熱しながら，均一に熱を通すためへらで攪拌する操作を練るという。もともと「煉る」の字が用いられ，焼き溶かす，火にかけて精錬する意である。加熱しないで混合するための攪拌作用もまた「練る」（または「こねる」）といい，この操作についてはIIの5・3（p.42）を参照されたい。また別に，魚介類などをすりつぶしたすり身を加熱してつくる製品は，調理操作の上では，す(摺)るのであって練るのではないが，製品としては本項で述べる練物と同様に，一般に練物と呼んでいる。

1）　目　的　大きく分けて二つが考えられる。

　　A……沈殿しやすい澱粉溶液を均一に糊化するために攪拌・加熱し，冷却して凝固させる。

　　B……細胞粒子単位にした澱粉性食品（主に糊化済みが多い）に，多量の砂糖を添加し，加熱により砂糖の溶解と細胞への砂糖の浸透を図り，または細胞を破壊する。

　　ペースト状材料を均一に加熱するために攪拌を続ける。加熱時間や攪拌の程度により，仕上がりの物性や官能面で変化を生じ（表XI-1），糖分の増加はつやを増強する（図XI-2）。

2）　種　類

　　A……ごま豆腐・くるみ豆腐・くず切り・くず桜等の寄せ物を作る際，澱粉を加熱する段階（p.172，C・④）を練るという。

　　B……さつまいも・長いも・白いんげんと砂糖で作るきんとん類，あずき・白いんげんと砂糖で作る練りあん類。

　　その他A，Bの両者を合わせたようなもので，あん・砂糖・寒天を主材料にして加熱段階が練る，仕上げが寄せ物になる練羊羹等がある。

1・2 寄せるとは

　温度を低下させることにより，溶液状のものが固型状に変化することを利用し，このゾル食品で他の材料（液状，固型状，単品または複数）を包み込んでゲル状にすること。

　溶液の利用温度は材料により異なり，またゲル化温度も材料の種類・濃度・添加物の種類と量によって変化するが，基本的には加熱操作ではなく，物理的温度差を利用した冷却調理操作である。

1）　目　的　まとまりにくい液状のもの，あるいは小さな固型物を単一品のようにまとめる。好みの

型に流してまとめたり，大きく作ったものを型抜きすることができる。

2) 種　類

寒天寄せ……泡雪かん・水羊かん・果汁かん・牛乳かん・蜜豆用寒天・金玉かん・流し物各種。
ゼラチン寄せ……果汁ゼリー・コーヒーゼリー・ミルクゼリー・ババロア等洋風のものが多い。
澱粉寄せ……ごま豆腐・くるみ豆腐・くず桜・洋風のブラマンジェ。
ペクチン寄せ……酸と糖と一緒にした果物のゼリー。

このほか，寒天とゼラチンの混合や澱粉と寒天の混合で作る寄せ物があり，近年は寒天類似物質のカラギーナンの寄せ物も作られるようになった。

1・3　練り方・寄せ方の実際

1) 澱粉溶液の加熱と練り方

表XI-1　ごま豆腐の攪拌の程度による違い

		終始攪拌	糊化まで攪拌
材料配合	くず澱粉　（g）	60.0	60.0
	あたりごま（g）	60.0	60.0
	食塩　　　（g）	1.0	1.0
	水　　　　（g）	600.0	420.0
物性値	ゾル粘度（×10⁵ c.p)	1.31	1.66
	ゲル硬さ（×10⁴dyn/cm²)	0.98	1.58
	粘稠度（×10⁵dyn·sec/cm³)	1.75	2.19
官能検査	違いの有無　　　** 有	12	無　2
	なめらかさ　　　*	10	2
	腰の強さ　　　n.s.	7	5
	舌へのへばりつき n.s.	7	5
	好ましさ　　　n.s.	7	5

**1％，*5％の危険率で有意差あり　n.s.：有意差なし
村田安代ほか：家政誌, 25, p.8, 1974.

表XI-1は，ごま豆腐の練り方について，加熱時間や攪拌程度が製品物性に影響を与えることを見たものである。攪拌を続けたものの方が，硬さ・粘稠度が低く，なめらかで，通常舌ざわりのやわらかいものと同様の結果である。

澱粉溶液は，希薄溶液においては糊化温度が低いが，練り方で使用する澱粉濃度は，加熱開始時で10％くらいのものが，仕上げで20～25％くらいになることがある。

加熱中，この溶液は粘度が上昇し，アミログラムによる粘度上昇開始温度で見ると，5～10％の低濃度より高濃度の方が粘度上昇開始温度が低くなる。このことは澱粉性の材料を均一な練り物とするには，終始加熱中の攪拌が必要であることを意味する。

澱粉の種類・濃度により糊化温度は異なるが，加熱攪拌中の溶液の温度は，糊化温度以上にならないように注意する。

攪拌は，濃度の高い内容物の熱分布を均一にし，水分蒸発を円滑にするために行うものである。

図XI-1　澱粉濃度と粘度上昇開始温度

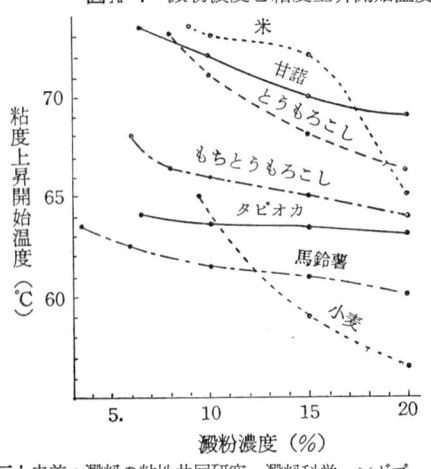

三上忠義：澱粉の粘性共同研究，澱粉科学ハンドブック p.228, 1970.

表XI-2　各種澱粉の糊化特性

澱粉の種類	ブラストグラム (Goto and Yokoo, 1969 ; Goto, 1969) (45.5%)			偏光顕微鏡（直接粒観察）		
	糊化下限温度 °C	粘度上昇開始温度（糊化開始温度）°C	ピーク温度（糊化終了温度）°C	糊化開始温度		
				始	中間	終 °C
小　　　麦	42～43	51～54	65～67	58	63	68
とうもろこし	53～54	62	73～74	62	67	72
米	54～56	66～68	78～80	68	74	78
ワキシーコーンスターチ	50～53	60～62	70～73	63	68	72
じゃがいも	48～52	56	70	59	63	68
さつまいも	50～54	62～64	78～80	58	74	—
タピオカ	52～53	61～66	69～75	62	68	73
く　　　ず	—	61	72.5	(75.5……アミログラム 6.0％立ち上がり温度)		

青木みかほか：家政誌, 26, p.251, 252, 1975.　　　小倉徳重：調理科学 6, p.79 (1973)

2) 砂糖を多量に用いる練り方

材料の15～16％という高い濃度の砂糖を用いる。練り時間の長いもの，いも類の場合には細胞粒子が破壊し，澱粉が溶出する。その水分としょ糖分子が大きな集合体となりコロイド状の滴子（droplet）になり，過飽和でない限り結晶は析出されない。

あずきあんは，細胞がこわれず砂糖が濃縮され周囲を取り囲み，水分子と結合した状態である。あずきあんの攪拌は，いも類より控えめがよい。

仕上がり温度を砂糖（しょ糖）の沸騰点を目安にする場合がある（表XI-3）。（例：羊羹・ジャム類 105℃ 前後）

図XI-2　砂糖・みりん添加と出来上がり重量によるきんとんの光沢度の変化

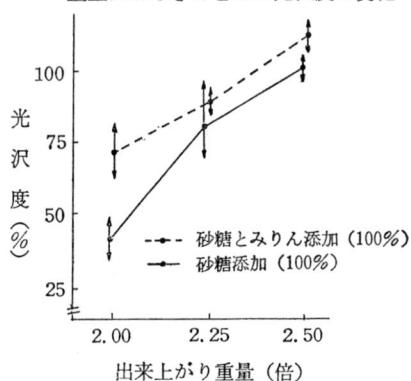

寺元芳子：家政誌, 28, p.519, 1977.

表XI-3　しょ糖溶液の沸騰点 (Browne)

しょ糖 ％	10	20	30	40	50	60	70	80	90.8
沸騰点 ℃	100.4	100.6	101.0	101.5	102.0	103.0	106.5	112.0	130.0

3) 寒天を用いる寄せ方

寒天は原料・海藻の種類・産地・利用形態（天然―角・細，工業寒天―フレーク，グラニュエール―フレーク）により吸水膨潤度（10～20倍）や溶け方が異なり，また凝固温度も異なる（表Ⅸ-6）。

寒天を用いる場合濃度の高い時は濃度の薄い液を加熱濃縮して目的の濃度にする（例：羊羹・金玉）。

表Ⅺ-4 寒天の濃度と寄せ方の注意

寄せ物	仕上げ濃度%	寄せ方（流し方）
ゼリー代わり	0.5～0.7	加熱時間は10～30分，砂糖濃度を高めると離漿が少ない。砂糖60%で32°C位で固まるので，40°C位までに液を型に流し，冷ます。
水羊かん	0.8 前後	あん20～30%，砂糖25～40%濃度になるように加熱し，45°C位で流す。
果汁かん		寒天液を火からおろし60°C位の時に果汁を混ぜる。型に流し冷ます。
ところ天	1.0 前後	寒天が煮とけたら粗熱をとり，型に流して冷ます（45～60°C位）。
蜜豆用寒天	1.2 前後	
泡雪かん	1.4 前後	比重の軽い卵白に1/2量の砂糖を用い，45°C位の寒天液を均一に混ぜてから型に流す。砂糖は60%用いると泡の安定がよい。
寄せ物用寒天	1.5 前後	食塩・しょうゆは寒天液の火を止める直前に混ぜる。40°C位で流す。
練羊かん	1.1～1.4	薄めの濃度から加熱攪拌（練り方）し，あんと寒天を均等にして105°Cで仕上げ，粗熱を除いて60°C位で流す。
金玉かん	1.7～2.0	薄めの濃度で寒天を溶かし，砂糖を加えて102(3)°Cで仕上げ45°C位で流す。

4) ゼラチンを用いる寄せ方

コラーゲンの変性による誘導蛋白質であり，ゼラチン製品として板状，粒状，粉状がある。浸漬20～30分で10倍に膨潤するが，添加液を多くしたい時は4～5倍の水に均等に浸漬する。加熱溶解は蛋白質の変性による凝固力低下となるので，50°Cの湯煎法が適している。

表Ⅺ-5 ゼラチンゾルの凝固温度とゼリーの融解温度

ゼラチン濃度%	凝固温度°C	融解温度°C	ゼラチン濃度%	凝固温度°C	融解温度°C
2	3	20	5	13.5	26.5
3	8	23.5	6	14.5	27
4	10.5	25	10	18.5	28.5

山崎清子：調理科学講座，4，p.153, 154, 1962.

表Ⅺ-5は濃度の凝固温度，融解温度について見たものであるが，ゼラチンは氷または冷蔵庫を必要とし，また冷却時間によってゼリーの硬さが変化するので，食時間や盛り付け食器の温度に注意を払うことも寄せ方として大切であろう。

砂糖を10～20%添加すると，凝固温度，融解温度，透過率，粘稠度，硬さを高め，崩壊が遅れる。

5) 寒天，ゼラチンを混合して用いる寄せ方

各々の特徴を生かせばよいわけであるが，寒天はゼラチンに用いる液量を除いた量の水に蒸発分の水を加えて煮溶かして冷まし，50°C位で溶かしたゼラチン液と混合し型に流し冷ます。

1・4 練り方の基本的フローチャート

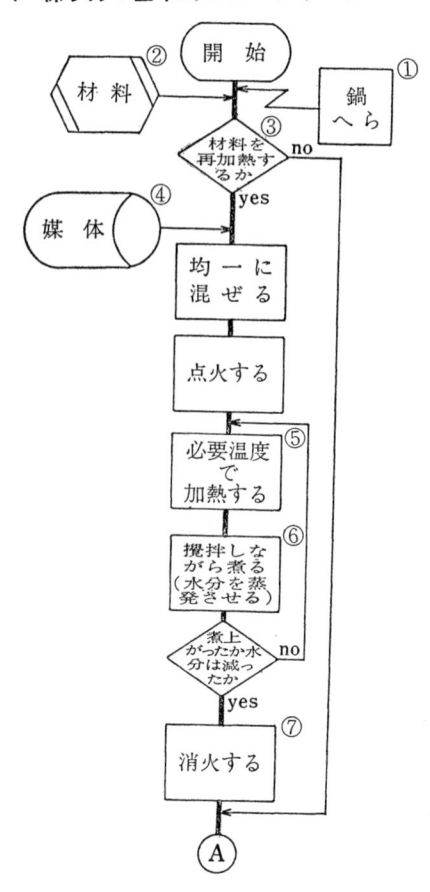

① 加熱中，攪拌しやすい底隅丸の鍋がよい。
② 澱粉質系（裏ごし材料の場合）。
③ まとまっている澱粉塊をばらばらにするために，水を入れて煮なおすための判断。
④ 水を用いる。
⑤ 材料によって加熱温度を変える（本文参照）。
⑥ 混合攪拌時の温度。加熱温度の高い時には焦げつき防止のための攪拌となる（練る）。
⑦ 次の甘味材料を均等に入れるには，加熱しながら添加しない方がよい。
⑧ 通常1回に入れてしまわずに3回ぐらいに分けて加える。シロップ状のものを用い，全量の材料を入れることもある。
⑨ 焦げぬ程度の火力で加熱する。均一加熱のために全体を攪拌する（練る）。
⑩ 材料以外に甘味補強，つや出し，対比効果を目的とする調味料として，みりん，シロップ，食塩等がある。形状の異なる粒材料のこともある（例：栗かんろ煮）。
⑪ 砂糖濃度の高いものは，100°C以上の高温加熱が望ましい。焦げぬように攪拌すること（練る）。
⑫ 温度で決定したり，希望の硬さ，望ましいつやで仕上げを決める。

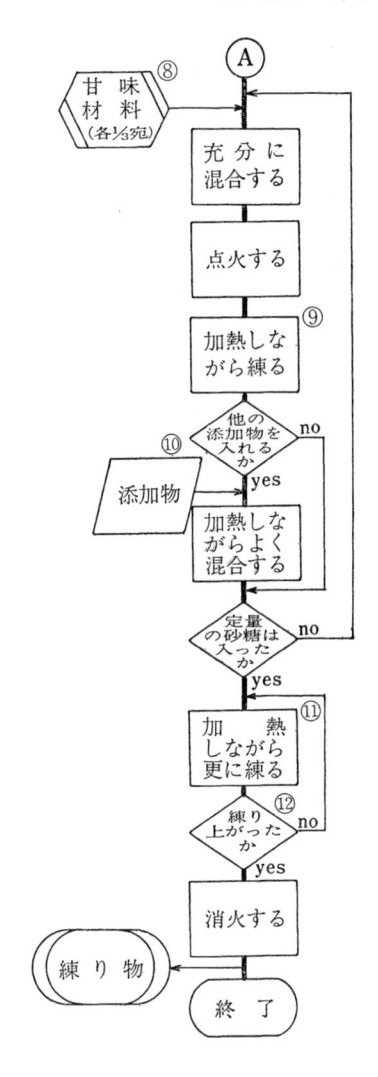

1・5 寄せ方の基本的フローチャート

① 水を用いることが多い。時にはスープを利用することもある。

② あらかじめ浸漬後，水切りした材料を利用することがある。(澱粉・寒天・ゼラチン等)

③ 充分な吸水をさせること。棒寒天……1時間，粉ゼラチン……5～30分。

④ ②と異なる材料であり，熱をかける前に材料Aと充分混合させたい材料の場合。
　(ごま汁やくるみ汁等澱粉の加熱前に混ぜたいものの場合。)

⑤ 澱粉の時は，この添加物Aは調味用として加えておくのがよい。

⑥ 澱粉類は 100°C 近く，寒天は 80～90°C，ゼラチンは 50°C くらいがよい。

⑦ 寒天・ゼラチンが加熱されると，アク(泡)を生じる。へら等ですくい取る。添加物の砂糖から出ることもある。

⑧ ②④と異なる性質の材料。例えば「あん」のようなものは溶液と一緒に加熱しておくと均一になる。

⑨ 材料Aが充分煮溶けてから砂糖を溶かすような場合。

⑩ ⑨の添加物が多量の砂糖でアクが出るような時や溶けにくい場合。

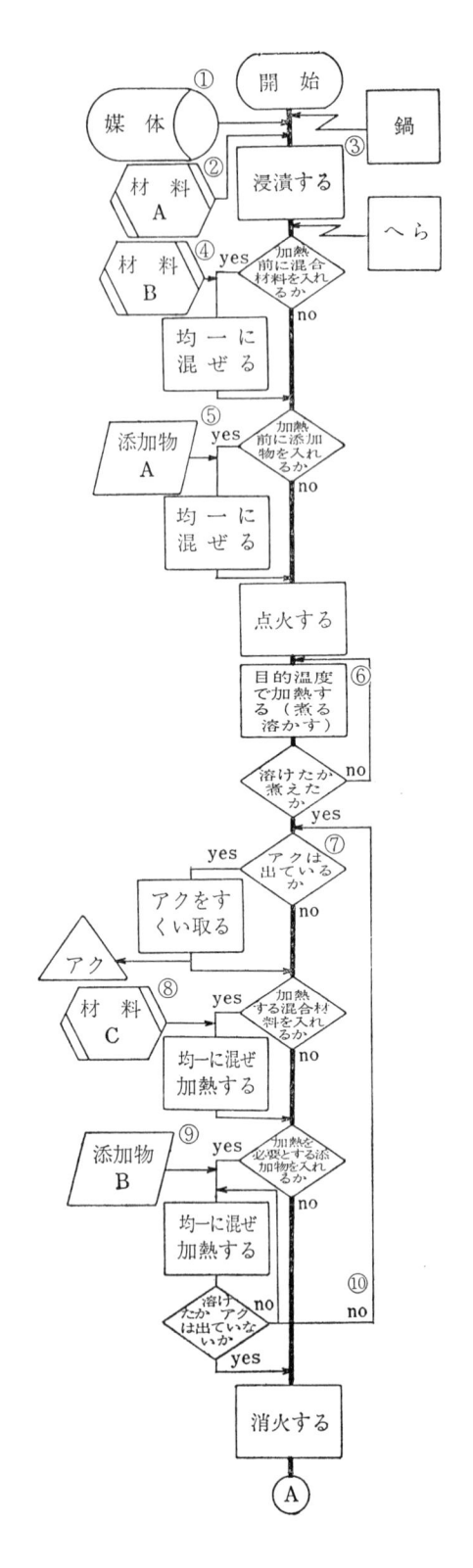

XI 練る・寄せる　169

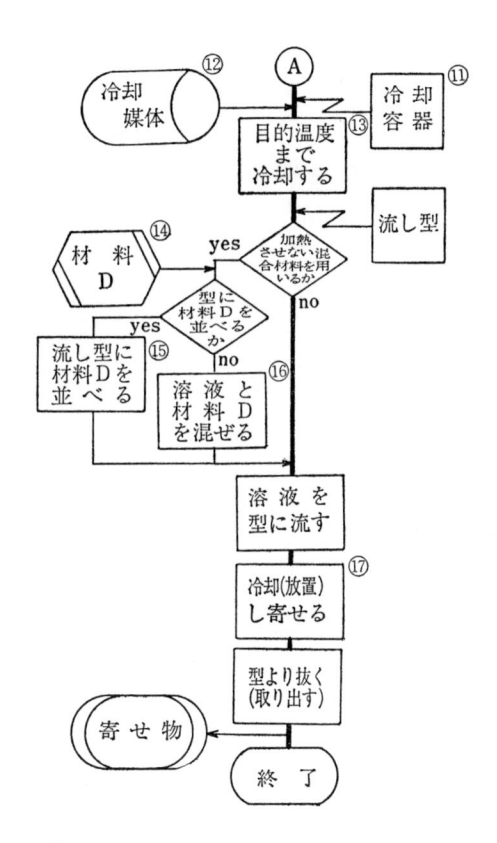

⑪⑫　水または氷水や冷蔵庫を適宜使い分ける。

⑬　目的の温度で，その液はまだ流体状を呈するが粘度が出てくる。

⑭　果汁や卵白泡のように長時間混ぜると，仕上がりが悪くなるような材料（複数もある）。

⑮　材料⑭を形で見せたい時。

⑯　均等に混合したい場合。

⑰　材料Aにより冷却温度は変わる。⑪⑫に合わせる。

2. 練り物・寄せ物

A 栗きんとん

材料		
	くりの甘露煮	4粒
	さつまいも（正味）	120～140g
	くちなしの実	1個
	砂糖（さつまいもの70％前後）	

B いわしのつみ入れ汁

材料		
	小いわし	250g
	しょうが汁	少々
	赤みそ	15g
	小麦粉	8g
	だし汁	800ml
	生椎茸（小）	4枚
	みつば	少々
	薄口しょうゆ	少々
	塩	少々

A 栗きんとんのポイント

① くちなしの果実を乾燥させたもので，黄赤色のカロチノイド系色素を含み，たくあんの色づけにも用いられる。

② 煮くずれるくらいまでゆでて，熱いうちにうらごす。

③ 2～3回に分けて入れると練りやすく，弱火で気長に煮つめる。

B いわしのつみ入れ汁のポイント

① いわしは頭と皮を除き，骨ごと出刃包丁で細くたたきつぶす。小あじ・さばなどは三枚におろして腹骨をすき取り薄皮をむいて用いる。鮮度の落ちたものや冷凍品は粘りが出ず作りにくいが，塩を加えてすれば粘りが出る。塩を加えると筋原繊維蛋白質が溶出してアクトミオシンを形成するためである。

② 汁をみそ仕立てにする場合は，赤みその代わりに同等の塩を入れて練り，みそ汁を加熱しておいて直接丸めたすり身を落とすとよい。また，みそには魚の生臭みを消す作用がある。

XI 練る・寄せる　171

A　栗きんとん

```
開始
 ↓
さつまいも(2cm厚さ) → 鍋
水(ひたひた) →
 ↓
ゆでる
 ↓
ゆで水を切る → ゆで水
 ↓
水(ひたひた) →
くちなしの実 ① →
 ↓
ゆでる
 ↓
軟らかくなったか？ no ↑
 ↓ yes
ゆで水を切る → ゆで水
 ↓
うらごしへら ② →
 ↓
うらごしする
 ↓
砂糖・みりん ③ →
栗の含め煮のつけ汁 →
 ↓
練る
 ↓
硬さはよいか？ no ↑
 ↓ yes
栗の含め煮 →
 ↓
あえる
 ↓  ← 皿
盛り付ける
 ↓ → 栗きんとん
終了
```

B　いわしのつみ入れ汁

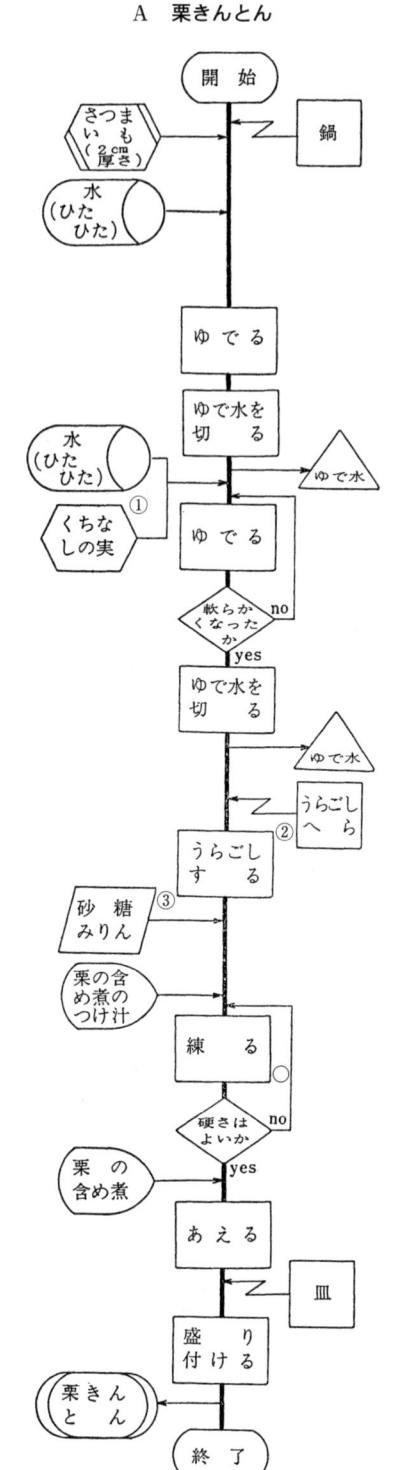

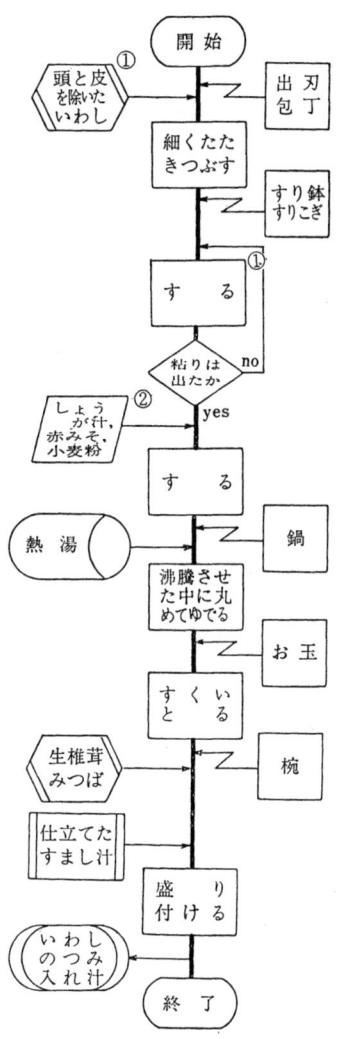

```
開始
 ↓
頭と皮を除いたいわし ① →  出刃包丁
 ↓
細くたたきつぶす ← すり鉢・すりこぎ
 ↓
する ①
 ↓
粘りは出たか？ no ↑
 ↓ yes
しょうが汁,赤みそ,小麦粉 ② →
 ↓
する
 ↓
熱湯 → 鍋
 ↓
沸騰させた中に丸めてゆでる
 ↓
すくいとる ← お玉
 ↓
生椎茸・みつば → 椀
仕立てたすまし汁 →
 ↓
盛り付ける
 ↓ → いわしのつみ入れ汁
終了
```

参考　魚のすり身の応用

魚ぞうめん……おひょうなど白身魚のすり身に卵白・かたくり粉・みりんを加えてよくすり、塩入りの熱湯中に袋から絞り出し糸状にして椀種に用いる。すり身に挽き茶・うに・卵黄などを加えてもよい。

しんじょ……白身魚のすり身につなぎとして、かたくり粉・浮き粉・山いもなどを用いてだし汁でのばして形づくり、ゆでるか、蒸すか、揚げるかする。

C　ごま豆腐

材料	本葛	60 g	銀あん	
	みがきごま	60 g	だし汁	200 ml
	こぶだし汁	600〜650 ml	塩	2 g
	酒	5 ml	しょうゆ	少々
	塩	1 g	かたくり粉	4 g

D　鶏ささみの寄せ物

材料	鶏肉ささみ（白身魚代用可）	120 g
	さやいんげん	10 g
	にんじん	20 g
	きくらげ	3 枚
	寒天（粉末）	4〜4.5 g
	水	100 ml
	青じその葉	4 枚
	だし汁	300 ml
	塩（だし汁の1％）	3 g
	しょうゆ（〃4％）	12 ml
	酒　　（〃8％）	24 ml
	砂糖　（〃2％）	6 g
	しょうが	少々

C　ごま豆腐のポイント

① 白ごまなら20〜30％増しの量にする。ごまを少量ずつ，色がつかないように香ばしく煎り，すり鉢で油が出るまでよくする。

② 葛のかたまりがなくなるまでよくすり，だし汁の一部を加えて混合する。

③ ざるでこして残渣を除く。

④ 中火で攪拌しながら加熱すると，しだいになめらかになり硬く粘りが出てくる。弱火にして，へらを動かすと鍋底が見える濃度になるまで，注意して練り上げる。

⑤ 銀あんは材料を小鍋に入れて攪拌しながら加熱し，とろみがつけばよい。また銀あんの代わりにうす味で調味しただし汁をかけたり練りわさびやおろししょうがを薬味に添えてもよい。

D　鶏ささみの寄せ物のポイント

① 寒天の吸水膨潤は，寒天の種類・水質・水温・浸漬時間により異なる。

② 加熱すると溶解するが，完全に溶解したかどうかは，へらで溶液をすくった時につぶつぶがなければよい。加熱中に攪拌しすぎると，凝固時の強度が弱まる。また，この時に最終寒天濃度になるように煮つめる。

③ そぎ切り鶏肉ささみ（白身魚）は，さっとゆでて火を通しておく。

④ 流し箱の内側を水でぬらしておくと型から出しやすい。

⑤ 寒天ゲルの濃度と凝固温度，融解温度，ゼリー強度の関係を表XI-6に示した。

表XI-6　寒天ゲルの濃度と凝固温度，融解温度，ゼリー強度

寒天濃度 (g/100cc)	凝固開始温度 (°C)	凝固温度 (°C)	融解温度 (°C)	ゼリー強度 (dyn/cm²)
0.5	35〜31	28	68	1.8×10^5
1.0	40〜37	33	80	2.2×10^5
1.5	42〜39	34	82	4.4×10^5
2.0	43〜40	35	84	6.7×10^5

山崎清子：応用調理学，p.144, 1962.

XI 練る・寄せる　173

C　ごま豆腐

1) ごま葛汁を作る

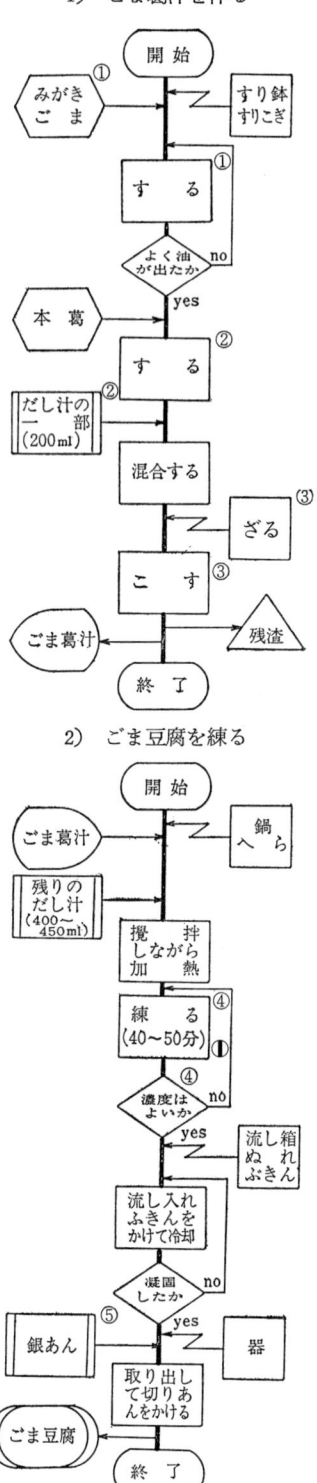

```
              開始
        ┌──────┴──────┐
   みがき①           すり鉢
   ごま              すりこぎ
        │
       する ①
        │
    よく油が  no
    出たか ──┐
      │yes
  本葛 ──── する ②
        │
  だし汁の │
  一部 ──── 混合する
  (200ml)  │
        │     ざる ③
        │     │
        こ　す ③
        │
  ごま葛汁 ──┴── 残渣
        │
       終了
```

2) ごま豆腐を練る

```
              開始
   ごま葛汁 ──┤├── 鍋
              │    へら
   残りの    │
   だし汁 ──┤
  (400～    │
   450ml)   │
        撹拌しながら
        加熱
          │
        練る ④
        (40～50分)
          │
        濃度は  no
        よいか ──┐
          │yes
              │  流し箱
              │  ぬれぶきん
        流し入れ
        ふきんをかけて冷却
          │
        凝固   no
        したか ──┐
          │yes
   銀あん ──┤├── 器
          │
        取り出し
        て切りあ
        んをかける
          │
   ごま豆腐 ──┤
          │
         終了
```

D　鶏ささみの寄せ物

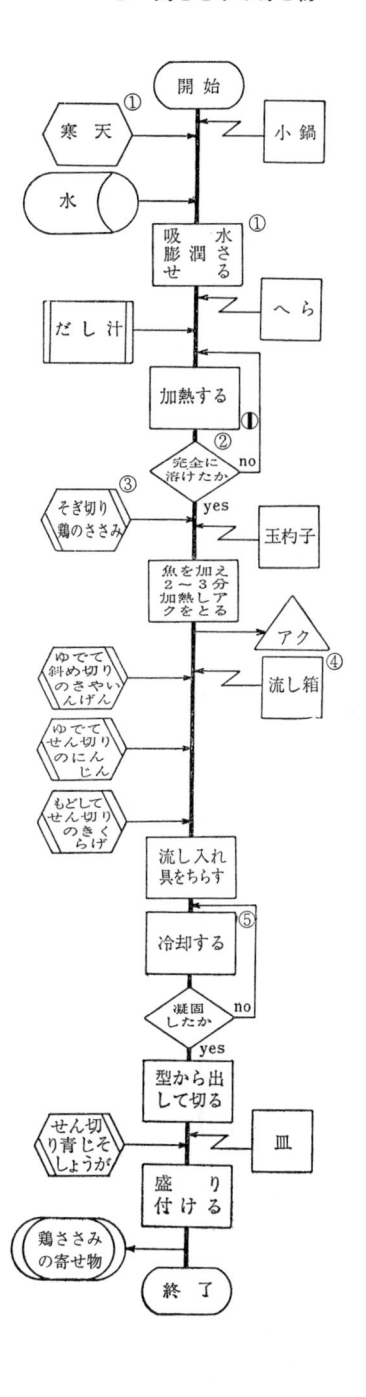

```
              開始
   寒天 ──────┤├── 小鍋
   水  ──────┤
              │
        吸水 ①
        膨潤さ
        せる
              │
   だし汁 ──┤├── へら
              │
        加熱する ❶
              │
        完全に  no
        溶けたか ──┐
          │yes
   そぎ切り ──┤├── 玉杓子
   鶏のささみ ③│
              │
        魚を加え
        2～3分
        加熱しア
        クをとる
              │
   ゆでて    │    アク
   斜め切り  │
   のさやい  ──┤├── 流し箱 ④
   んげん    │
   ゆでて    │
   せん切り  ──┤
   のにんじん│
   もどして  │
   せん切り  ──┤
   のきくらげ│
              │
        流し入れ
        具をちらす
              │
        冷却する ⑤
              │
        凝固   no
        したか ──┐
          │yes
        型から出
        して切る
              │
   せん切り   │   皿
   青じそ   ──┤
   しょうが  │
              │
        盛り付ける
              │
   鶏ささみ ──┤
   の寄せ物  │
              │
           終了
```

E　水ようかん

材料	粉末寒天	4 g
	水	400ml
	練りあん	200g
〈練りあんを作る場合〉		
	砂糖	100g
	さらしあん	50g
	水	160ml

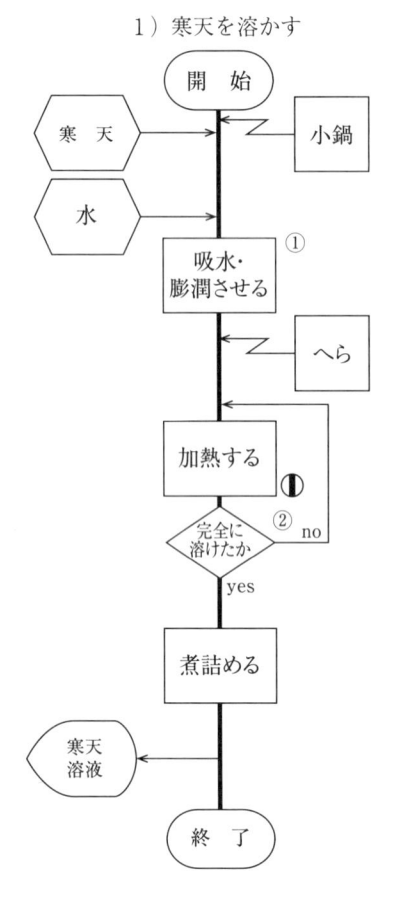

1）寒天を溶かす

開始 ← 小鍋
寒天 →
水 →
吸水・膨潤させる　①
← へら
加熱する
完全に溶けたか　② no
yes ↓
煮詰める
→ 寒天溶液
終了

2）水ようかんを作る

開始 ← 小鍋
練りあん →
寒天溶液 →
少しずつ加える
火にかけて煮溶かす　③
均一になったら火からおろす　④
← 流し箱
流し入れる
固める
型からはずす
切る
← 皿
盛り付ける
→ 水ようかん
終了

E　水ようかんのポイント

① 粉末寒天では5分くらい吸水膨潤させる。

② 加熱すると溶解するが，完全に溶解したかどうかは，へらで溶液をすくってつぶつぶがなければよい。

③ あんは比重が重いので，火から液をおろして温度を冷ます間も，静かに撹拌を続ける。

④ 寒天を流す型は，あらかじめ，水で洗い，ふかずに湿ったものを用いる。

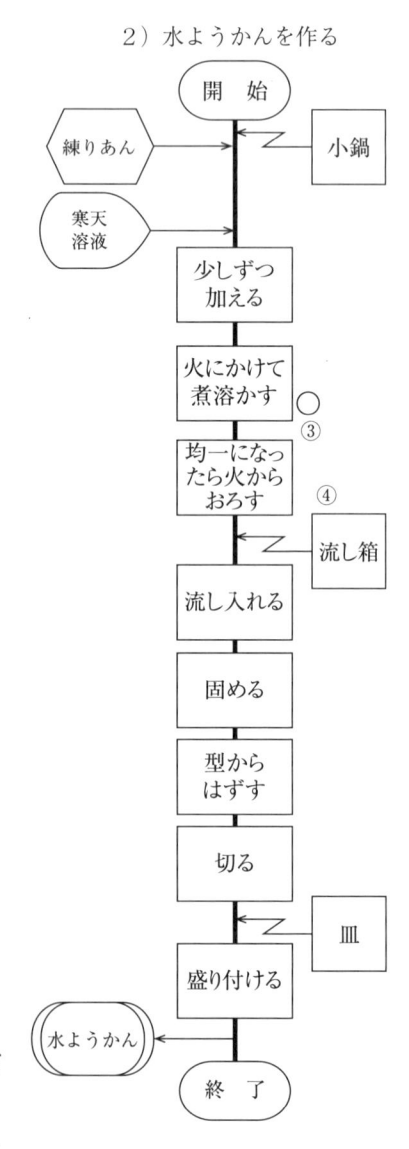

F わらびもち

材料	わらび粉	100g
	砂糖	100g
	水	500ml
	きな粉	30g
	砂糖	10g

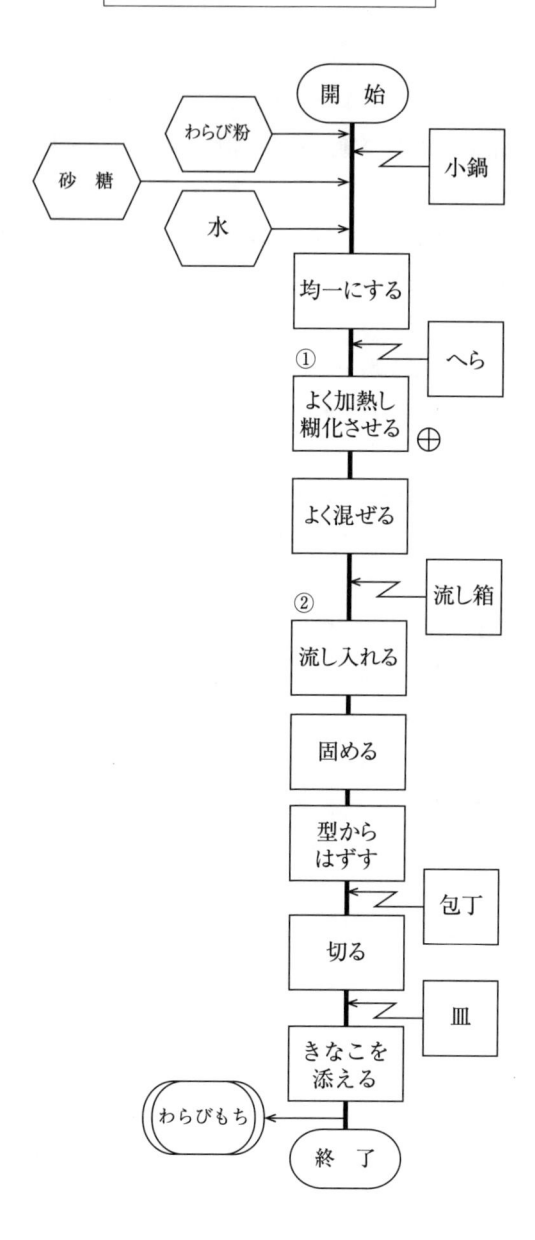

```
                    開 始
   わらび粉 ────────→│←──── 小鍋
砂糖 ──────────────→│
   水 ──────────────→│
                   均一にする
                ①   │←──── へら
                 よく加熱し
                 糊化させる  ⊕
                   │
                 よく混ぜる
                ②   │←──── 流し箱
                 流し入れる
                   │
                  固める
                   │
                  型から
                  はずす
                   │←──── 包丁
                   切る
                   │←──── 皿
                 きなこを
                  添える
                  ↓
              わらびもち ←── 終 了
```

F わらびもちのポイント

① 火にかけたら，たえずかき混ぜ，でん粉が下に沈まないようにする。

② 寒天を流す型は，あらかじめ，水で洗い，ふかずに湿ったものを用いる。

XII あえる

1. あえ方の基本

1・1 あえるとは

　単一または複数の材料に，あえ衣をからませたりまぶしつけ，均一な状態にするために行う混合操作をいう。具体的な混合方法は，材料の種類・量・形や衣の流動性・粘稠性・調味の種類によって異なるが，混合物の形態や味の面で，調和のとれた物に仕上げる混合方法であることから，あえると称し一般的な混ぜる調理法と区別している。(p.41 参照)

　この調理は操作そのものに，直接的な加熱は関与しない。

1) **目　的**　材料・温度・味の分布状態を均一化し，調味成分の調味液や調味品から材料への移行・浸透を図り，形態・風味ともに調和のとれた混合物にすることである。

2) **種　類**　使用するあえ衣の材料・味の面から次の二つに大別する。

　　A……一般に酢の物といわれているもので，あえ衣にあたる調味料は，酢または柑橘の汁を主体とし，酸味を生かしながら他の調味料でその味に深味をつける。液状の衣であることから調味酢（または合わせ酢）と称し，Bのあえ衣と区別して用いることが多い。卵黄や澱粉でとろみのついた調味酢を用いることもある。酸味が主体であるので清涼感がある。

　　B……一般にあえ物（狭義）といわれているもので，あえ衣に用いる主たる材料はペースト状にしてから調味され，粘稠性をもち，あえられる材料にまといつきやすい形態にして，あえ物の風味を作り上げる。調味料に酢を用いるものでも，粘稠度が高く，他の調味料の味が主体となる場合は酢の物料理とせず，あえ物料理として扱うことが多い。衣に用いる材料ごとに味が異なるので，多種類のあえ物料理が出来る。

1・2 あえ方の実際

あえるには，あえられる材料とあえ衣の両者を，別々に下準備をしてから両者を混ぜて混合物にする。各々の下ごしらえと，衣の配分を次の表に示す。

表XII-1　材料の下ごしらえ

方　　法	理　　由	主に使われる食品名	
^^	^^	酢の物むき	あえ物むき
生のまま用いる	鮮度の高い風味や，生の感触をいかす。	貝類（あわび・かき・赤貝）・なまこ・くだもの	まぐろ・ひらめ・いか・鯛・うど
水（湯）にもどして用いる	乾物類であり吸水させればそのまま食べられる。	海藻類（干しわかめ・塩蔵わかめ・水前寺のり）・きくらげ・春雨・きんこ等	
塩をふって脱水させ，しなやかにする	水分が多いので脱水させ，衣の薄まりを防ぐ。	きゅうり・大根・にんじん・キャベツ・かぶ等	
塩をして酢洗いする（塩で締めて酢に浸す）	野菜類は1〜2％の塩で脱水し，衣の酢味と味をなじませる。魚介類の生ぐさ味を除き，2〜5％（または10％塩水）10分ぐらい，あと酢洗い（小魚）・半日ぐらい，そのあと酢に浸す（大きめ）。	貝類・貝柱・あじ・こはだ・さより・きす・いわし・きゅうり・大根・にんじん・キャベツ・うど類	
^^	^^	鯛・ひらめ（こんぶ締めして用いることがある）・さば	
火を通して用いる	生と異なった感触にしたり，生で食べられないものを加熱したり，脱水・脱脂・脱臭に利用する。また衛生的配慮による場合にも用いられる。		
① 霜ふり（湯ぶり）	表面のみ熱凝固させ，内部は生にする。冷やす。	いか・たこ・あわび・あおやぎ・鶏肉（ささ身）・白身魚	
② ゆでる ③ 蒸 す	アク抜き，繊維の軟化，色をよくし脱水させる。糊化し食べられるようにする。	えび・かに・白魚（塩ゆで・塩むし）	ほうれんそう・春菊・菜の花・ねぎ・わけぎ・あさつき・じゃがいも
^^	^^	れんこん（酢水でゆでる）	
④ 薄味に煮る	衣の味になじみやすくする。ただし衣の味をそこなわぬ程度。		にんじん・こんにゃく・たけのこ・椎茸・ぜんまい・わらび

表XII-2 調味酢（合わせ酢）の種類と配合

(材料の重量に対する％)

種類＼調味料	酢	塩	しょうゆ	砂糖	みりん	その他	
二杯酢 I	10		8				あわび・かき(貝)・貝類・なまこ・たこ・あじ・さより
二杯酢 II	10	1.5					
三杯酢 I	10		8	(3)	10 みりんのかわり		魚・貝・えび・かに・海藻・野菜類すべてに合う
三杯酢 II	10	0.8	4	(3)			
三杯酢 III	10	1.5		1.5	5		
甘酢	10	1.5		10内外			かぶ・大根・くだもの
酢じょうゆ	10		6〜8	0〜5			
*ポン酢じょうゆ	だいだいの汁 10		8				かき(貝),鶏肉,かに
ごま酢	10	(または2)	8	5	5	ごま 5〜10	
くるみ酢	10	1	4			くるみ 5〜10	
らっかせい酢	10	1.5		5		らっかせい 5〜10	
からし酢	三杯酢に混ぜ合わせる					からし 2	野菜・鶏肉
わさび酢						わさび 2	あわび・鮎・あおやぎ・うど
たで酢						たでの葉1〜2枚,飯粒少々	鯉・鮎
吉野酢						澱粉 0.5	かに・きゅうり・たいらがい
黄身酢	10	1.5		5		卵黄 10 澱粉 1	さより・鶏肉・いか・えび・貝柱・きゅうり・うど・トマトなど

*ぽん酢は，オランダ語 pons（だいだいの絞り汁）に由来する
山崎清子ほか：調理と理論（第二版）p.26, 同文書院，1983.

表XII-3 あえ物の種類とあえ衣の材料および配合

（あえられる材料の重量に対する％）

種類	おもな材料	塩	しょうゆ	砂糖	その他	備考
ごまあえ	白ごま 10	1.5		5～8		材料によって白く仕上げたい場合は白ごまを，青菜などは黒ごまをよく用いる。
	黒ごま 10		8	5～8		
落花生あえ	落花生 15 または ピーナッツバター	1.5 8		10	煮だし汁 5	
くるみあえ	くるみ 15	1.5		10	煮だし汁 5	
白あえ	豆腐 50	1.5 白みそ 20		10	白ごま 5～10	白みその塩分は7～8％
白酢あえ	豆腐 40～50	1.5		10	酢 10 白ごま 5～10	
酢みそあえ	みそ 20			5～10	酢 10	砂糖はみその種類によって加減する。からしを加える場合もある。
ごま酢あえ	ごま 10	1.5		10	酢 10	
木の芽あえ	白みそ 20 木の芽 2			0～5		砂糖はみその種類により加減する。
うの花あえ	うの花（おから） 20 卵黄 10	1.5		5～10	酢 10	
おろしあえ	大根おろし 30～50	1.5		5	酢 10	材料によって酢を用いない場合もある。
えだまめあえ	えだまめ 20～30	1.5		5～10		1さや2～3g
うにあえ	うに 3～5 卵黄 5	0.8			みりん 2	
からしあえ	からし 1		8	2		
クリームあえ	ルー，牛乳				小麦粉 2.5, 牛乳 30～40, バター 2	

山崎清子ほか：調理と理論（第二版）p.26，同文書院，1983．

1・3 あえ方の基本的フローチャート（p.43を参照のこと）

2. あえ物

A 白あえ

材料	
糸こんにゃく	120 g
だし汁	60 ml
砂糖	3.6 g
しょうゆ	少々
塩	1 g
にんじん	80 g
さやいんげん	25 g
豆腐（材料の50％）	115 g
白ごま（〃 5～10％）	10～20 g
白みそ	25 g
砂糖	20 g
塩	1～2 g

B 木の芽あえ

材料	
たけのこ（ゆでたもの）	160 g
だし汁	200 ml
薄口しょうゆ	10 ml
みりん	10 ml
いか（上身）	100 g
塩	少々
酒	15 ml
木の芽	適宜
青み	少々
白みそ	80 g
砂糖	15 g
みりん	15～30 ml
紅たで	少々

A 白あえのポイント

① 豆腐をゆでるのは，衛生的な点と加熱により脱水されて絞りやすくなるからである。ゆですぎると旨味も流出するので注意する。絞り加減は，豆腐の重量の70％くらいがよい。

② ごまは焦がさないように香ばしく煎り，油が出るまでよくする。次に絞った豆腐を加えてなめらかになるまでする。更に調味料を加えてよくすり，味を整える。

③ 糸こんにゃくは調味液で3～4分煮て汁気を切り，冷ましておく。

④ 柿は皮をむき1cmの角切りにする。さやいんげんは青ゆでにして冷まし，斜め細切りにしてから，こんにゃくの煮汁に浸して味を含ませておく。

⑤ 食べるまぎわに，材料の形をくずさないようにあえる。あえてからしばらく放置すると，材料の水分がでて水っぽくなる。

B 木の芽あえのポイント

① 木の芽のみで青みが不足するときは，ほうれんそうのクロロフィルを抽出した「青み」を用いる。白みそ，調味料を加えてよくすり，味を整える。

② たけのこは1cmのさいの目に切り，落とし蓋をして3～4分煮て下味をつけ，煮汁を切って冷ましておく。

③ いかは薄皮をむき，松かさに包丁目を入れてたけのこぐらいの大きさに切り，調味液中で1～2分煎りつけ，ざるにあげて水気を切って冷ましておく。

④ 食べるまぎわにあえ，小鉢に盛り付け上に紅たでを飾る。あえてからしばらく放置すると，色が悪くなるので注意する。

XII あえる　181

A　白あえ
1) あえ衣をつくる

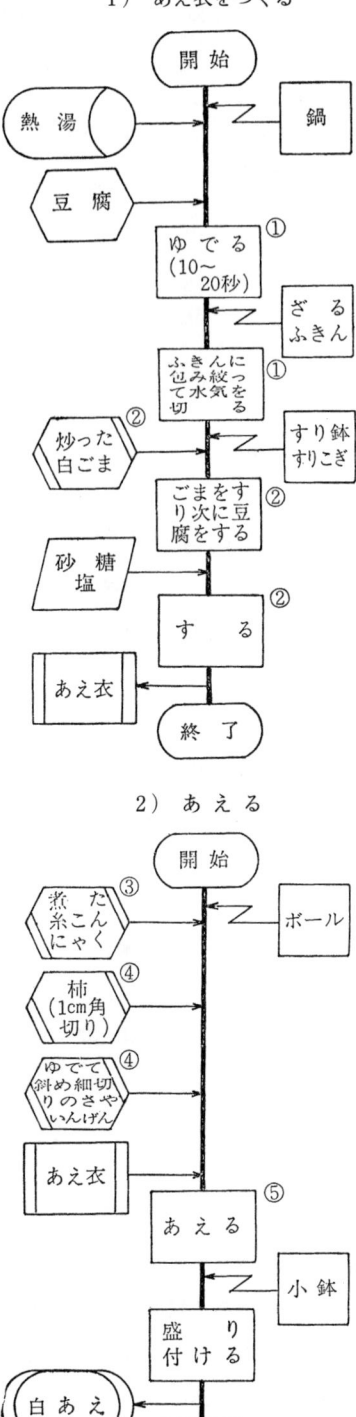

開始 → ゆでる（10〜20秒）① ← 熱湯、鍋、豆腐
→ ふきんに包み絞って水気を切る ① ← ざる、ふきん
→ ごまをすり次に豆腐をする ② ← 炒った白ごま ②、すり鉢すりこぎ
→ する ② ← 砂糖、塩
→ あえ衣 → 終了

2) あえる

開始 → ボール
→ 煮た糸こんにゃく ③
→ 柿（1cm角切り）④
→ ゆでて斜め細切りのさやいんげん ④
→ あえ衣
→ あえる ⑤
→ 小鉢
→ 盛り付ける
→ 白あえ → 終了

B　木の芽あえ
1) あえ衣をつくる

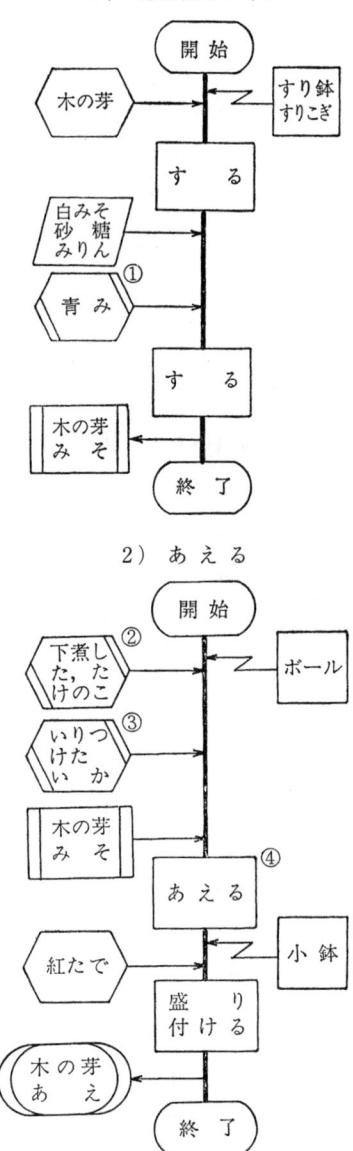

開始 → 木の芽 ← すり鉢すりこぎ
→ する
→ 白みそ、砂糖、みりん、青み ①
→ する
→ 木の芽みそ → 終了

2) あえる

開始 → ボール
→ 下煮したたけのこ ②
→ いりつけたいか ③
→ 木の芽みそ
→ あえる ④
→ 紅たで ← 小鉢
→ 盛り付ける
→ 木の芽あえ → 終了

参考　「青み」のとり方

　ほうれんそうをあらく刻み，水少々を加えてミキサーにかけたのち，うらごしを通す。汗液に塩少々加えて弱火にかけると，クロロフィルが熱により凝固し浮き上がってくる。すぐに取ってふきんに包んで絞る。ラップに包んで冷凍にして保存すれば長持ちする。

C　いかのぬた

材料		
	いか（冷凍）	100g
	塩	20g
	わけぎ	100g
	白みそ	40g
	砂糖	10～20g
	酢	15～20ml
	ねりがらし	5g
	芽じそ	少々

D　きゅうりとくらげの白酢あえ

材料				
	塩くらげ（または糸寒天3g）	30g	土佐酢	15ml
	きゅうり	100g	三杯酢	1/2cup
	干し椎茸（中）	2枚	みりん	5ml
	しょうゆ	5ml	けずり節	3g
	みりん	5ml		
	白ごま	18g		
	豆腐	1/2丁		

C　いかのぬたのポイント

① いかを細切りにし，熱湯にくぐらせ，素早く冷却する。

② わけぎは根の白い方から入れ，次に青い部分を入れて30～40秒くらいゆでる。手早くざるにあけて冷却し，水気を絞り3～4cm長さに切っておく。

③ からしにはシニグリンという配糖体が含まれており，ぬるま湯で練ると含まれている酵素ミロシンにより分解され，揮発からし油を生ずる。酵素ミロシンの活性は50℃内外が最も盛んであり，熱湯では酵素が失活する。白みそ，酢，ねりからしを混ぜ，味をつける。

D　きゅうりとくらげの白酢あえ

① 塩くらげは一晩水につけて塩を抜き，端から丸めて5mm幅に切る。50℃位の温湯につけて，軽く縮んだ程度で取り上げ，冷却して水気を切っておく。熱湯だと急激に収縮して外観が悪い。糸寒天の場合は水につけてもどす。一口大に切る。

② 白あえの項参照。

③ 土佐酢は，三杯酢にみりん・けずり節を入れて煮立て，ツンとくる酸味がぬけたら火からおろしてこす。

④ きゅうりは斜め薄切りにしてからせん切りにし，椎茸はもどしてからせん切りにし，しょうゆ・みりんで煮て味をつけておく。

参考　あえ物材料の下ごしらえのポイント

魚介類……塩でしめると生臭みがぬける（あじ・さば・ひらめ・鯛など）

　　立て塩（水1カップに塩大さじ3）につけると旨味が逃げない（きす・さよりなど）

　　酢洗いすると生臭みがぬけて身がしまる（たこ・かき・赤貝・とり貝・うす切りの魚など）

　　酒炒り（酒を加えて炒りつける）すると身がしまる（あさり・はまぐりなど貝のむき身）

　　霜ふりにすると表面を衛生的にし身がしまる（いか・あさり・あおやぎ・白身の魚など）

野菜類……ゆでてアクをぬき，組織を軟化させる（ほうれんそう・しゅんぎく・ねぎ・わけぎ）

　　塩をふってしなやかにし，組織を軟化させ脱水する（大根・にんじん・きゅうり・キャベツ）

XII あえる　183

C　いかのぬた

1) 霜降りにする

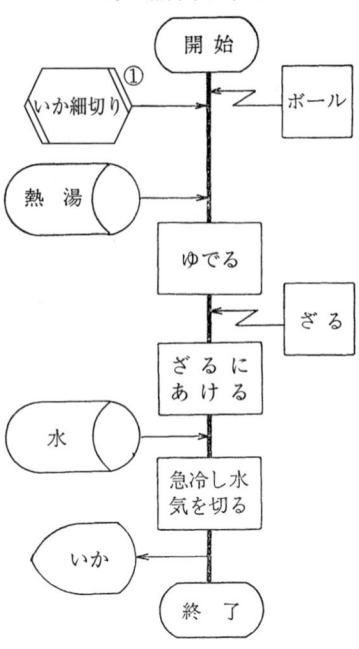

```
         開始
          │
いか細切り①→│←─ ボール
          │
  熱湯 ──→│
          │
         ゆでる
          │
          │←─ ざる
          │
        ざるに
        あける
          │
   水 ──→│
          │
        急冷し水
        気を切る
          │
         いか←
          │
         終了
```

2) あえる

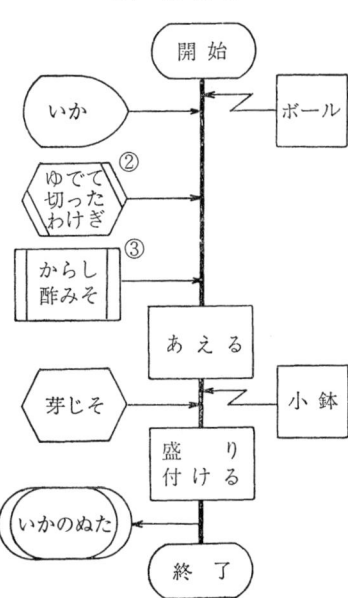

```
         開始
          │
   いか ─→│←─ ボール
          │
ゆでて
切った ②→│
わけぎ
          │
からし  ③→│
酢みそ
          │
         あえる
          │
  芽じそ→│←─ 小鉢
          │
         盛り
         付ける
          │
      いかのぬた←
          │
         終了
```

D　きゅうりとくらげの白酢あえ

1) くらげの下処理

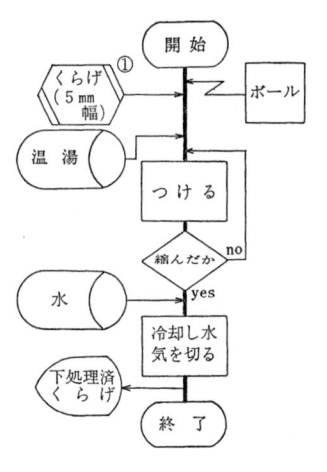

```
          開始
           │
くらげ  ①→│←─ ボール
(5mm幅)
           │
  温湯 ──→│
           │
          つける
           │
         縮んだか ─no
           │yes
   水 ──→│
           │
         冷却し水
         気を切る
           │
 下処理済←│
  くらげ
           │
          終了
```

2) あえ衣をつくる

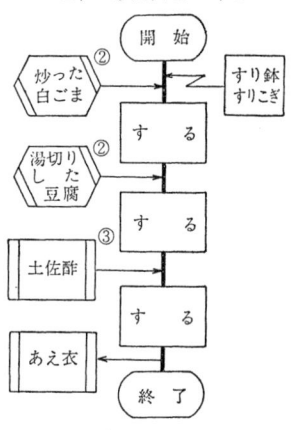

```
          開始
           │
炒った  ②→│←─ すり鉢
白ごま              すりこぎ
           │
          する
           │
湯切り
した   ②→│
豆腐
           │
          する
           │
  土佐酢 ③→│
           │
          する
           │
   あえ衣←│
           │
          終了
```

3) あえる

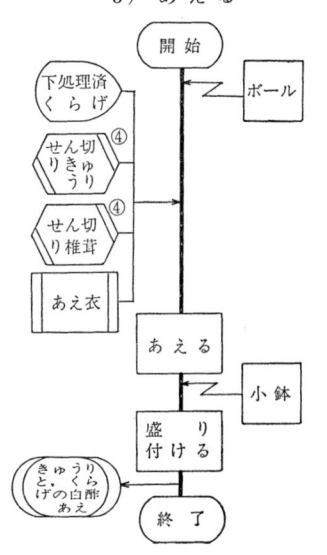

```
          開始
           │
下処理済→│←─ ボール
 くらげ
           │
せん切り④→│
きゅうり
           │
せん切り④→│
 椎茸
           │
  あえ衣→│
           │
          あえる
           │
           │←─ 小鉢
           │
          盛り
          付ける
           │
きゅうり
とくら ←│
げの白酢
 あえ
           │
          終了
```

XIII 生物(なま)調理

1. 生物調理の基本

1・1 生物調理とは

　原則として，魚介類を生で食べる和風献立における料理の分類として扱われる料理で，他の調理操作の分類とは異なる。活きのよい魚介類を，材料の特性を生かし，形よい刺し身に作り，必ずあしらいを添えて盛り付け，材料に適したつけじょうゆが組み合わされる。時には獣鳥肉，こんにゃく等を用いることもあり，加熱処理後の材料を扱うこともある。

　この生物という言葉は次の（　）の言葉の対語として用いられており，食品としての生(なま)という意味のものと区別する。（①加熱する，②手を加え組織を変える，③乾燥している，④漬け込んでいる）

　1）**目的**　鮮度の高い魚介類を，形を変えてより一層おいしい，生の状態または生の雰囲気を持つ料理に仕上げることである。そのために主材料のほかに添え物としてのあしらいをつけて仕上げる。

　2）**種類**　切り方，すなわち作り方といわれる方法を用いた魚介類の料理の代表として刺し身（別名お作りという）の種類になる。たとえ生で扱った魚介類でも，他の調理操作を施せば，酢の物やあえ物となる。軟らかい組織の周辺を焼いて凝固させ（内部は生）で作るたたき，冷水でそぎ身を収縮させたあらい等があるが，他は切り方で表現することが多い。（次項参照）

1・2 生物調理の実際

1) **刺し身の切り方名称**
   ① 包丁の動かし方による名称……a．引き切り（引き作り），b．そぎ切り（そぎ作り），c．背越し切り（背越し作り），d．たたき作り等
   ② 形態からの名称……a．平作り，b．角作り，c．糸作り（細作り），d．蝶々切り，e．鹿の子切り，f．松笠切り，g．唐草切り（d，gは赤貝，e，fはいかを主とする），h．うねり切り（さざ波作りともいい，あわびやたこに用いられる）等

2) **あしらい**　生物調理の代名詞に用いられる刺し身は，魚を薄く切る意に用いられているが，この刺し身をよりおいしい料理として仕上げる大切な役割を持つものが，このあしらいである。広義のつまと称し，詳しくは，①けん，②つま（狭義），③辛味の3種をさす。これらは，魚類の臭味を消し，刺し身と異なった食感を与え，消化を助け，栄養のバランスを図るものである。

3) **つけじょうゆ**　刺し身はそれ独自の風味を持つが，調味料は通常つけじょうゆと称し別小皿に入れて出されることが多く，刺し身にその材料に合った種類の塩分または酢味，その他の味つけを，各自の好みに応じて量を調節してつけることができる。①生じょうゆ，②土佐じょうゆ，③酢じょうゆ，④その他（辛味やたでの葉を混ぜたもの）がある。

4) **盛り付け**　一種の場合でも高低・主従を考え，盛り合わせは色彩も考慮する（p.189を参照）。

2. 生物調理

A 刺し身盛り合わせ

材料	もんごういか	500g	とさかのり	10g
	あわび	1個	大根	150g
	赤貝	3個	わさび	1/2本
	まぐろ	200g	紅たで	1g
	おごのり	10g	しょうゆ	50g

B かつおのたたき

材料	かつお	350〜400g	つけ汁	
	塩	5〜10g	酢	10ml
	大根	100g	しょうゆ	50ml
	あさつき	2本	しょうが	少々
	青じその葉	3枚		
	しょうが	1かけ		
	にんにく	1かけ		
	夏みかん	1/2個		

A 刺し身盛り合わせ

もんごういかの下ごしらえ

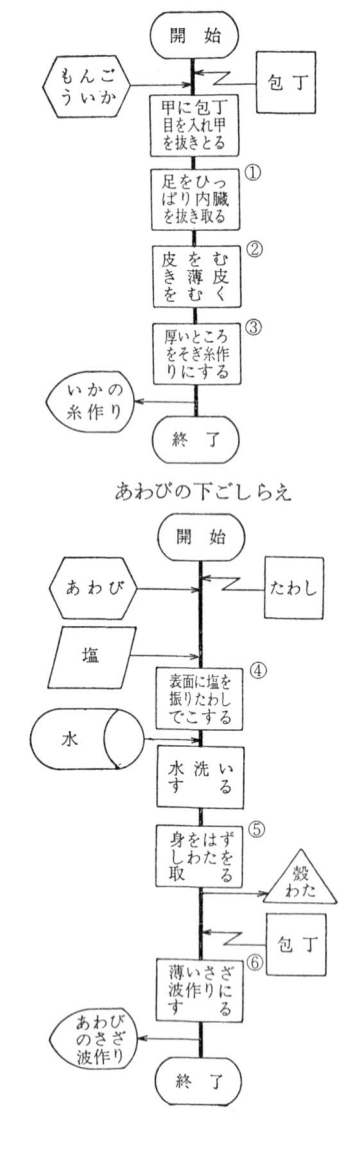

開始 → 甲に包丁目を入れ甲を抜きとる → ① 足をひっぱり内臓を抜き取る → ② 皮をむき薄皮をむく → ③ 厚いところをそぎ糸作りにする → いかの糸作り → 終了
（もんごういか、包丁）

あわびの下ごしらえ

開始 → ④ 表面に塩をたわしでこする → 水洗いする → ⑤ 身をはずしわたを取る → ⑥ 薄いさざ波作りにする → あわびのさざ波作り → 終了
（あわび、たわし、塩、水、殻わた、包丁）

A 刺し身盛り合わせのポイント

① 甲を除いたいかは，墨袋を破らないように足をひっぱり，内臓を抜き取り洗う。

② 身と皮の間に親指を入れて両端をはずし皮をはがす。ぬれぶきんでつまむようにして薄皮をむく。

③ 図XIII-1の⑤（p.189）を参照して糸作りにする。

④ 塩をふり，たわしで強くこすってぬめりを取る。

⑤ 木じゃくしなどを殻にそってさし込むと，はずし易い。

⑥ p.189の図⑦を参照して，さざ波作りにする。

⑦ 大根をせん切り，または桂むきにして巻き，小口から薄く切って冷水にさらし水気を切ったもので，他にうど・きゅうりなどを用いてもよい。

⑧ p.189の図①を参照して平作りにする。

⑨ 葉つきの方から目の細いおろし金や，さめの皮のわさびおろしなどでまわしながら，すりおろすとよい。

⑩ 盛り付けは，数が奇数になるように，山里海（山陸水）の心でけんを，奥を多めに，手前を少なめに盛り，刺し身を形よく盛り付ける。

B かつおのたたきのポイント

① 皮に近い方から末広に打つと，持ち易く身割れしない。

② 強火で短時間焼くのがよく，弱火で長時間焼くと火が通ってまずくなる。これを焼霜作りという。鯛などは，皮に熱湯をかけると皮が霜をふった状態になる。これを皮霜作りといい，皮が美しく，軟らかになる。

③ p.189の図①を参照して平作りにする。

④ 作ってすぐ供するより，1時間くらい冷蔵して味を浸み込ませた方がおいしい。

XIII 生物調理 187

赤貝の下ごしらえ

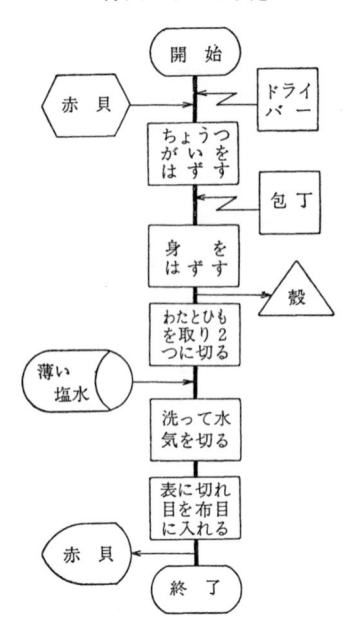

```
開始
赤貝 ──→ │ ←── ドライバー
         ↓
    ちょうつがいをはずす ←── 包丁
         ↓
       身をはずす ──→ 殻
         ↓
    わたとひもを取り2つに切る
薄い塩水 ──→ │
         ↓
    洗って水気を切る
         ↓
    表に切れ目を布目に入れる
         ↓
赤貝 ←──
         ↓
       終了
```

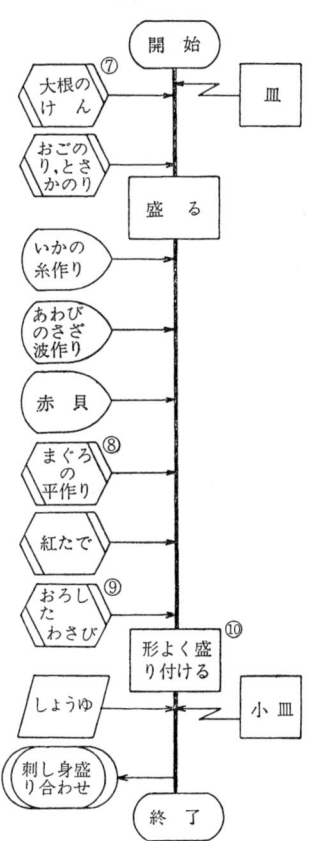

B かつおのたたき

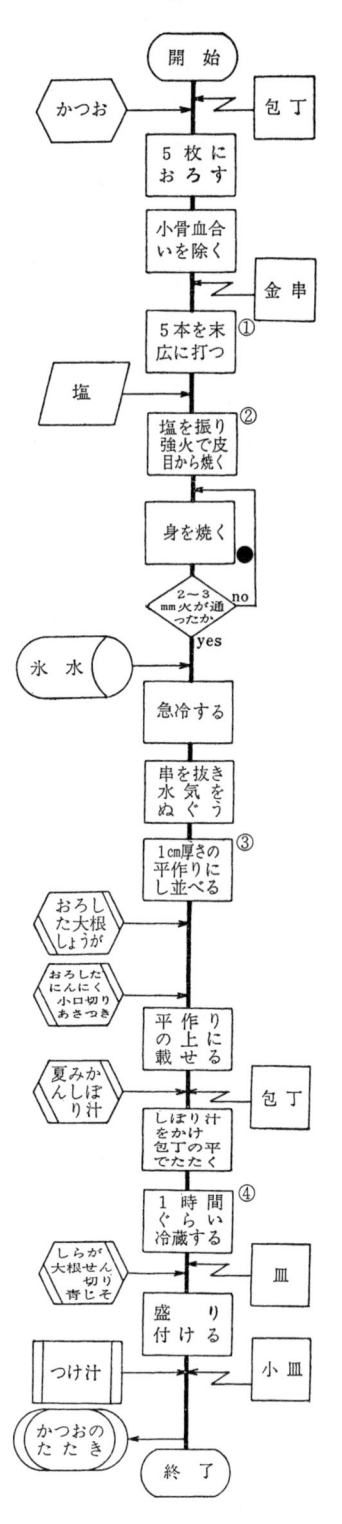

```
開始
かつお ──→ │ ←── 包丁
         ↓
      5枚におろす
         ↓
    小骨血合いを除く
         ↓                ←── 金串
      5本を末広に打つ ①
塩 ──→   ↓
    塩を振り強火で皮目から焼く ②
         ↓
       身を焼く ●
         ↓
    ◇ 2〜3mm火が通ったか ◇ ── no ──┐
         │ yes                    │
氷水 ──→  ↓ ←─────────────────────┘
       急冷する
         ↓
    串を抜き水気をぬぐう
         ↓
    1cm厚さの平作りにし並べる ③
おろした大根しょうが ──→ │
おろしたにんにく小口切りあさつき ──→ │
         ↓
    平作りの上に載せる
夏みかんしぼり汁 ──→ │ ←── 包丁
         ↓
    しぼり汁をかけ包丁の平でたたく
         ↓
    1時間ぐらい冷蔵する ④
しらが大根せん切り青じそ ──→ │ ←── 皿
         ↓
      盛り付ける
つけ汁 ──→ │ ←── 小皿
         ↓
かつおのたたき ←──
         ↓
       終了
```

盛り合わせる

```
開始
大根のけん ⑦ ──→ │ ←── 皿
おごのり,とさかのり ──→ │
         ↓
        盛る
いかの糸作り ──→ │
あわびのさざ波作り ──→ │
赤貝 ──→ │
まぐろの平作り ⑧ ──→ │
紅たで ──→ │
おろしたわさび ⑨ ──→ │
         ↓
    形よく盛り付ける ⑩
しょうゆ ──→ │ ←── 小皿
         ↓
刺し身盛り合わせ ←──
         ↓
       終了
```

参　考

表XIII-1　刺し身のあらい（けん・つま・辛味）

けん	大根・きゅうり・うどなどの桂むきや，細くせんに切ったもの，せん切りキャベツ，せん切りみょうがなどを水に放ってシャキッとさせたもの。
つま	さらしねぎ・紅たで・青芽・紫芽・青じその葉・穂じそ・花丸きゅうり・みょうが・ぼうふう・みつば・わけぎ・あさつき・小ねぎ・いわたけ・にんにく・しょうが・おごのり・とさかのり・水前寺のり・わかめなど
辛味	わさび・おろし大根・おろししょうが・おろしにんにく・赤とうがらしなど

参考 刺し身の切り方

図XIII-1

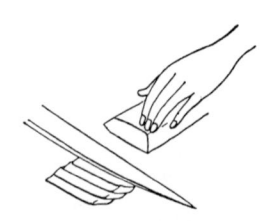

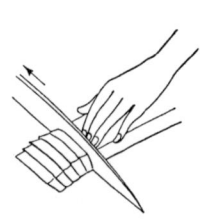

① 平作り（切り重ね）　② 引き作り　③ そぎ作り

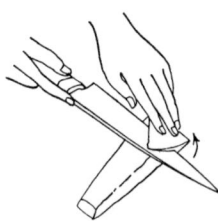

④ さいの目作り（角作り）　⑤ 細作り（糸作り）　⑥ 八重作り（切りかけ作り）

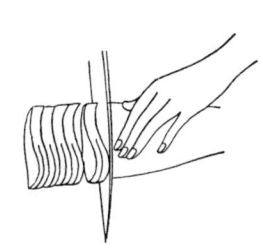

⑦ さざ波作り

参考 刺し身の盛り方の基本

①けんを置く。②刺し身を形よく盛り付ける。③飾りづまをあしらう。④辛味を添える。

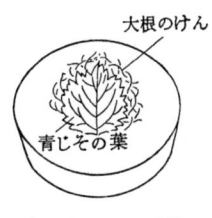

図XIII-2

奥を多めに，手前にくるほど少なめに盛る。

つまに寄せかけるように4切れ盛る。

位置を少しずらして3切れ盛る。

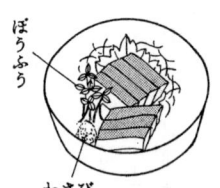

ぼうふう・わさびを添える。

XIV 日本料理の献立構成

1. 献立とは

　献立とは，料理の種類や順序の予定を立てることであり，献立を記したものを献立表という。献とは，客をもてなす宴会で酒をすすめることであり，一献ごとにどのような種類の料理を，どのような順序で供するかという計画を立てることが献立であって，日本料理の形式は酒の膳からつくられたということができる。しかし，日常食においては，献立はよい食事作りのための計画という意味に用いられている。

　日本料理の献立の最も簡単なものは一汁一飯で，日常の家庭の朝食の基本の形式である。それに一菜が加わって一汁一菜となり，更に二，三菜（焼物・煮物など）を増すことによって一汁三菜（本膳式の呼称）あるいは四品献立（会席式の呼称）となる。これらが基本となって，本膳式では二汁五菜，二汁七菜，三汁九菜などとなり，会席式では五品，七品，九品，十一品献立などとなる。

　日本の食文化の中で発展した献立の形式には，本膳料理，懐石料理，会席料理，精進料理，普茶料理，卓袱料理などがある。

2. 日本料理の献立構成

2・1 本膳料理

　日本料理の供応形式の原点と考えられる本膳料理は，室町時代に源を発し，江戸時代にその内容が充実し形式が整えられた。現在では，一部の冠婚葬祭などに名残りをとどめているだけであるが，日本料理を理解する上で大切なものである。

表XIV-1 本膳料理の内容

	構　成	内　　容
1	本　汁	みそ仕立てにする。汁の実には，魚や魚肉のつみ入れなどに野菜やきのこ類をあしらう。
2	鱠(なます)	魚の生物，酢の物類を盛る。
3	坪	煮汁の少ない小煮物，蒸してあんをかけるような料理。
4	二の汁	すまし仕立てにする。
5	平(ひら)	魚・肉・野菜などの3品または5品を味・色・形が調和するように取り合わせる。
6	猪口(ちょく)	浸し物・あえ物などを盛る。
7	三の汁	変わり仕立てにする。（潮汁・濁り汁など）
8	鉢肴	肉や魚の焼き物・揚げ物
9	刺し身	刺し身・刺し身に準じた料理
10	焼き物	姿焼きが正式である。
11	香の物	種類の違ったものを2～3種取り合わせて用いることが多い。
12	台引(だいびき)	引物菓子・かつおぶしなどで土産物とする。

XIV 日本料理の献立構成

表XIV-2 本膳料理の献立構成

献　立	構　　　　成
一汁三菜	本汁，鱠，平，焼き物（飯，香の物）
二汁五菜	本汁，鱠，坪（飯，香の物），二の汁，平，猪口，焼き物
三汁七菜	本汁，鱠，坪（飯，香の物），二の汁，平，猪口，三の汁，刺し身，鉢肴，焼き物（台引）

図XIV-1 本膳料理の献立パターン

図XIV-2 本膳料理の配膳

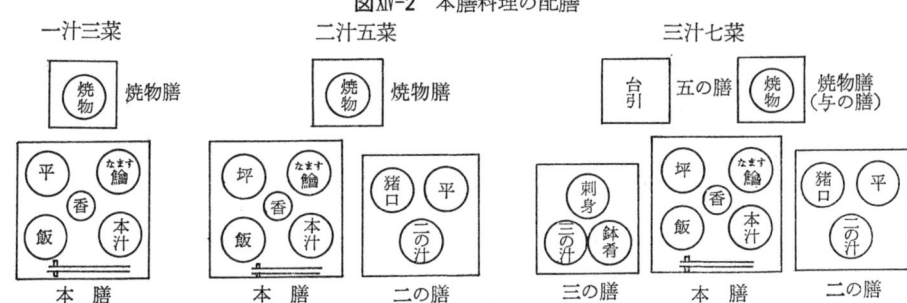

2・2 懐石料理

懐石料理とは，客を招いてお茶をたててもてなす前に出す軽い食事のことである。懐石とは禅宗より出た言葉で，石を温めてふところに入れ体を温めることを意味している。室町時代，足利義政が銀閣寺を建立したころ，茶の湯の催しが始まり，千利休によって茶道が隆盛を極めた。茶をすすめる前に，茶人自らが心をこめて料理をつくり客をもてなした。

表XIV-3 懐石料理の内容

	構　成	内　　　　容
1	向付	お向こうともいう。刺し身・なます・あえ物などを食べ切れるくらいつつましく清楚に盛り付ける。
2	汁	原則としてみそ仕立てとし，熱くして供するがお替わりもできる。
3	椀盛	魚や肉を主材料とし，季節の野菜・乾物・豆腐製品など豊富な材料を使った汁気の多い煮物。
4	御菜	焼き物・揚げ物・蒸し物などを一つの器に盛り，青竹箸を添えて供し，正客より取りまわす。
5	箸洗い	小さな器に入れて供する淡白な吸物で，中身も季節感を出す程度に少量を用いる。箸の先を清めるという意味も含まれ，次に出される八寸を味わうために，味覚を新たにする目的を持つ。
6	八寸	杉木地の八寸四方のへぎ盆に盛るのでこの名があるが，動物性食品・植物性食品を調和よく配合し，正客より取りまわす。
7	預鉢	酒を好む客のために，主人の心入れの料理を酒の肴として供する。取りまわしをする。
8	湯桶	食事の終わりに，番茶とお茶漬を供するかわりに，こんがりとこげたご飯に熱湯をそそぎ込んで塩味をつけたものである。器物の名をとって湯桶という。
9	香の物	たくわんが主で，他に一種季節の漬物をつける。

懐石料理は，一汁三菜，箸洗い，八寸から構成され，飯・汁・向付・椀盛りおよび箸洗いは一人分ずつ盛り付けるが，それ以外の料理は一つの食器に盛り合わせ，客自らが取り分けて食べる。膳は脚のない折敷(おしき)を用い，食器は向付以外は漆器を用いる。

図XIV-3 懐石料理の初めの配膳

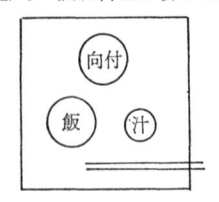

2・3 会席料理

会席料理は広く宴会料理として，江戸文化のらん熟期ともいわれる文化・文政以後に盛んに用いられるようになった。酒宴向き供膳形式であり，現在の客膳料理は多くこの形式が用いられている。

表XIV-4 会席料理の内容

	構成	内容
1	前菜	「つき出し」または「お通し」ともいう。珍しいものを食欲をそそるように2～3種取り合わせ，酒とともにすすめる。
2	向付	お向こうともいわれ，本膳料理の鱠に相当する。刺し身などの魚の生物や酢の物類である。
3	吸物	すまし汁を用い，椀種の取り合わせを工夫し，季節感と新鮮さをあらわす。向付とほとんど同時に出される。
4	口取りまたは口代り	山海野の珍味を一皿に数種美しく盛って供する。季節感を表し，甘いもの，塩味のもの，濃厚なもの，酸味のものなど味に変化をつけ，一つ一つに趣向をこらし，しかも味の調和のとれたものを取り合わせる。これを簡単にしたものを口代りという。
5	鉢肴	肉や魚の焼き物のほかに，鉢肴として揚げ物や蒸し物も用いる。
6	煮物	野菜だけ2～3種，あるいは野菜を主にして獣鳥肉類をあしらった煮物などで，汁のほとんどないものには平皿を用い，汁のあるものには深鉢を用いる。
7	茶碗	本膳料理の坪に相当する。淡白に煮たり，蒸したり，寄せたりしたものに，添え汁をそえる。寒い季節には温かく，暑い季節には冷たくしたものを供する。
8	小丼	浸し物，酢の物，あえ物などを盛る。器は小型のものを用い，すっきりと盛り付ける。
9	止椀	多くの場合みそ汁で，飯と香の物とともに供される。会席料理では初めに酒と肴をすすめ，酒の供応が終わり，ご飯と汁で献立が完了するという意味もあって，最後の料理ということで止椀という。

表XIV-5 会席料理の献立構成

四品献立	向付，吸物，口代り，煮物
五品献立	向付，吸物，口取り，鉢肴，煮物
七品献立	前菜，向付，吸物，鉢肴，煮物，小丼，止椀
九品献立	前菜，向付，吸物，口取り，鉢肴，煮物，茶碗，小丼，止椀

図XIV-4 会席料理の初めの配膳

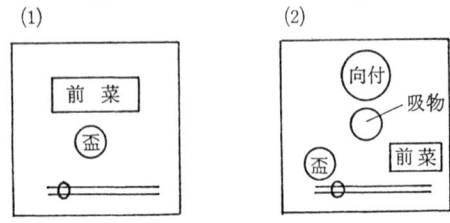

会席料理は本膳料理のように，すべての料理を配膳して供することはない。初めに図XIV-4の(1)または(2)のような形式で供し，食べ終わった器より下げ，順次，献立構成にしたがって供していく。最後に飯と止椀と香の物を供して終わる。形式はかなり自由で，家庭の客膳料理には最も適した供応形式である。

2・4 折衷料理[注]
1) 折衷料理とその発生

折衷料理とは，固有の日本料理に，中国料理，西洋料理その他の料理様式が加わり，これが合わさって新しく生み出された料理様式であり，現在我が国で最も多く利用されている。

折衷料理は，我が国の食生活の流れの中で，諸外国との交流によって新しい食品や調理加工法が移入されると，取捨選択し，同化しながら，日常食の中に取り入れてきた。和洋折衷料理は，明治維新以後に発生した。明治維新後，政府は，近代国家完成のために欧米の文化を輸入し，これとともに洋酒，西洋料理が普及しはじめた。庶民までは浸透していなかったが，洋風料理として牛鍋が流行した。その後，町には本格的な西洋料理店も開業し，オムレツ，カレーライス，コロッケなど和風感覚を含んだ洋風料理が生まれた。

大規模な和洋折衷料理の発生は，第二次大戦後からである。戦後はとくに，戦時中の飢饉時代から解放された美味への欲求，経済発展による消費生活の高度化などの諸要因から，西洋料理の主流をなすフランス料理をはじめとし，イタリア，スイス，イギリス，ドイツ，ロシア，アメリカなどの諸外国の本場の料理が移入された。現代は和洋中のみならず，その他の諸外国の料理も混在している折衷料理時代となっている。

2) 折衷料理の分類

折衷料理には，次に示すような折衷から組み立てられる。折衷料理は，これらの組合せにより数百通りできる。他国では類のみない折衷料理が氾濫し，我が国の食生活を複雑にしている。

① 食品材料の折衷

外来食品材料が使われ，一つの様式をもった料理を作り上げた場合をいう。ブロッコリーのおかか和え，トマト鍋など。

② 食味構成の折衷

食味のもととなる調味料，香辛料を折衷にして出来上がった料理をいう。わさびドレッシング，抹茶ババロアなど。

③ 調理工程の折衷

日本，中国，西洋各料理様式の固有の調理工程が折衷となり料理を作り上げるものをいう。

④ 供食形式の折衷

出来上がった料理を供する場合の形式が折衷となる場合をいう。パスタを箸で食べるなど。

⑤ 献立構成の折衷

一般的に常時利用されている折衷である。朝食はパン，ゆで卵，サラダ，コーヒー，昼食は米飯，天ぷら，すまし汁，夕食は米飯，ハンバーグステーキ，サラダなど献立構成の折衷と，ちらし寿司，マカロニサラダ，から揚げなどの折衷献立がある。

注：赤羽正之・小野戻子・川端晶子『献立概論』88～99頁，医歯薬出版，1971年，一部抜粋

3. 食器と盛り付け

3・1 食器とは

　食器とは，料理を盛り付ける器であるが，文化や習慣などによって異なる。食器は料理の真価をいっそう発揮させ食欲を左右するものであるが，それ自体美しく，使いやすく，全体としての調和の美を備えていなければならない。特に日本料理では，見た目の美しさを大切にしているが，食器と料理の調和が大切で，形・色・大きさ・用途などによって食器を使い分けることが大切である。

3・2 食器の機能性

1) 食器の触感

　料理を食べる時には，味覚・臭覚・視覚・聴覚とともに触覚も関与し，手のひら・指先・口唇などと食器との接触感は快感または不快感を伴う。料理をいかにおいしく感じさせるかが大切であるが，例えば，漆器の椀は手のひらに載せても温度感覚が穏やかで，口唇にもやわらかく接し，中身との触感誤差が少ない。その反面，金属やプラスチック製品では，なめらかさや弾力性がなく異質の触感を抱かせる。

　また，食器を手に持った時の快感も重要である。例えば，厚手の湯呑み茶碗は，保温を兼ね，中身との温度差も少なく，お茶の味を生かす。食器のある程度の厚みは，温かいものを温かく，冷たいものを冷たく，料理の温度を維持するために必要である。

　箸では，口唇に触れたとき冷たい感じがなく，なめらかであることが望ましいが，その意味で象牙の箸が尊ばれる。あまりすべすべしたり，角が鋭く尖っているものは，口唇に快感を与えない。

2) 食器の形・色彩

　食器には様々な形や大きさがあり，それらによって盛られた料理のおいしさの感じが左右される。円形・四角形・楕円形・浅形・深形などがあるが，これらは，使用上の便利さと，心理的な効果によって使い分けられる。特に食器と料理の美の調和を尊ぶ日本料理では，食器の形や色彩が重要なポイントとなる。

　絵付けは，料理を引き立てるためにある程度必要であるが，料理を殺すようなものは避けなければならない。料理を食べ終わった後に，見えてくる食器の絵が楽しみとなることもある。程よい食器の色彩は料理を生かすものであるが，明らかに季節感を表徴する器は利用範囲を制約する。

3・3 食器の種類

"日本料理は器で食べさせる"と言われているように，食器に変化があり，種類も多い。

1) 飯茶碗

米飯を盛る陶磁器製の食品で，手にしっかりと持って食べよく，程よい重さのあるものを，機能面から選ぶことが大切である。日常用には蓋付きでなくともよいが，客用には冷めにくいように蓋付きを用いる。図に飯茶碗の器形と大きさを示したが，Ⓐが標準形である。

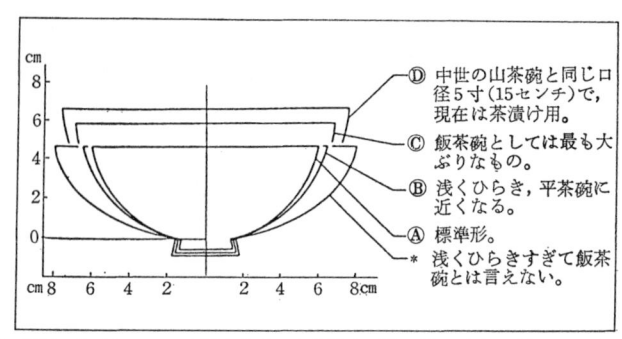

図XIV-5 飯茶碗の器形

Ⓓ 中世の山茶碗と同じ口径5寸(15センチ)で，現在は茶漬け用。
Ⓒ 飯茶碗としては最も大ぶりなもの。
Ⓑ 浅くひらき，平茶碗に近くなる。
Ⓐ 標準形。
＊ 浅くひらきすぎて飯茶碗とは言えない。

文献：世界の食べもの・日本編㊴食器と食事様式，週刊朝日百科，113, p.12-77, 1983.

2) 蓋物碗・蒸し茶碗・丼

飯碗以外の碗ものには，蓋物碗・蒸碗・丼などがある。温かい料理を冷まさないようにという心配りから生まれたのが蓋付き碗である。向付として用いる煮物碗は，大ぶりのものが用途が広く，時にはちらしずしや，うどん・煮ぞうめんなどを盛ることもできる。

茶碗蒸しや，小田巻蒸しには，やや小ぶりで厚手のものがよい。

煮物碗には蓋が内側にはいる"入り蓋"，蒸し茶碗には蓋が外側にかぶさる"かぶせ蓋"が用いられる。

3) 汁 椀

一般に温かい汁物を入れる食器であるが，冷めにくいように木製の塗り物を用いる。吸物用とみそ汁用があり，吸物用の椀の底はやや直線的で，みそ汁用の椀はやや湾曲し多汁が多く入るようになっている。箸洗いや小吸物には更に小さめの椀を用いる。

蓋付きが正式であるが，日常用には蓋付きでなくともよい。

4) 煮物椀・雑煮椀

汁椀以外の塗り物の食器として煮物椀・雑煮椀がある。蓋付きの器は原則として温かい料理が冷めるのを防ぐために用いられる。

参考 漆器は，熱と乾燥に弱く，湿気に強い性質がある。スポンジなどで乱暴に洗うのは禁物で，まず，ぬるま湯につけてから，軟らかい布で汚れを落とし，ぬるま湯ですすいで，自然に水気を切ってから，軟らかい布か紙タオルで水気を拭き取る。

5) 皿

一人盛りの皿には中皿・小皿があり，形では丸・角・長皿のほか，木の葉を形どったり舟形・末広などの変形がある。

角皿でも正方形に近い形のものは，盛り付ける料理に幅があり使いやすい。木の葉形や舟形などの変形皿は，定形の器が並ぶ中でアクセントをつける目的で用いられる。正四角形は，主に口取りや口代り・八寸などを盛り付ける。懐石料理の八寸とは，杉木地の八寸四方の器に盛るのでこの名がある。

中皿は，刺し身・焼き物・揚げ物にも用いることができる。長方形の皿は，焼き物によく用いられ，特に細長く小さな皿は，前菜などに用いられる。

小皿は，取り皿・銘々皿としても広く用いられる。

6) 小鉢

数人前の料理を盛り込む大鉢に対し，小鉢は一人盛りの器である。深いものにはあえ物・酢の物などを盛り，比較的浅い器は鍋料理やすき焼きの取り皿としても用いられる。

7) 盛り皿・盛り鉢

主として数人分の料理の盛り込み用に用いられる。中鉢は三人前ぐらい，大鉢は五人前ぐらいの料理が盛り込める。土佐の皿鉢料理では特に大型のものが使われる。

図には，碗・皿・鉢の器形の比率を示した。

図XIV-6 碗・皿・鉢の器形

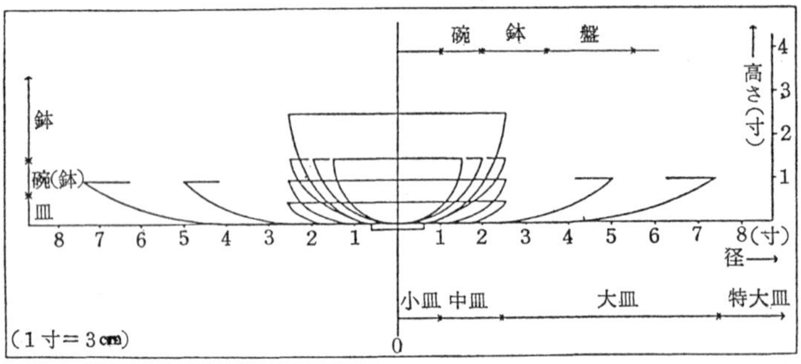

文献：世界の食べもの・日本編㉝食器の食事様式，週刊朝日百科，113, p.12-77, 1983.

3・4 盛り付け

盛り付けとは料理を食器に盛る操作をいう。盛り付けの良否は，視覚的な味わいを左右する重要な操作である。

盛り付けのポイントは，
① 美しく，おいしさを誘うように盛り付けること，すなわち，形・色彩などの調和を重んずる。
② 料理の味をそこなわないように，料理の温度に配慮すること。
③ 料理を衛生的に取り扱うこと。
などである。

XIV 日本料理の献立構成　197

なお，日本料理の盛り付けの趣向としては，器の中に自然を演出し，季節感を大切にする。また，空間を大切にし，大きめの器を選んで余白を残すように盛り付ける。

下図に盛り付けの基本的構成を示した。

図XIV-7　盛り付けの基本的構成

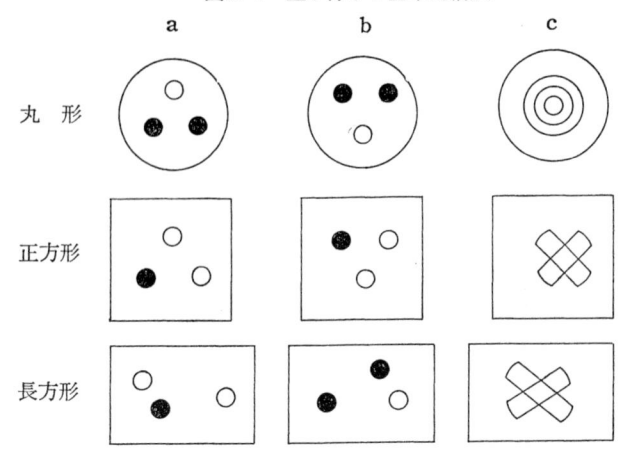

●強調するポイント　　○控え目なポイント
（盛り付けの空間としての落ち着きを持たせるとともに，器の形・色，主となる料理との調和を図る必要がある。）

	a	b	c
丸　形	平面的で高さのない料理を盛る場合で，手前に強調するポイントをおき，向こう側にも軽くおく。（例：魚の切身の照り焼き）	立体的で高さがあり，姿を見せるような場合で，向こう側に強調するポイントをおき，手前にも軽くおく。（例：あじの塩焼き）	あえ物などの盛り方で，山高に盛り，裾は奥の方を広げて手前をせまくする。△：限られたものを大きく見せる効果がある。○：丸く盛ると全体に小さく見える。
正方形	いくつかの料理を盛り合わせる時，主となるものを手前の左におく場合で，向こう側にも軽くおく。	いくつかの料理を盛り合わせる時，主となるものを向こう側の左におく場合で，手前にも軽くおく。	強弱のリズムがなく好ましくない。
長方形	手前左側に強調するポイントをおき，右の方に自然に流すようにする。	立体的で高さがあり裾をみせるような場合で，右手前に空間を残す。（例：右手前に薬味をおく）	強弱のリズムがなく好ましくない。

XV おせち料理

1. おせち

おせちとはおせっく（お節供）の略である。正月や五節句，すなわち，じんじつ（人日，1月7日），じょうし（上巳，3月3日），たんご（端午，5月5日），たなばた（七夕，7月7日），ちょうよう（重陽，9月9日）に神前に食物を供える習慣があった。江戸中期以降，正月の重詰めや正月3日間の保存食が一緒になって，正月に用意する料理をおせち料理というようになった。

2. と そ

とそ（屠蘇）とは，酒またはみりんに屠蘇散を浸し，香りや成分を浸出させた薬酒である。正月に一年中の邪気払いと長寿を願って飲む。屠蘇散の配合の仕方には種々あるが，山椒，防風，肉桂，桔梗，びゃくじゅつ（白朮）などを調合して用いる。

3. おせち料理の縁起

おせち料理は正月を祝うための料理であり，祝い膳は本膳料理の形式をとり，重詰めにもそのまま応用する。保存のきく材料を用いるが，めでたいもの，不老長寿にちなんだもの，勢いのよいものなどを選ぶ。

代表的な縁起ものには，次のようなものがある。

数の子　にしん（カド）の子＝子孫が集まり，一家繁栄を表すことへの願をこめて。

ごまめ　こまめに元気で，または田作りとして，田の肥料に用いた魚→農作物の豊作を願う。
　　　　また，この魚は「もろこ」とともに群れ集まるので→群がり→繁栄

こぶ（巻）　喜ぶ（よろこぶ）→ひろめ＝喜びがひろまる。夷子女（えびすめ）（福を得る）。ヨウ素含量が高いので薬用。

黒豆　田夫＝農夫の顔が日にやけてたくましい様子。まめ（豆）で達者で家系が永く続くように。

えび　姿が老人（腰をまげている）＝長寿の様子をしていることから長寿の願をこめて，またひげの長さ＝長寿。

勝栗　干栗（秋のものを保存しておいたもの）――これを戻して用いる＝カチ栗（かたい栗）カチ＝勝つ。戦勝の願。

酢ごぼう　もちをのどにつまらせた時，ごぼうをたたきつぶして，その水を飲ませて助かったという伝えによる。

橙（だいだい）　代々＝子孫が代々続くよう願う。――ことばが同じ（語呂あわせにより用いる）。

ゆずり葉　親，子，孫へと代々譲り伝えて家系が永く続くように。

4. 重詰め料理の組み合わせ方

1) 重詰め料理の組み重

	A	B	C	D	E
一の重	祝い肴（数の子・黒豆・なますをまぜる）	祝い肴、口取り（栗きんとん、かまぼこ）	口取り	祝い肴・口取り	内容にこだわらず色どりや、材料の組み合わせ等で盛り付けを考える。
二の重	口取り	焼き物	焼き物		
三の重	焼き物	煮物	煮物（またはなます）	焼き物・煮物	
与の重	煮物	酢の物	三の重により酢の物（または煮物）		

現在はハム・ソーセイジ・サラダ・鶏のから揚げ等，洋風・中華風の食品や調理法が取り入れられている。いずれにしても，腐りにくく，味の変化の少ないことが大切な条件となる。

おせちは，昔から重詰めにするのが普通で，煮しめ肴や祝い肴，口取り肴とともに三つ重ねから五つ重ねの重箱（お重）に盛り付ける。今では三つ重ねや四つ重ねのものが，一般に用いられている。詰め方はその家のしきたりによって違っているが，原則的には自由に盛り付ければよい。例えば，四つのお重は「春夏秋冬」を意味するという説もあり，詰め方の基本を「松竹梅蘭」と四君子に見たててするという方法などもある。

四つ重ねの場合は，一の重は口取り，二の重は焼き物，三の重は煮物，与の重（四の重はシの音に通じるので忌み，与の字で表す）は，酢の物という区分にすることが多い。

一の重
口取りは，酒の肴にふさわしいものを詰める。かずのこ，黒豆，松笠いか，照りごまめ（関西ではたたきごぼうを入れる），紅白かまぼこ，栗きんとん，など。

二の重
焼き物の献立は，ぶりの照り焼き，えびの黄金焼き，鶏のあさつき巻き，さわらのみそ漬け焼き，など。

三の重
煮物は野菜の甘煮を詰め合わせるが，野菜と鶏肉の煮物で鶴の巣ごもりを作り，めでたさを表すこともある。亀甲京いもの木の芽添え，松笠くわい，手綱こんにゃく。

与の重
酢の物はえび，防風，水前寺のり（寿のり），野菜などを三杯酢であえた五色盛り，紅白なます，矢羽根ばす，など。形に変化をつけて詰め合わせる。

2) 重詰めの方法

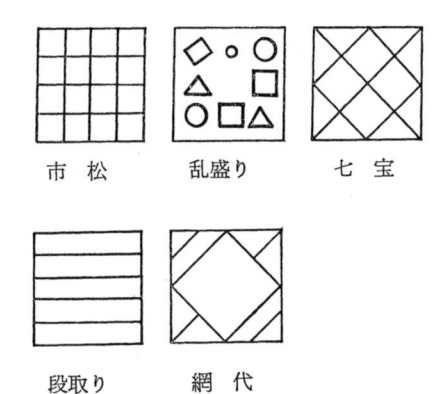

市　松　　乱盛り　　七　宝

段取り　　網　代

末広型前菜風

盛り付け方にきまった配列法はないが，3～5～7種の盛り合わせをすると落ち着く。更に正月であるから縁起を尊ぶことと，めでたいことから配色等にも注意をはらうこと。なお，重詰めは取り出し後もくずれないよう，きっちり底まで詰めるのがよい。

3) おせち料理の例

分量や大きさ，または，添え物としての取り合わせにより，詰め方を変えることがある。

一の重（口取りを主に）

① ごまめ（田作り）——照り煮
② 黒　豆——松葉さし，煮豆（含め煮）
③ 栗きんとん
④ いか——かのこ，松笠（うに，のり，黄金焼き）
⑤ 卵——金銀，市松，末広，梅花松，三色，岩石，（焼き物，蒸し物等に）
⑥ 羹（山芋，いんげん，寒天など）——常盤羹，相生羹，若竹羹，わさび羹，菊水羹，日の出羹
⑦ 麩——手まり
⑧ きんかん——葉付き，甘煮
⑨ かまぼこ——三色，小袖，二色，市松，紅白，日の出
⑩ こんぶ——結び，のしめ，奉書巻き
⑪ 鶏挽き肉（鴨挽き肉）——団子，青串，鉄扇，松風
⑫ その他——焼き物・酢の物などを合わせることがある。

二の重（焼き物を主に）

① 車えび——黄金焼き
② ぶ　り ⎫
③ もろこ ⎭——照り焼き
④ 鯛——黄金焼き
⑤ いか——のり焼き／うに焼き
⑥ 卵——すだれ巻き／厚焼き（だし巻き）／だて巻き
⑦ 鰆｜みそ焼き
⑧ まながつお｜幽庵焼き
⑨ 松葉かれい｜酒焼き
⑩ 鶏　肉｜あさつき巻き
⑪ 鴨　肉｜くわ焼き
⑫ うずら肉｜松　風

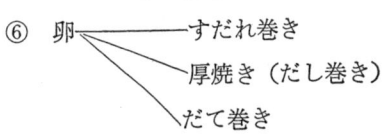

三の重 （煮物）

① にんじん——梅，亀甲，ねじれ梅，日の出
② 長芋 ⎫
③ 山芋 ⎬——梅，亀甲，巌，末広（含め煮，煮しめ）
④ 八つ頭 ⎭
⑤ こんぶ——奉書巻き，結び
⑥ 栗——含め煮，渋皮煮，炊き煮，きんとん
⑦ くわい——松笠・亀甲，木の葉
⑧ 百合根——花型（含め煮）
⑨ ちょろぎ＝長老木——含め煮（梅漬け，塩漬けにして煮物に添える）
⑩ ふな ⎫
⑪ はぜ ⎬——甘露煮・佃煮
⑫ にじます ⎥
⑬ 小えび ⎭
⑭ 鶏挽き肉——団子，鉄扇，末広
⑮ こんにゃく——手綱

与の重 （酢の物）

① こはだ——酢漬け，粟漬け
② ひらめ——こんぶしめ，龍皮巻き
③ 鯛 ⎫
④ いか ⎬博多しめ
⑤ 赤貝——苺型，唐草
⑥ なまこ——酢の物
⑦ 小魚——南蛮漬け
⑧ 大根 ⎫
⑨ にんじん ⎬紅白なます
⑩ うど——茶せん
⑪ 小かぶ——花型
⑫ はす——矢羽根・花
⑬ きゅうり——大根・にんじん，その他のものと一緒に——砧巻き
⑭ その他——魚貝類を酢じめにする

4） 組み重の例

〔屠蘇〕一の重（口取り）	二の重（鉢肴）	三の重（煮物）	与の重（酢の物）
(1) 数の子	(1) 車えびの黄金焼き	(1) ねじれ梅	(1) こはだ粟漬け
(2) 黒豆	(2) さわらのみそ漬け焼き	(2) 末広たけのこ	(2) 紅白なます
(3) 照りごまめ（松葉ごまめ）	(3) 鶏肉のあさつき巻き	(3) 亀甲京いも	(3) 矢羽根ばす
(4) 紅白かまぼこ	(4) いかののり焼き	(4) 松笠くわい	(4) 菊花かぶあちゃら
(5) だて巻き	(5) 松葉かれいの酒焼き（杵しょうが添え）	(5) 花百合根	(5) 鯛の龍皮巻き
(6) 栗きんとん		(6) 手綱こんにゃく	
(7) うずら松風		(7) こんぶ奉書巻き	
		(8) 笹いんげん	

分量・作り方等は該当頁参照。

XV おせち料理　203

実習材料（1台分）4〜5人分を目安としている。調味料は保存日数を考えて増減する。

一の重

(3) 照りごまめ
- ごまめ（田作り）　20g
- みりん　大さじ1
- しょうゆ　〃
- 砂糖　〃

(5) だて巻き
- 魚すり身（上）　100g
- 卵　4個
- みりん　大さじ1
- 砂糖　大さじ1
- 塩　小さじ1/3
- だし汁　90ml（前後）
- 油

(6) 栗きんとん
- 栗（甘露煮）　4粒
- さつまいも皮つき　240g
- くちなしの実　1個
- 砂糖（さつまいもの70〜100％）

二の重

(1) 車えびの黄金焼き
- 車えび　4尾
  - （塩—ゆでる時）
  - （しょうゆ—焼く時）
- 卵黄　1/2〜1個
- 酒（みりん）小さじ1〜2　—伸ばし用）
- 塩　卵黄の1.5％
- サラダ油　2〜3滴

(2) さわらのみそ漬け焼き
（二日くらい前に漬け込み）
- さわら（切身）　4枚
- 塩　1.5％くらい
- みりん
- 白みそ ／ 好みの割合　魚が漬け込める分量
- 赤みそ ＼
- ガーゼ（または粗いさらし布）

(3) 鶏のあさつき巻き
- ひな鶏（もも骨なし）小1枚（200gくらい）
  - しょうゆ　大さじ3〜
  - みりん　大さじ3〜
  - 酒　大さじ2〜
- あさつき（またはわけぎ）　3〜4本
- つまようじ　4〜5本
- 片栗粉　大さじ1〜3　溶き水
- 揚げ油（ごま油または天ぷら油）
- 粉さんしょう　別にひも

三の重

(3) 亀甲京いもの木の芽添え
- 京いも　皮つき　500g
- 混合だし汁　芋がかぶるくらい
- 薄口しょうゆ ／ 塩分としてむき芋の1.3〜1.6％
- 塩　＼
- 砂糖　7〜8％
- 酒　5〜10％
- 木の芽　8枚くらい

(4) 松笠くわいまたは（木の葉くわい）
- くわい（青）　8個
- 混合だし汁　くわいの70％
- 薄口しょうゆ　塩分として1.5％くらい
- 砂糖　5〜7％
- 酒　5％

(5) 花百合根
- 百合根　4個
- ゆで水　かぶるくらい
- 砂糖　水の15％
- 塩　水の0.3％
- 別にふた用の和紙

(8) 笹いんげん
- さやいんげん　30g
- 塩　3〜1.5％
- だし汁　5％

与の重

(2) 鯛の龍皮巻き
- 鯛（さくどり）　250g
- 塩　1.5〜2％
- 酢　3 or 4 or 5 ＼ 鯛がかぶる
- 酒　1　1　1 ／ くらい
- 白板こんぶ　10cm幅—50cmくらい
- しょうが（せん切りまたはおろし）　10〜20g
- 別におさえ用ひも等

(3) 紅白なます
- 大根　80g
- にんじん　20g
- 塩（脱水用）　小さじ1/3
- ゆずの皮　少々
- 甘酢 ／ 酢　大さじ2
-      ＼ 砂糖　大さじ1.5
-        水　大さじ1.5
-        塩　小さじ1/4
- ゆず汁　1/2個分

(4) 矢羽根ばす
- はす　丸太5〜6cm×斜め5〜6cm
- 塩 ／ 入りゆで水
- 酢 ＼
- 甘酢 ／ 酢　10
-        砂糖　10〜15
-        塩　2
- （はすがつかるくらい）
- 赤唐辛子

(5) 菊花かぶ
- 小かぶ（径2〜3cm）　8個
- 塩　3〜5％
- 甘酢　(4)—矢羽根ばすに同じ
- 赤唐辛子

注（　）番号は前頁の組み重例の表内番号である。2回分の実習内容となる。

一の重

A　照りごまめ

材料		
	ごまめ（田作り）	20g
	みりん	15ml
	しょうゆ	15ml
	砂糖	15g

（アルミホイルカップ直径3cm　10個）

A　照りごまめのポイント

① ごまめはよく乾いた鍋や，フライパンで弱火で加熱する。1本ずつよくほぐれて，パリッとしてきたら消火する。冷めてから調味液にからめる。

② 調味液ははしで軽く撹拌し，沸騰したらはしを取り出す。泡が消えにくくなったらはしで液の一部を取り，はしの間に糸が引くようになったら消火する。加熱しすぎると，調味液は結晶化してしまうので注意する。

③ アルミホイルカップがない時は，よく乾いた盆の上に数本ずつ間隔をあげておき，冷めたら重箱に盛り付ける。

A　照りごまめ

1) ごまめのからいり

```
開始
 ↓
加熱する ← 鍋又はフライパン
 ↓
 ← ごまめ ①
からいりする
 ↓
パリッとしたか → no
 ↓ yes
消火し冷却する
 ↓
 → からいりごまめ
終了
```

2) 照りごまめ

```
開始
 ↓
 ← みりん しょうゆ 砂糖
加熱する ← 鍋
 ↓ ⊕
カラメルにする ②
 ↓ p
液が糸を引いたか → no
 ↓ yes
火から下ろす
 ↓
 ← からいりしたごまめ
はしで軽くあえる
 ↓
 ← アルミホイルカップ ③
ごまめを数本ずつカップに入れる
 ↓
 → 照りごまめ
終了
```

B　だて巻き

材料	
魚すり身	70g
いちょういも	50g
（魚すり身，いちょういもの代わりにはんぺん100g代用可）	
卵	3個
みりん	15ml
砂糖	60g
塩	2g
だし汁	90ml
油	少々

だて巻き　　松型だて巻き

B　だて巻きのポイント

① すり身はあらかじめ，すじを取り除いておく。

② 皮をむき，すりおろしたいちょういもを加える。

③ 食塩を加えることにより，すり身にこしがでる。

④ はんぺんを使う場合は，調味料の量を調節する。

⑤ 卵は1個ずつ割りほぐして少しずつ入れ，混ぜる。一度に多く入れすぎると生地と混ざりにくくなる。

⑥ 油はガーゼなどにしみ込ませ，卵焼き器の表面に軽くぬる程度でよい。

⑦ 生地はかき混ぜないで，回りが焼けてきたら，はしを卵にさし，底の部分の空気ぬきをする。

⑧ 卵をすだれの上におき，巻き始める部分に包丁で切れ目を入れると巻きやすい。鬼すだれを用いて，凸部分を内側にし，卵の表面に凸凹をつけたり，普通のすだれで松型のように成型してもよい。

B だて巻き

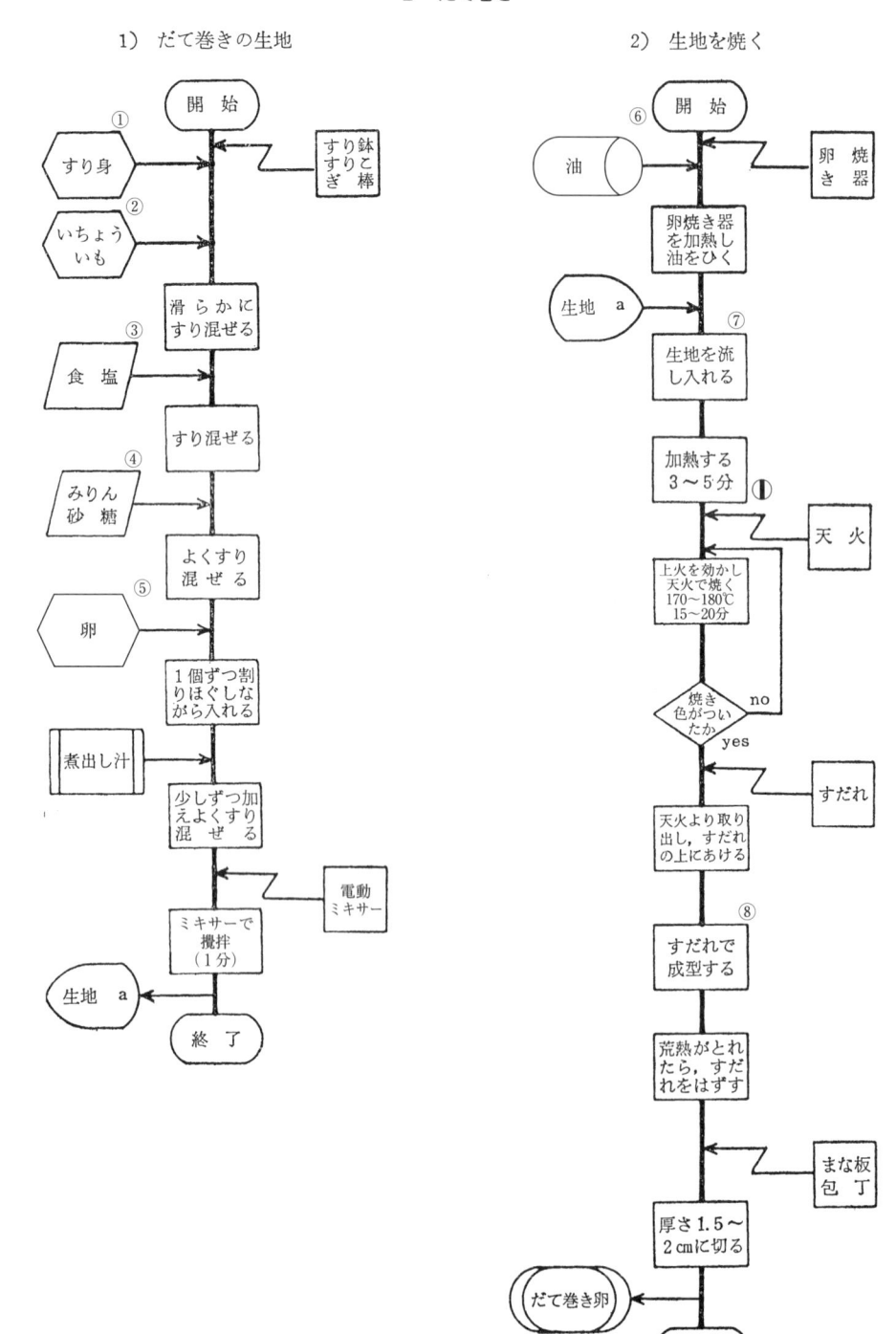

1) だて巻きの生地

```
開 始 ← すり鉢 すりこ棒
① すり身 →
② いちょういも →
  滑らかにすり混ぜる
③ 食塩 →
  すり混ぜる
④ みりん 砂糖 →
  よくすり混ぜる
⑤ 卵 →
  1個ずつ割りほぐしながら入れる
  煮出し汁 →
  少しずつ加えよくすり混ぜる
  ← 電動ミキサー
  ミキサーで攪拌(1分)
→ 生地 a
  終 了
```

2) 生地を焼く

```
開 始 ← 卵焼き器
⑥ 油 →
  卵焼き器を加熱し油をひく
  生地 a →
⑦ 生地を流し入れる
  加熱する 3～5分
  ← 天火
  上火を弱くし天火で焼く
  170～180℃ 15～20分
  焼き色がついたか
    no → (戻る)
    yes
  ← すだれ
  天火より取り出し,すだれの上にあける
⑧ すだれで成型する
  荒熱がとれたら,すだれをはずす
  ← まな板 包丁
  厚さ1.5～2cmに切る
→ だて巻き卵
  終 了
```

二の重

C　さわらのみそ漬け焼き

材料	さわら	4切（1切70g）
	塩	魚の 1.5%
	みりん	30〜50ml
	酒	30〜50ml
	白みそ	50g
	赤みそ	50g

（漬け込み用ガーゼ）

D　鶏のあさつき巻き

材料	ひな鶏もも肉（骨なし）	小1枚
		（150〜200g）
	しょうゆ	45ml
	みりん	45ml
	酒	30ml
	あさつき（またはわけぎ）	3〜4本
	片栗粉	大1〜3
	（溶き水）	
	揚げ油	適量
	（ごま油または天ぷら油）	
	粉さんしょう	少々

おさえ用たこ糸，つまようじ

C　さわらのみそ漬け焼きのポイント

① 白みそは甘口（西京みそなど），赤みそは辛口がよい。漬け込み方は，ボールの中にみそを入れ，酒，みりんで伸ばし，その1/2量をバットに入れ，ガーゼを敷き，その上にさわらの切り身をのせ，再びガーゼを敷き，残りのみそを入れ，上からラップをかける。冷蔵庫にて1/2〜1日漬け込む。

　ガーゼを敷くのは，じかにみそ漬けにすると，さわらの表面にみそがつきすぎ，焼いた時に焦げやすくなるためである。

D　鶏のあさつき巻きのポイント

① 鶏肉に厚い部分がある時は，包丁で観音開きのように切り広げる。
② たこ糸は肉を揚げた時に，はずれないようにしっかり巻きつけるが，肉の表面が凸凹にならないように巻く。
③ 鶏肉を切る時は，冷ましてからの方が切りやすい。

C　さわらみそ漬け焼き

1) さわらの漬け込み

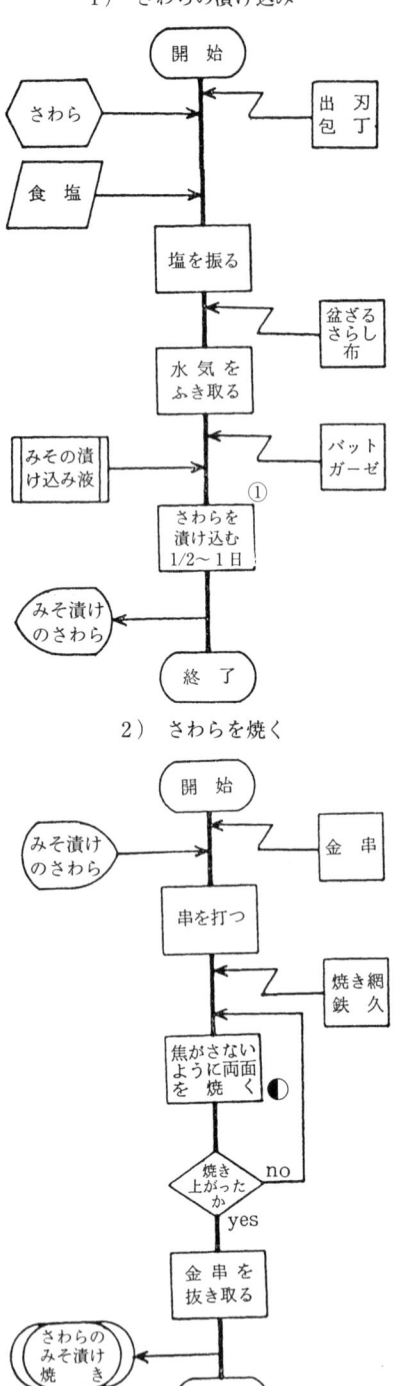

```
開始
↑ さわら
↑ 食塩
← 出刃包丁
↓
塩を振る
← 盆ざる さらし布
↓
水気をふき取る
← バット ガーゼ
↑ みその漬け込み液
↓
さわらを漬け込む 1/2〜1日  ①
↓
みそ漬けのさわら
↓
終了
```

2) さわらを焼く

```
開始
↑ みそ漬けのさわら
← 金串
↓
串を打つ
← 焼き網 鉄久
↓
焦がさないように両面を焼く ●
↓
焼き上がったか ─no
yes↓
金串を抜き取る
↓
さわらのみそ漬け焼き
↓
終了
```

D　鶏のあさつき巻き

1) 鶏肉の漬け込み

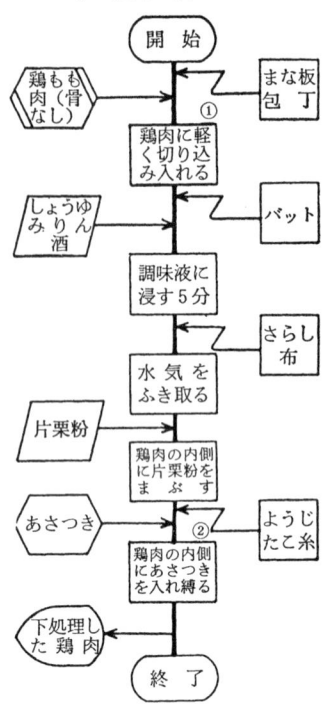

```
開始
↑ 鶏もも肉(骨なし)
← まな板 包丁  ①
↓
鶏肉に軽く切り込み入れる
↑ しょうゆ みりん 酒
← バット
↓
調味液に浸す5分
← さらし布
↓
水気をふき取る
↑ 片栗粉
↓
鶏肉の内側に片栗粉をまぶす
↑ あさつき
← ようじ たこ糸  ②
↓
鶏肉の内側にあさつきを入れ縛る
↓
下処理した鶏肉
↓
終了
```

2) 鶏肉を揚げる

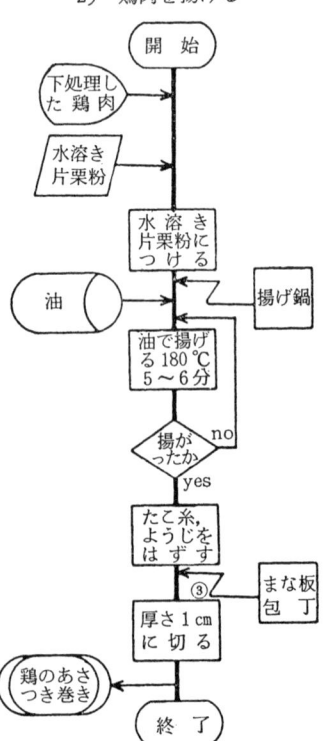

```
開始
↑ 下処理した鶏肉
↑ 水溶き片栗粉
↓
水溶き片栗粉につける
↑ 油
← 揚げ鍋
↓
油で揚げる180℃ 5〜6分
↓
揚がったか ─no
yes↓
たこ糸,ようじをはずす
← まな板 包丁  ③
↓
厚さ1cmに切る
↓
鶏のあさつき巻き
↓
終了
```

三の重

E　亀甲いもの木の芽添え

材料	京いも（皮つき）	500 g
	混合だし汁	いもがかぶるくらい
	薄口しょうゆ ／ 塩	塩分としてむきいもの 1.3～1.6％
	砂糖	いもの7～8％
	酒	〃　5～10％
	木の芽	8枚

F　松笠くわい（または木の葉くわい）

材料	くわい（青）	8個
	混合だし汁	くわいの80％
	薄口しょうゆ	塩分として1.5％くらい
	砂糖	くわいの5～7％
	酒	〃　5％

E　亀甲いもの木の芽添えのポイント

① 太さ（径）のそろった京いもがよい。他にえびいも，赤目いもを用いてもよい。
② 切った後，めんとりはしない。
③ 汁気のあるうちに火をとめて，一日漬け込んでおくと，いもに味がしみ込む。

F　松笠くわいのポイント

① くわいの松笠模様の切り込み方

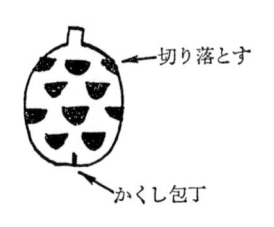

　　　←切り落とす
　　　←かくし包丁

∴くわいの芽は切り落とさないこと。
　くわいの芽は「芽が出る」と縁起が
　よいとされている。

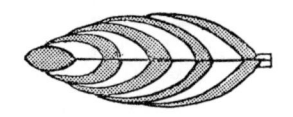

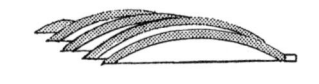

木の葉くわいはゆでないで，皿にのせ，蒸し器で蒸し上げてから調味液に浸す。

E 亀甲いもの木の芽添え

```
開始
  ← まな板・包丁
京いも ①→
  ↓
皮つきのまま六角柱に切る
  ↓ ②
厚さ2cmに切る
  ↓
混合出し汁 → 煮る ← 鍋・落としぶた
  ↓
沸騰したか ─no
  ↓yes
薄口しょうゆ,塩,砂糖,酒 → 煮る 8〜10分 ← 落としぶた
  ↓
軟らかくなったか ─no
  ↓yes ③
消火し煮汁にそのままつけておく
煮汁
木の芽 → いもの上に木の芽をのせる
  ↓
亀甲いも木の芽添え
  ↓
終了
```

F 松笠くわい

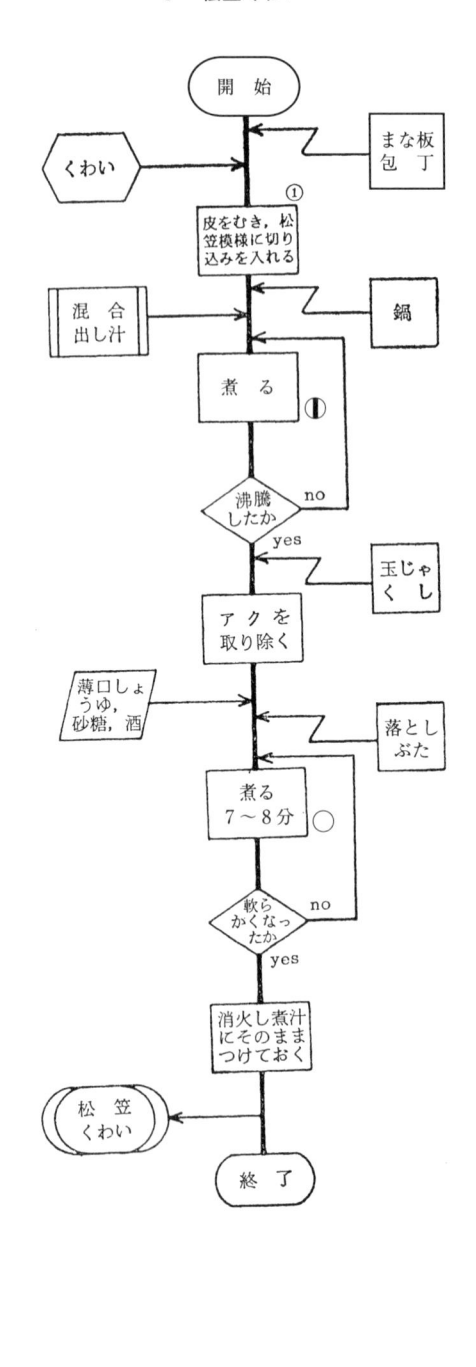

```
開始
  ← まな板・包丁
くわい → ①
  ↓
皮をむき,松笠模様に切り込みを入れる
  ↓
混合出し汁 → 煮る ← 鍋
  ↓
沸騰したか ─no
  ↓yes
  ← 玉じゃくし
アクを取り除く
  ↓
薄口しょうゆ,砂糖,酒 → 煮る 7〜8分 ← 落としぶた
  ↓
軟らかくなったか ─no
  ↓yes
消火し煮汁にそのままつけておく
  ↓
松笠くわい
  ↓
終了
```

XV おせち料理　211

与の重

G　花百合根

材料	百合根	4個
	水	かぶるくらい
	砂糖	水の15%
	塩	水の0.2%

（ふた用和紙）

H　紅白なます

材料	大根	80g
	にんじん	20g
	ゆずの皮	少々
	（甘酢）	
	酢	大さじ2
	砂糖	大さじ1.5
	水	大さじ1.5
	塩	小さじ1/4
	ゆず汁	1/2個分
	塩（脱水用）	小さじ1/3

G　花百合根のポイント

① 百合根の根管を切り落とし，球根が花の形になるように分ける。
（通常2～3個）

② 百合根の切り込み方

2（または3）つに割る　　外側から山型に切る。

切り込みを入れることによって，花びらが重なっているように見え，火の通り，味のしみ込みがよくなる。

③ 百合根は煮くずれやすいので火加減に注意する。木ふたは百合根がくずれるので紙ふたにする。

④ 調味シロップ液は2/3～1/2量に煮つめる。

H　紅白なますのポイント

① 大根はたて長に繊維に平行に切る。これを大根はやや厚め，にんじんは薄切りにして，その後せん切りにする。

② ①に塩をふりよくすりこむ。

③ 湯せんで溶かし，ゆず汁を加え，大根，にんじんと合わせる。

④ 上からせん切りのゆずの皮を添える。

G 花百合根

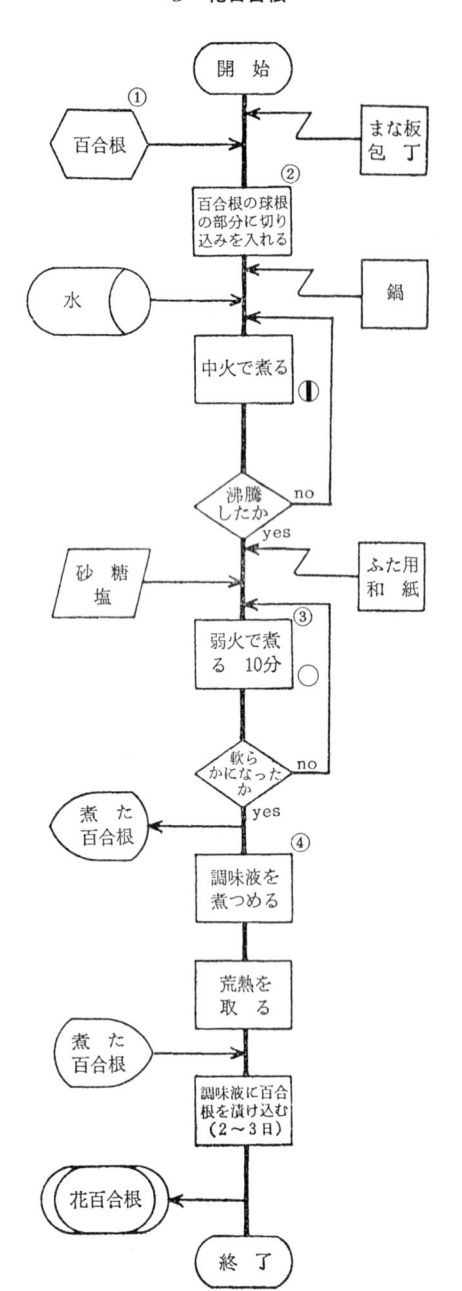

- 開始
- ① 百合根
- まな板 包丁
- ② 百合根の球根の部分に切り込みを入れる
- 水
- 鍋
- 中火で煮る ❶
- 沸騰したか (no→戻る / yes→次へ)
- 砂糖 塩
- ふた用和紙
- ③ 弱火で煮る 10分 ○
- 軟らかになったか (no→戻る / yes→次へ)
- 煮た百合根
- ④ 調味液を煮つめる
- 荒熱を取る
- 煮た百合根
- 調味液に百合根を漬け込む（2〜3日）
- 花百合根
- 終了

H 紅白なます

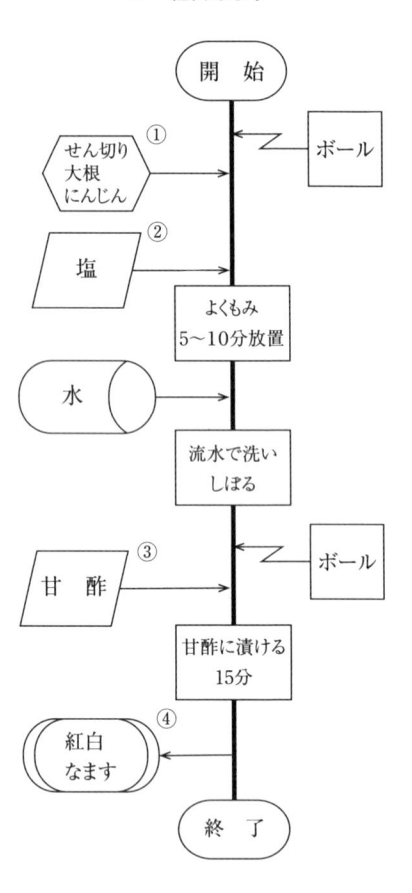

- 開始
- ① せん切り 大根 にんじん
- ボール
- ② 塩
- よくもみ 5〜10分放置
- 水
- 流水で洗いしぼる
- ボール
- ③ 甘酢
- 甘酢に漬ける 15分
- ④ 紅白なます
- 終了

雑　煮

I　雑煮（すまし仕立て）

材料		
	切り餅	4個
	紅白かまぼこ	1/2本
	鶏もも肉	80g
	生しいたけ	4枚
	ゆずの皮	4枚
	昆布出し汁	600mℓ
	食塩（汁の0.6%）	3.5g
	うす口しょうゆ（汁の1.5%）	9g
	小松菜	80〜100g

I　雑煮のポイント

① 鶏肉は一口大（2cmのさいの目）に切る。
② 生しいたけは飾り切りをしておく。
③ 切り餅は金網で焼いて，お湯につける。
④ 小松菜はゆでて，5cmに切っておく。
⑤ かまぼこは1cm位に切る。

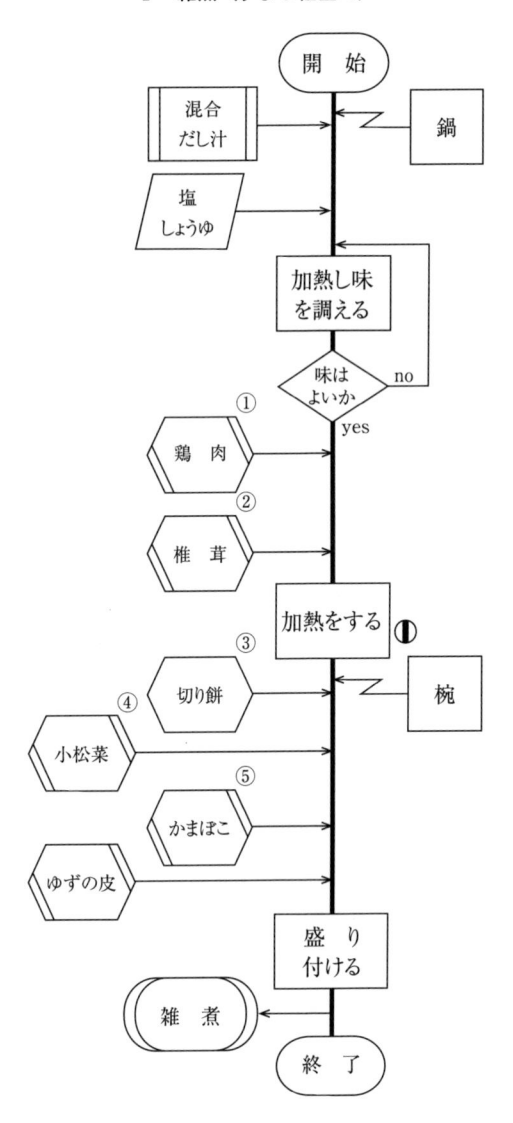

I　雑煮（すまし仕立て）

```
        開　始
          │
混合      │     鍋
だし汁 ──→│
          │
塩        │
しょうゆ ─→│
          │
     加熱し味
     を調える
          │
       味は    no
       よいか ────┐
          │yes   │
     ①    │      │
   鶏　肉 ─→│      │
     ②    │←─────┘
   椎　茸 ─→│
          │
     加熱をする
          │
     ③    │
   切り餅 ─→│     椀
          │
     ④    │
   小松菜 ─→│
          │
     ⑤    │
   かまぼこ─→│
          │
   ゆずの皮─→│
          │
     盛り
     付ける
          │
     雑　煮
          │
        終　了
```

索引

料理名

あ

青煮　102
赤だし　82
赤みそ汁　82
揚げ出し豆腐　158
揚げ煮　102
味付け飯　130
あじの姿焼き　16, 144
厚焼き卵　140, 143, 150
飴煮　102
あらい　21, 51, 55
あわびの塩蒸し　120
泡雪かん　17, 41, 164, 166
あんかけうどん　74

い

いかの黄金焼き　148
いかのぬた　182
炒め煮　102
いなりずし　140
いり卵　41
いわしのつみ入れ汁　170

う

魚そうめん　171
うさぎ卵　77
潮（うしお）汁　82, 88, 190
薄焼き卵　140, 143, 150
うどん　74
うにあえ　179
卯（う）の花あえ　179
卯の花汁　82
う巻き卵　150
うま煮　102

え

えだまめあえ　179
えんどう飯　134

お

おかゆ　132
押しずし　140

小田巻蒸し　120
おでん　96, 102
親子丼　138
おろしあえ　179
おろし煮　102

か

かき揚げ　158
かきたま汁　15, 91
かき鍋　95
かけそば　74
果汁かん　164, 166
かしわ餅　120
粕汁　82, 91
かつおのたたき　186
かつ丼　138
かば焼き　143
かぶら蒸し　120
かぼちゃの宝蒸し　120
かぼちゃの含め煮　16
かも南蛮　74
唐揚げ　154
空揚げ　152
からしあえ　179
かれいのから揚げ　158
かれいの煮つけ　114
変わり揚げ　152
変わりすまし汁　82
がんもどき　158

き

亀甲いもの木の芽添え　209
亀甲椎茸　104
きつねうどん　74
きつね丼　138
木の芽あえ　179, 180
牛丼　138
牛肉の八幡巻き　146
牛乳がゆ　133
牛乳かん　164
きゅうりとくらげの白酢あえ　182
魚田　149
金玉かん　164, 166

金糸卵　140, 150

く

空也蒸し　120
くず切り　163
くず桜　163, 164
くず煮　102
栗きんとん　170
くるみあえ　179
くるみ豆腐　163, 164
黒豆甘露煮　117

け

けんちん汁　82, 91
けんちん蒸し　120

こ

鯉こく　82, 91
高野豆腐の含め煮　104
紅白なます　211
ご（呉）汁　91
木の葉丼　138
木の葉蒸し　120
ごまあえ　179
ごま酢あえ　179
ごま豆腐　79, 163, 172
五目ずし　140
衣揚げ　152
強（こわ）飯　120, 122

さ

さくら鍋　95
さくら蒸し　120
酒蒸し　120
刺し身がゆ　133
刺し身盛り合わせ　186
さつまいもご飯　136
さつま汁　82, 91
さばずし　140
さばのみそ煮　114
さやいんげんの青煮　106
さらさ卵　152
ざるそば　74

さわらのみそ漬け焼き 207
三色そうめん 75
三平汁 82

し
塩焼き 143
しょうゆ焼き 143
上新粉だんご 42
薯蕷（じょよ）蒸し 120
白あえ 17,179,180
白酢あえ 179
白煮 102,108
白みそしる 82
信州蒸し 120
しんじょ 82

す
素揚げ 152,154
素焼き 143
すき焼き 96
巣ごもり卵 91
すしご飯 139
酢どりしょうが 145
酢煮 102
酢みそあえ 17,179
すまし汁 82,192
すり流し汁 46, 82, 91

せ
赤飯 120,122
船場汁 82, 91

そ
そうめん 74, 75
そうめんずし 75
そうめんつと揚げ 154
そば 74
そぼろあんかけ 102

た
炊き合わせ 106
炊きおこわ 122
炊き込み 130
たけのこご飯 136
だし汁 48,84
だし巻き卵 149
だて巻き 205
だて巻き卵 140,150
他人丼 138
たぬきそば 74

卵豆腐 48,79,82,120,124
卵焼き 150
団子 120

ち
茶がゆ 133
茶せんなす 108
茶碗蒸し 16,79,120,124
ちらしずし 139,140
ちり鍋 95

つ
月見丼 138
つくだ煮 108
つけ焼き 143

て
照りごまめ 204
照り煮 102
照り焼き 125,143
天ぷら 16,152,154,156

と
ところ天 166
土びん蒸し 120
巴ずし 140
鶏肉の竜田揚げ 158
鶏のあさつき巻き 207
鶏飯 134
とろろ汁 91

な
納豆汁 82,91
七草がゆ 133
鍋焼きうどん 74
なめことと豆腐のみそ汁 90
なれずし 140

に
握りずし 140
煮こみ 102
煮しめ 102
煮つけ 102
煮浸し 102
濁り汁 82,190
二色卵 120
にゅうめん 75

ぬ
ぬくずし 140

ね
練羊羹（かん） 166

の
のっぺい汁 91

は
梅花（ばいか）卵 77
梅花にんじん 104
白菜鍋 95
白米飯 132
箱ずし 140
花卵 77
花百合根 211
はまぐりのチャウダー 88
はまぐりのつくだ煮 88
はまぐりのうしお（潮）汁 88
はまぐりのバター焼き 88
はまぐりご飯 88
春雨揚げ 154
パン粉揚げ 154

ひ
冷やしそうめん 75
冷麦 74

ふ
深川丼 138
ふくさ卵 150
含め煮 102
藤ずし 140
ぶりの照り焼き 145

へ
べっこう煮 102

ま
巻きずし 139
松笠くわい 209
まんじゅう 120

み
水炊き 95
水羊羹（かん） 41,164,166
みそかけ 102
みそ汁 82
みそ煮 102
みそ焼き 143

む

蒸しずし　140
蒸し鶏　120
蒸し羊羹（かん）　120
結びきすの吸い物　88
村雲汁　82

も

もみじおろし　45,47

や

焼きはまぐり　88

ゆ

柳川丼　138
ゆで卵　76
湯豆腐　94

よ

吉野鶏のすまし汁　90
寄せ鍋　94

ら

落花生あえ　179
卵黄がゆ　133

れ

れんこんの白煮　106

わ

若竹汁　91
若竹煮　108
若鶏のさんしょう焼　151

調　理　用　語

あ

青み　181
アク抜き　24,26,28
あしらい　185
預鉢（あずけばち）　191
あたりごま　164
甘酢　178

い

いかり防風　38
一文字切り　40
いちょう切り　35
糸作り（細作り）　185,186

う

うねり串　145
うねり切り（さざ波切り）　185,186,189

お

扇ぐし　149
折敷（おしき）　192
お通し　192
落とし蓋　115,180
おどりぐし　149

か

懐石料理　191
会席料理　192
角切り　96
角作り　185
かけ汁　74
桂むき　36,186,188

鹿（か）の子切り　94,185
かま下おとし　39
紙蓋　108,109
からくさいか　38
唐草切り　185
からし酢　178
皮霜作り　186
観音開き　40

き

菊花切り　37
きねしょうが　38,156
黄身酢　178
切り違い　38
行木切り　40
御菜（ぎょさい）　191

く

くし形切り　36
葛打ち　82
口代り　192
口取り　192
くるみ酢　178

け

化粧塩　145
けん　185,188

こ

香の物　191
小口切り　35
小丼　192
五の膳　191

五枚おろし　40,158
ごま酢　178

さ

さいの目切り（あられ切り）　35,180
酒蒸し　82,88
ささがき　36
三の汁　190,191
三の膳　191
三杯酢　145,178
三枚おろし　40,114

し

塩抜き　26
塩八方　108
色紙切り　36
しめ卵　82
霜降り　70,82,177,182
蛇腹切り　37
重詰め料理　200
しんじょ　94,171

す

酢洗い　177,182
酢じょうゆ　178,185
素頭おとし　39
吸い口　90
吸い物　184
末広切り　37

せ

背越し切り（背越し作り）　185
折衷料理　193

背開き　40, 156
せん切り　35, 134, 138, 139, 182, 186, 200
前菜　192
千六本　35

そ
そぎ切り　36, 134, 139, 185, 200
そぎ作り　185

た
台引　190, 191
だし　79
たすきおとし　39
たずな切り　38
たたき作り　185
立て塩　182
たて酢　145, 178
たれ　79
短冊切り　36, 136

ち
地紙切り　35
茶せん切り　38, 108, 156
茶碗　192, 195
蝶々切り　185
猪口（ちょく）　190, 191

つ
つき出し　192
つくだ煮　88
つけじょうゆ　185
つけ汁　74
筒切り　40, 94
坪　190, 191
つま　82, 185, 200
つま折りぐし　149
つみ入れ　90, 91
つゆ　79

て
照りじょうゆ　145
田楽みそ　149
天つゆ　156

と
土佐じょうゆ　185
土佐酢　182
とそ　199
止椀　192

な
斜め切り　35, 40, 96, 139
鱠（なます）　190, 191

に
二の汁　190, 191
二の膳　191
二杯酢　178
二枚おろし　40

ね
ねじり梅　37, 104

の
のしぐし　149

は
箸洗い　191
鉢肴　190, 191, 192
八寸　191
八方味　108
花形切り　37
花れんこん　37
はね切り　40
腹開き　40
針切り　35
半月切り　35

ひ
引き切り（引き作り）　185
火どり　82
拍子木切り　35
平（ひら）　190, 191
平ぐし　149
平作り　185

ふ
筆しょうが　38, 156

ほ
細作り（糸作り）　185, 186
本汁　190, 191
本膳　191
本膳料理　190
ポン酢じょうゆ　178

ま
松かさ（笠）いか　38, 148
松笠切り　180, 185
松葉切り　37

み
みじん切り　36, 158

む
向付　191, 192
結びきす　89
村雲　82

め
面とり　37

や
焼霜作り　186
焼き物膳　183
薬味　74, 94
矢羽根れんこん　38

ゆ
湯桶（ゆとう）　191
湯通し　70
湯引き　70
湯ぶり　70, 177

よ
吉野酢　178
よりうど　38, 88

ら
落花生酢　178
乱切り　36

わ
輪切り　35
わさび酢　178
椀種　82, 88, 90, 192
椀盛　191

〔編著者〕

河内　一行（かわうち　かずゆき）	元東京農業大学，故人
川端　晶子（かわばた　あきこ）	東京農業大学名誉教授，故人
鈴野　弘子（すずの　ひろこ）	東京農業大学
永島　伸浩（ながしま　のぶひろ）	武蔵丘短期大学名誉教授

〔著　者〕

岩森　大（いわもり　はじめ）	新潟医療福祉大学
大迫　早苗（おおさこ　さなえ）	相模女子大学短期大学部
澤山　茂（さわやま　しげる）	実践女子大学
杉山　法子（すぎやま　のりこ）	元東京農業大学
玉木　有子（たまき　ゆうこ）	大妻女子大学
村山　篤子（むらやま　あつこ）	新潟医療福祉大学名誉教授，故人

応用自在な調理の基礎　日本料理篇（改訂版）

1984年（昭和59年）10月5日	初版発行〜第18刷	〔家政教育社発行〕
2015年（平成27年）4月5日	改訂版発行〜第2刷	〔家政教育社発行〕
2022年（令和4年）11月30日	改訂版第5刷発行	

編著者　河内　一行
　　　　川端　晶子
　　　　鈴野　弘子
　　　　永島　伸浩

発行者　筑紫　和男

発行所　株式会社 建帛社 KENPAKUSHA

〒112-0011　東京都文京区千石4丁目2番15号
TEL（03）3944-2611
FAX（03）3946-4377
https://www.kenpakusha.co.jp/

ISBN 978-4-7679-0629-4　C3077
Ⓒ河内・川端・鈴野・永島ほか，2018．
（定価はカバーに表示してあります）

信毎書籍印刷／田部井手帳
Printed in Japan

本書の複製権・翻訳権・上映権・公衆送信権等は株式会社建帛社が保有します。

JCOPY〈出版者著作権管理機構　委託出版物〉

本書の無断複製は著作権法上での例外を除き禁じられています。複製される場合は，そのつど事前に，出版者著作権管理機構（TEL03-5244-5088，FAX03-5244-5089，e-mail：info@jcopy.or.jp）の許諾を得て下さい。